M28488

Wissenschaftlicher Beirat:

Klaus von Beyme, Heidelberg
Giancarlo Corsi, Modena-Reggio Emilia
Yehezkel Dror, Jerusalem
Wolfgang Kersting, Kiel
Herfried Münkler, Berlin
Marcelo Neves, São Paulo
Henning Ottmann, München
Stanley L. Paulson, St. Louis
Ryuichiro Usui, Tokyo
Loïc Wacquant, Berkeley

Staatsverständnisse

Herausgegeben von
Prof. Dr. Rüdiger Voigt

Band 40

Daniel Loick (Hrsg.)

Der Nomos der Moderne

Die politische Philosophie Giorgio Agambens

Nomos

Die Deutsche Nationalbibliothek verzeichnet diese Publikation in
der Deutschen Nationalbibliografie; detaillierte bibliografische
Daten sind im Internet über http://dnb.d-nb.de abrufbar.

ISBN 978-3-8329-6233-3

1. Auflage 2011
© Nomos Verlagsgesellschaft, Baden-Baden 2011. Printed in Germany. Alle Rechte,
auch die des Nachdrucks von Auszügen, der fotomechanischen Wiedergabe und der
Übersetzung, vorbehalten. Gedruckt auf alterungsbeständigem Papier.

Editorial

Das Staatsverständnis hat sich im Laufe der Jahrhunderte immer wieder grundlegend gewandelt. Wir sind Zeugen einer Entwicklung, an deren Ende die Auflösung der uns bekannten Form des territorial definierten Nationalstaates zu stehen scheint. Denn die Globalisierung führt nicht nur zu ökonomischen und technischen Veränderungen, sondern sie hat vor allem auch Auswirkungen auf die Staatlichkeit. Ob die »Entgrenzung der Staatenwelt« jemals zu einem Weltstaat führen wird, ist allerdings zweifelhaft. Umso interessanter sind die Theorien der Staatsdenker, deren Modelle und Theorien, aber auch Utopien, uns Einblick in den Prozess der Entstehung und des Wandels von Staatsverständnissen geben, einen Wandel, der nicht mit der Globalisierung begonnen hat und nicht mit ihr enden wird.

Auf die Staatsideen von Platon und Aristoteles, auf denen alle Überlegungen über den Staat basieren, wird unter dem Leitthema »Wiederaneignung der Klassiker« immer wieder zurück zu kommen sein. Der Schwerpunkt der in der Reihe *Staatsverständnisse* veröffentlichten Arbeiten liegt allerdings auf den neuzeitlichen Ideen vom Staat. Dieses Spektrum reicht von dem Altmeister *Niccolò Machiavelli*, der wie kein Anderer den engen Zusammenhang zwischen Staatstheorie und Staatspraxis verkörpert, über *Thomas Hobbes*, den Vater des Leviathan, bis hin zu *Karl Marx*, den sicher einflussreichsten Staatsdenker der Neuzeit, und schließlich zu den Weimarer Staatstheoretikern *Carl Schmitt*, *Hans Kelsen* und *Hermann Heller* und weiter zu den zeitgenössischen Theoretikern.

Nicht nur die Verfälschung der Marx'schen Ideen zu einer marxistischen Ideologie, die einen repressiven Staatsapparat rechtfertigen sollte, macht deutlich, dass Theorie und Praxis des Staates nicht auf Dauer von einander zu trennen sind. Auch die Verstrickungen Carl Schmitts in die nationalsozialistischen Machenschaften, die heute sein Bild als führender Staatsdenker seiner Epoche trüben, weisen in diese Richtung. Auf eine Analyse moderner Staatspraxis kann daher in diesem Zusammenhang nicht verzichtet werden.

Was ergibt sich daraus für ein zeitgemäßes Verständnis des Staates im Sinne einer modernen Staatswissenschaft? Die Reihe *Staatsverständnisse* richtet sich mit dieser Fragestellung nicht nur an (politische) Philosophen, sondern vor allem auch an Studierende der Geistes- und Sozialwissenschaften. In den Beiträgen wird daher zum einen der Anschluss an den allgemeinen Diskurs hergestellt, zum anderen werden die wissenschaftlichen Erkenntnisse in klarer und aussagekräftiger Sprache – mit dem Mut zur Pointierung – vorgetragen. So wird auch der / die Studierende unmittelbar in die Problematik des Staatsdenkens eingeführt.

Mit dem *Forum Staatsverständnisse* wird Interessierten zudem ein Diskussionsforum auf der Website www.staatswissenschaft.de eröffnet, um sich mit eigenen Beiträgen an der Staatsdiskussion zu beteiligen. Hier können z.B. Fragen zu der Reihe *Staatsverständnisse* oder zu einzelnen Bänden der Reihe gestellt werden. Als Reihenherausgeber werde ich mich um die Beantwortung jeder Frage bemühen. Soweit sich dies anbietet, werde ich von Fall zu Fall bestimmte Fragen aber auch an die HerausgeberInnen der Einzelbände weiterleiten.

Prof. Dr. Rüdiger Voigt

Inhaltsverzeichnis

Einleitung
Rechtsvorenthaltende Gewalt
Zum Staatsverständnis Giorgio Agambens   9

MOTIVE

Oliver Flügel-Martinsen
Giorgio Agambens Erkundungen der politischen Macht und das Denken
der Souveränität   23

Maria Muhle
Biopolitik – ein polemischer Begriff
Von Foucault zu Agamben und zurück   41

Serhat Karakayali
Vom Staat zum Lager
Von der Biopolitik zur Biokratie   59

Ernesto Laclau
Nacktes Leben oder soziale Unbestimmtheit?   77

Micha Brumlik
Zwischen Schmitt und Benjamin – Giorgio Agambens Kommentar
zum Römerbrief   90

ANSCHLÜSSE

Susanne Schultz
Paradoxien des (Bio-) Politischen und der Fluchtpunkt der Vernichtung
Demografiekritische Anschlüsse an Agamben?   105

Jeanette Ehrmann
»Jenseits der Linie«
Ausnahmezustand, Sklaverei und Thanatopolitik zwischen Aufklärung
und (Post-) Kolonialismus   128

Il-Tschung Lim
Giorgio Agamben und die Populärkultur: Filmisches Ausnahmehandeln
in Hollywood   149

AUSWEGE

Isabell Lorey
Jenseits von Souveränität und Ausnahme
Der *homo sacer* als Funktion konstituierender Macht   161

Birte Löschenkohl
Genuss der Zeit, Geschichte des Glücks – Agambens Kairologie   177

Daniel Loick
Von der ~~Gesetzes~~kraft zum Gesetz~~eskraft~~
Studium, Spiel, Deaktivierung – drei Strategien zur Entsetzung
der Rechtsgewalt   194

Giorgio Agamben
Ostern in Ägypten   213

Autorinnen und Autoren   217

Einleitung

Rechtsvorenthaltende Gewalt
Zum Staatsverständnis Giorgio Agambens

Jedes Jahr versuchen mehr als 100.000 Menschen aus Afrika und dem Nahen Osten über das Mittelmeer in die Europäische Union zu gelangen, mehrere Tausend davon ertrinken, andere werden auf See abgefangen oder »umgeleitet«. Zuständig dafür ist die EU-Grenzschutzagentur Frontex, deren Budget sich in den Jahren 2007 bis 2009 auf 92 Millionen Euro verdreifacht hat. Wie genau die Agentur jenseits der Zwölf-Meilen-Grenzen auf hoher See mit den Flüchtlingen umgeht, erfährt die europäische Öffentlichkeit nicht, Frontex muss keine ausführlichen Berichte vorlegen. Die europäischen Staaten versuchen auch, Flüchtlinge gar nicht erst in die Nähe der Grenzgewässer kommen zu lassen. Ein Beispiel für die Taktik, Schutzsuchende möglichst noch in Afrika abzufangen, ist der »Freundschaftspakt«, der 2009 zwischen Italien und Libyen geschlossen wurde. Als eines der wichtigsten Transitländer für Migrantinnen und Migranten nach Europa hat Libyen eine undokumentierte Bevölkerung von ca. einer Million Menschen. Libyen hat die Genfer Flüchtlingskonvention nicht unterzeichnet, Migrantinnen und Migranten haben dort auch so gut wie keine Rechte. Festnahmen und Abschiebungen werden dort aufgrund von Nationalitäten, nicht individuellen Fällen durchgeführt, zumeist ohne formale Anklage, ohne Zugang zu Anwältinnen oder Anwälten und ohne gerichtliche Revisionsmöglichkeiten. Menschen, die nicht die libysche Staatsbürgerschaft besitzen, können dabei unbestimmt lange in Haft gehalten werden. Der »Freundschaftspakt« unterstützte Libyen mit fünf Milliarden Euro für »Infrastrukturprojekte« und beinhaltete eine Vereinbarung zur Stärkung der libyschen Grenzkontrolle, die zu 50 Prozent durch die EU finanziert wurde. Dieses Geld floss unter anderem in die Internierungslager in Kufra und Sabha, über die der frühere italienische Geheimdienstchef Mario Mori dem Parlament berichtete, dort würden undokumentierte Migrantinnen und Migranten »wie Hunde gehalten« und in überfüllten Anlagen eingesperrt, so dass aufgrund des Gestanks Polizistinnen und Polizisten diese Anlage nur betreten können, wenn sie Nase und Mund mit Taschentüchern bedecken. Menschenrechtsorganisationen haben durch Interviews mit Flüchtlingen herausgefunden, dass in beiden Internierungslagern kaum Zugang zu Licht und frischer Luft möglich, keine Medizin oder sonstige Gesundheitsversorgung und nur unzureichende Versorgung mit Lebensmitteln vorhanden ist und die Insassinnen und Insassen auf dem Boden schlafen müssen. Ehemalige Gefangene berichten von regelmäßigen Misshandlungen und Folter, zum Beispiel durch Elektroschocks und Schläge. Die meisten Migrantinnen und Migranten, die dort interniert sind, wurden in der Wüste aufgegriffen und auf Lastwagen mit bis zu 200 Menschen in die Lager gebracht. Ihre größte Angst sei es, in der Wüste ausgesetzt zu werden (vgl. exemplarisch Fortress Europe 2007; Fortress Europe 2009; Global Detention Project 2011; Human Rights Watch 2006; Human Rights Watch 2009).

Innerhalb der USA gibt es zurzeit 961 Abschiebehaftanstalten, in der Europäischen Union sind es 224. In der EU sind zehntausende Asylbewerberinnen und -bewerber und so genannte »illegale Immigranten« interniert und warten auf ihre Deportation, insgesamt leben mehrere hunderttausend Menschen in lagerähnlichen Unterkünften. In einigen EU-Ländern kann es zu einer unabsehbar langen Haftzeit kommen; so sind etwa in Malta Haftzeiten bis zu fünf Jahren möglich. In den meisten Lagern fehlt ausreichender Zugang zu Rechtschutz; die Gesundheitsversorgung ist mangelhaft. Amnesty International berichtet, dass aufgrund von Überbelegungen Häftlinge, darunter Minderjährige, häufig auf dem Boden schlafen müssen, manchmal, wie in griechischen Abschiebegefängnissen, auch in überschwemmten Räumen. In Italien leben viele Neuankömmlinge ohne Obdach und in absoluter Armut; für zumindest kurzfristige mediale Aufmerksamkeit sorgte 1991 die Internierung zehntausender albanischer Flüchtlinge im Stadion von Bari in brüllender Hitze und ohne ausreichende Wasser-Versorgung – in den Straßen der apulischen Hauptstadt kam es zu regelrechten Hetzjagden auf Menschen, die dem Stadion entkommen konnten. 2011 kritisierten die Vereinten Nationen die Lebensbedingungen von Asylbewerberinnen und -bewerbern in Deutschland, die aufgrund des »Asylbewerberleistungsgesetzes« besonders häufig von Kinderarmut und sozialer Degradierung betroffen sind. Europäische Abschiebelager lassen sich als »potentiell rechtsfreie Räume« beschreiben, die durch eine spezifische »Mikrophysik der Herrschaft« gekennzeichnet sind, in der Häftlinge arbiträr der Macht von Aufseherinnen und Aufsehern sowie von anderen Nicht-Häftlingen ausgesetzt sind und keine effektive Möglichkeit haben, Übergriffe rechtlich sanktionieren zu lassen (Pieper 2008; vgl. allgemein exemplarisch Bethke/Bender 2011; Brothers 2008; Global Detention Project 2011).

Im April 2011 veröffentlichte die *Whistleblower*-Webseite Wikileaks Dokumente von Befragungen, die das US-Militär mit Insassen des 2002 unter Präsident Bush etablierten *Detention Camps* im Guantánamo Bay auf Kuba geführt hat. Dabei sind bislang unbekannte Fakten über die Inhaftierung der so genannten »enemy combatants« öffentlich geworden. Danach waren selbst nach Einschätzung der USA von den 780 in Guantánamo internierten Personen nur 220 »gefährliche Terroristen«, ca. 380 einfache »Fußsoldaten«, 150 Menschen waren gänzlich unschuldig, unter anderem einfache Bauern, Köche und Fahrer, die von US-Streitkräften aufgegriffen oder ihnen sogar verkauft worden waren. Um verhaftet zu werden, reichte es in einigen Fällen aus, ein bestimmtes Modell einer Casio-Armbanduhr zu tragen, das im Ruf stand, häufig von Al-Kaida-Terroristen verwendet zu werden. Unter den Insassen befanden sich ca. 20 Minderjährige. Die Insassen werden unter Außerkraftsetzung des *habeas-corpus*-Prinzips und der Genfer Konvention auf unbestimmte Zeit festgehalten, ohne dass ihnen eine formelle Anklage vorgelegt oder ein ordentlicher Prozess gemacht wird. Es ist mittlerweile bekannt, dass in Guantánamo Foltertechniken wie *Waterboarding*, Schlafentzug und sexuelle und religiöse Demütigung angewandt wurden. Die Anwältinnen und Anwälte der Insassen berichten von einer ganzen Reihe von Behinderungen und Schikanen, wie etwa dem Vorwurf, sie hätten für ihre Mandanten Unterwäsche in das Lager geschmuggelt. Im Januar 2011 unterzeichnete Präsident Obama ein Gesetz, das die Verlegung der Häftlinge auf amerikanisches Festland oder in andere Länder untersagt und somit die Weiterexistenz des Lagers auf lange Sicht bestätigt. Im März folgte eine Anordnung, mit der er die bereits existierende Praxis der »indefinite detention« ohne Anklage legalisierte (vgl. exemplarisch Amnesty International 2005; Denbeaux/Hafetz 2009; Jaffer/Singh 2007; Willemsen 2006; Worthington 2007).

Gibt es ein Prinzip, das all diesen Phänomenen gleichermaßen zugrunde liegt? Das ist eine der zentralen Thesen Giorgio Agambens, der seit Erscheinen des titelgebenden ersten Teils seines *Homo-sacer*-Projekts mit mehreren, oft drastischen Interventionen zu zeigen versucht, »warum die abendländische Politik sich vor allem über eine Ausschließung (die im selben Zug eine Einbeziehung ist) des nackten Lebens begründet« (Agamben 2002: 17). Es existiert eine Gruppe von Menschen, die dem Recht auf eine Weise unterliegen, dass sie gleichzeitig von ihm exkludiert sind. Diese Menschen können sich hinsichtlich ihrer konkreten sozialen und politischen Situation signifikant unterscheiden, gemeinsam ist ihnen aber eben, dass sie passiv Objekte der Rechtsgewalt sind, ohne diese zugleich aktiv in Anspruch nehmen zu können. Insofern sich die Rechtsordnung von ihnen zurückgezogen hat, erscheinen sie, zumindest von der Warte des Rechts aus gesehen, als »bloßes« oder »nacktes Leben«.

Diese Menschen befinden sich an den Rändern der Rechtsordnung, die sich gleichzeitig nur über diese einschließende Ausschließung konstituieren kann. Der einschließende Ausschluss bestimmter Menschengruppen erfolgt dabei als souveräner Setzungsakt durch den Staat. Hieraus sind für das Staatsverständnis weitreichende Schlussfolgerungen zu ziehen: Zentrale Aufgabe und Legitimation des Staates sind weder Schutz- noch Freiheitsgarantie, weder ökonomische Regulierung noch Bereitstellung von Wohlfahrt, weder demokratische Selbstbestimmung noch Sicherung der Freiheitsrechte, sondern vor allem die praktische Organisation innerer und äußerer Grenzziehungen. Agamben nimmt die berühmte Definition Carl Schmitts auf, in der er denjenigen als souverän qualifiziert, der über den Ausnahmezustand entscheidet (Schmitt 2004: 13), definiert die Ausnahme aber nicht zeitlich, nicht als »Zustand«, sondern rechtslogisch, als konstitutive und strukturelle Bedingung jeder Rechtsgewalt: Das Recht erhält sich nur, indem es sich vorenthält. Der Staat ist somit – und hierin liegt die Originalität von Agamben gegenüber der gesamten traditionellen Staatstheorie – nicht durch die Summe seiner »offiziellen« Funktionen charakterisiert, sondern gleichsam negativ, durch den Entzug des Politischen.

Die These vom Staat als strukturell rechtsvorenthaltender Gewalt impliziert zweierlei: Erstens hat die souveräne Rechtsordnung seit Beginn ihrer Existenz »nacktes Leben« produziert; die heutigen Exklusionspraktiken verlängern nur eine geschichtliche Logik, die seit jeher für die abendländische politische Rationalität kennzeichnend war. Internierte Flüchtlinge und die so genannten *enemy combatants* sind die zeitgenössischen Repräsentanten oder »Avatare« einer rechtslogischen Figur, für die paradigmatisch der römische *homo sacer* steht. Das bedeutet zweitens, dass diese ja dramatischen Gewaltverhältnisse so lange fortbestehen werden, so lange diese spezifische Staatlichkeit fortbesteht; eine mögliche Alternative ist nur unter Überwindung aller für die traditionelle Staatstheorie zentralen Kategorien denkbar und kann also auch nicht unter demokratischen oder liberalen Vorzeichen verfolgt werden.

»Die originäre politische Beziehung ist der Bann« (ebd.: 190) – das Wort »originär« in diesem Satz ist doppeldeutig. Zum einen bedeutet originär ursprünglich und authentisch, zum anderen aber auch wesentlich oder eigentlich. Diese Doppeldeutigkeit ist für Agambens Methode aufschlussreich: Er beschreibt die genuinen und essentiellen Eigenschaften politischer und rechtlicher Logiken mithilfe eines Verweises auf deren erste und anfängliche Eigenschaften. Daraus ergibt sich für Agamben eine Struktur der Latenz (in etwa gemäß auch des psychoanalytischen Latenzbegriffs): Es gibt »arkane« Attribute und Funktionsweisen, die einer bestimmten Struktur eigentümlich bleiben, auch wenn sie nicht immer an die Oberfläche treten müssen. Daher kann Agamben eine extrem lange zeitliche Linie ziehen, die von der Antike bis in die Gegenwart reicht und also mittelalterliche und moderne, religiöse und säkulare ebenso wie monarchische, totalitäre und demokratische Gesellschaftsordnungen in Form einer »geheimen Komplizenschaft« miteinander verbindet. Dieses Verfahren kann genealogisch genannt werden, denn es versucht die Geschichte der Gegenwart zu erzählen, um eingespielte politische Routinen und kulturelle Selbstverständlichkeiten zu erschüttern; wie alle genealogisch verfahrenden Sozialkritiken (vgl. Saar 2007: 130 ff.) nimmt auch diejenige Agambens die Form einer hyperbolischen, skandalisierenden und »drastischen« Narration an. Dabei geht es also nicht (nur) um eine »wahre« Darstellung geschichtlicher Abläufe oder um etymologistische Ableitungen, sondern auch um einen gewissermaßen »strategischen« Einsatz: »eine Serie von Phänomenen intelligibel zu machen, deren Herkunft aus dem Blickfeld des Historikers fast oder ganz entschwunden war« (Agamben 2009: 37 f.). An Walter Benjamin ebenso wie an Michel Foucault geschult, tritt Agamben von der Gegenwart aus in eine *Konstellation* mit der Vergangenheit ein. Agambens Variante der Genealogie operiert dabei allerdings genau umgekehrt als diejenige Foucaults: Ging es diesem um die Demonstration einer radikalen historischen Relativität unserer eingefahrenen Denk- und Handlungsmuster, ist es bei Agamben gerade die Kontinuität politisch-juridischer Mechanismen, die zu einem Impuls radikaler Kritik werden soll. Diese Methode ähnelt derjenigen von Adorno und Horkheimer, die ja ebenfalls im okzidentalen Denken und Handeln eine seit der Antike wirkende »Dialektik der Aufklärung« am Werk sahen. Die Katastrophen des 20. Jahrhunderts stellen sich so nicht als »Brüche« der Zivilisation, als kurzfristige Episoden einer sich ansonsten aufwärts bewegenden Geschichtsteleologie dar, sondern gerade als »authentischer« Ausdruck und letzte Konsequenz unserer staatlichen Normalität.

Agambens Analysen enthalten eine zeitdiagnostische Komponente, wenn er etwa davor warnt, dass »in Europa wieder die Vernichtungslager öffnen (was bereits einzutreten beginnt)« (Agamben 2001: 30). Für ihn werden sich vor allem aufgrund der Globalisierung und der damit verbundenen Migrationsströme die souveränen Nationalstaaten immer weniger dazu in der Lage zeigen, das Territorialitätsprinzip der klassischen Souveränität aufrechtzuerhalten und daher versuchen, das Unlokalisierbare zu lokalisieren und die latente Bann-Beziehung in Form eines verräumlichten Ausnamezustands zu aktualisieren. Gleichzeitig verfügen Staaten heute durch die seit Beginn der Moderne entwickelte und verfeinerte riesige Bandbreite biopolitischer Strategien und juridischer Instrumente über ein bislang undenkbares Repertoire an technischen Möglichkeiten und praktischem Wissen zur Regierung, Verfügung, Ausgrenzung und sogar Vernichtung von Menschen, so dass eine nicht mehr nur exzeptionelle, sondern regelmäßige Produktion (und Destruktion) von nacktem Leben möglich wird. Dieser verräumlichte und damit auch zeitlich entschränkte Ausnahmezustand ist das Lager, rechtsvorenthaltende Gewalt in ihrer paradigmatischen Gestalt. Die These vom »Lager als *nomós* der Moderne« (Agamben 2002: 175) klingt alarmistisch, ist aber aus der Annahme einer grundlegenden Latenzstruktur konsequent; sie entspricht auch insofern der Einsicht Adornos, dass die Barbarei solange nicht aus der Welt verschwunden ist, »solange die Bedingungen, die jenen Rückfall zeitigten, wesentlich fortdauern« (Adorno 1997: 674; vgl. Loick 2011, Kap. II.3.).

Seit dem Erscheinen von *Homo sacer* war Agambens Staatstheorie (und insgesamt seine politische Philosophie) erheblicher Kritik ausgesetzt. Einer der Haupteinwände besteht darin, dass Agamben aufgrund seiner methodologischen Prämissen ein Machtmodell rehabilitiert, das Foucault als »juridisch« verworfen hatte (vgl. exemplarisch für viele Lemke 2004; Negri 2007). Die Konzentration auf Rechts- und Staatslogiken impliziert einen sowohl soziologischen, als auch historischen Reduktionismus, denn die Gemeinsamkeiten und Kontinuitäten verschiedener geschichtlicher Kontexte kommen nur dann in den Blick, wenn deren Unterschiede ausgeblendet werden oder zumindest in den Hintergrund treten. Bezogen auf die eingangs skizzierten Beispiele ist im Kontext der kritischen Migrationsforschung etwa in Frage gestellt worden, ob sich die Situation von Flüchtlingen und Migrantinnen und Migranten in Lagern überhaupt mit einem Agamben'schen Vokabular angemessen beschreiben lassen; es ist durchaus umstritten, ob deren Situation wirklich von absoluter Passivität und Immobilität gekennzeichnet ist und auch, ob das Abschiebelager tatsächlich das zentrale Instrument der gegenwärtigen westlichen Migrationsregime darstellt. Agambens Ansatz läuft so Gefahr, durch die Produktion spektakulärer Bilder zur Viktimisierung von Migrantinnen und Migranten beizutragen (vgl. exemplarisch Andrijasevic 2010; Panagiotidis/Tsianos 2007; die Beiträge in Schwarte 2007). Daraus ergibt sich auch grundsätzlich ein Problem für die politische Praxis; denn so lange man sozusagen die »Brille« der langen Dauer trägt, kann man Differenzen, Abstufungen und Spezifika nicht sehen und somit auch potentielle Bündnispartner jenseits des »ganz Anderen« nicht identifizieren. Sieht man diese Brille jedoch als ein optisches Hilfsmittel unter anderen, so die dem vorliegenden Buch zugrunde liegende These, dann wird es uns möglich, einen umfassenderen Blick auf das Panorama der politisch-juridischen Gewaltökonomie des Okzidents zu werfen.[1]

---

1   Für Hegel ist Philosophie »ihre Zeit in Gedanken gefasst«. Dass Agamben unsere Zeit in Gedanken gefasst hat, zeigt auch die Häufigkeit der Darstellungen von rechtsvorenthaltender Gewalt in der Populärkultur, die ohne explizite Referenz auf Guantánamo oder andere realexistierende Lager auskommen. Die orangefarbenen Overalls und die 2x2 Meter großen »Sally Ports« aus dem Camp X-Ray oder auf ihre bloße Existenz reduzierten Flüchtlinge sind zu intuitiv verständlichen Zeichen und so jederzeit abrufbaren kulturellen Topoi geworden. So zeigt Alfonso Cuaróns Science-Fiction-Thriller *Children of Men* (2006), der zum Großteil in einem Lager spielt, eine autoritäre Polizeidiktatur, die das Land vom Rest der Welt abschottet und Flüchtlinge am Wegesrand in Käfige einsperrt. Die dritte Staffel der Fernsehserie *Prison Break* (2008) handelt fast ausschließlich von einem Lager in Panama, aus dem sich die staatlichen Autoritäten komplett zurückgezogen haben und in dem bis hin zum Mord tatsächlich alles möglich ist. Der US-Popstar Lady Gaga sorgte 2010 auf den MTV Video Music Awards mit ihrem »Meat Dress« für Furore, einem Kleid, das ausschließlich aus dem Fleisch toter Tiere bestand; die Künstlerin wollte dies als Statement gegen die Degradierung von Menschen auf ihr bloßes »Fleisch« verstanden wissen. Am deutlichsten lassen sich aber Anklänge an Agambens politische Philosophie in dem Musikvideo der britischen Künstlerin M.I.A. zu ihrem Song *Born free* (2010) aufzeigen: Darin ist eine amerikanische Militäreinheit zu sehen, die in einer Stadt alle rothaarigen Kinder verhaftet und in ein eingezäunte Areal schafft, wo sie laufen gelassen und wie Freiwild brutal erschossen werden. Der Titel des

Inhalt und Aufbau des Bandes

Das Staatsverständnis Agambens ist spektakulär, aber schwer verständlich. Agamben entwickelt seine politische Philosophie in ständigem Dialog mit so unterschiedlichen Theoretikerinnen und Theoretikern wie Walter Benjamin, Hannah Arendt, Michel Foucault, Carl Schmitt, Primo Levi, Jacques Derrida, Martin Heidegger, Franz Kafka, Guy Debord, Georges Bataille, Aby Warburg, Ernst Kantorowicz, Jean-Luc Nancy und vielen mehr, so dass ein vollständiger Überblick über seine Referenzen schwer fällt. Die oft stakkatohaft und apodiktisch vorgetragenen Behauptungen können unbegründet und obskur wirken, zumal sich Agamben häufig auf kaum bekannte Quellen bezieht und dabei Thesen auf- und Verbindungen herstellt, die für eilige Leserinnen und Leser in der Regel gar nicht oder nur schwer nachprüfbar sind. Erschwerend kommt im deutschen Kontext hinzu, dass die Agamben-Rezeption verspätet einsetzte, allein die deutsche Übersetzung von *Homo sacer* erschien erst sieben Jahre nach Veröffentlichung des italienischen Originals. Erst im Zuge der breiteren feuilletonistischen Beachtung des politisch-philosophischem Hauptwerk Agambens, der sich in Italien als Philologe und durch die Herausgabe der Schriften Walter Benjamins längst einen Namen gemacht hatte, wuchs dann das akademische Interesse auch an seinen älteren Texten, die sich oftmals literatur- und kulturwissenschaftlichen, theologischen oder ethisch-ontologischen Fragestellungen gewidmet hatten.

Es kam innerhalb der letzten fünf Jahre zu einen ganzen Flut von Übersetzungen und, vor allem in den USA, Sekundär-Veröffentlichungen zu seinem Werk. Dies ist auch dadurch zu erklären, dass Agamben durch die Vielzahl seiner Bezugspunkte für die verschiedensten Fachdisziplinen anschlussfähig ist. Seine Arbeiten haben schon jetzt großen Einfluss auf Philosophie, Soziologie, Politikwissenschaften, Rechtswissenschaften, Kunstgeschichte und Kunsttheorie, Ethnologie, Anthropologie, Romanistik, Germanistik und Literaturwissenschaften sowie Theologie ausgeübt. Auch für empirische Arbeiten, etwa zu den Wirkungsweisen von Migrationsregimen, dem modernen Gefängnissystem oder der Eugenik, ist Agamben zum Stichwortgeber geworden. Hinzu kommt das wachsende Interesse seitens nicht-universitärer Kreise, wie z.B. in polit-aktivistischen Debatten sowie in den Diskursen von Kunstschaffenden. Agambens Eklektizismus bezüglich der Quellen und Traditionslinien sowie sein schwer zugänglicher Stil machen allerdings die Konsul-

---

Liedes kann doppeldeutig verstanden werden: Dass Menschen frei geboren sind heißt zum einen, dass Herrschaft und Ausgrenzung politisch erzeugte und keine unveränderlichen Tatsachen sind (so wie in Rousseaus »Der Mensch ist frei geboren, und überall liegt er in Ketten«), zum anderen bezeichnet er aber auch einen Zustand, in dem Menschen als »vogelfreie« gerade ihre »Unbezogenheit zur Welt«, ihr »Nichts-als-Menschsein« als ihre größte Gefahr empfinden müssen (vgl. Arendt 2006: 620; ebd.: 624).

tation von Sekundärliteratur zum kaum verzichtbaren Bestandteil der Agamben-Lektüre. Auskünfte seitens ortskundiger Spezialistinnen und Spezialisten können die anspruchsvollen Analysen Agambens überhaupt erst einer seriösen Interpretation öffnen. Der vorliegende Band möchte dazu einen Beitrag leisten, dabei jedoch auch gegenüber dem Kernbestand des Agamben'schen Staatsverständnisses kritisch bleiben. Wichtige philosophische Referenzen und zentrale Argumentationsfiguren sollen dabei ebenso dargestellt werden wie wissenschaftliche Anschlussmöglichkeiten und politische Perspektiven.

Der Band ist in drei Teile gegliedert. Der erste Teil präsentiert zentrale *Motive* der politischen Philosophie Agambens. Die meisten der Autorinnen und Autoren teilen dabei die Kritik an den potentiell paralysierenden Effekten von Agambens Rechtsformalismus. Den Anfang macht *Oliver Flügel-Martinsen* mit einer eingehenden Einführung in die Staatstheorie Agambens anhand des Leitmotivs der Ausnahme. Er legt eine werkgeschichtliche Rekonstruktion des Agamben'schen Souveränitätsbegriffs von *Homo sacer* bis hin zur gouvernementalitätstheoretischen Wende in *Herrschaft und Herrlichkeit* vor. Dabei kommt er zum Ergebnis, dass das *Homo-sacer*-Projekt intern widersprüchlich, mindestens aber notorisch unklar ist, denn die Analyse der *oikonomia* in den neueren Schriften scheint nur schwer mit den rechtsphilosophischen Vorannahmen der älteren Bücher vereinbar. Insgesamt unplausibel erscheint ihm, dass die messianische Perspektive Agambens so weit den strategischen Anforderungen der Gestaltung des »Hier und Jetzt« enthoben ist, dass sie eigentlich unpolitisch genannt werden müsste. Diese Kritik teilt auch *Maria Muhle* in ihrem Beitrag zu Agambens Reformulierung des Begriffs der Biopolitik. Ihr zufolge gibt Agambens Verwendung des Biopolitik-Begriffs gerade die produktiven und instruktiven Bedeutungsebenen verloren, die er bei Foucault noch hatte. Den Grund dafür sieht sie in Agambens Qualifikation des Lebens als nacktes Leben, durch welche er die systematische Offenheit des Foucault'schen Lebensbegriffs aufgibt. Die Konsequenz ist auch für Muhle, dass Agamben eine »Politik des Lebens« tendenziell verunmöglicht. *Serhat Karakayali* widmet sich aus einer ähnlichen Perspektive dem Schlüsselbegriff des Lagers. Er zeichnet dabei nach, wie sich Agambens Diagnose vom Lager als Nomos der Moderne konsequent aus seinen rechts- und geschichtsphilosophischen Prämissen entwickeln lässt, gibt jedoch ebenfalls zu bedenken, dass dadurch soziale Hegemonieverhältnisse eher verdeckt werden könnten, zumal sich eben diejenigen drastischen Behauptungen wie die von der straflosen Tötbarkeit der zeitgenössischen Inkarnationen des *homo sacer*, die das Lager überhaupt erst zu einem solchen Schreckensbild machen, empirisch nicht aufrecht erhalten lassen. Marxistische Erklärungsansätze könnten sich demgegenüber letztlich als überlegen erweisen. Besonders grundlegend formuliert dann die Kritik an Agambens vorgeblichem »politischen Nihilismus« *Ernesto Laclau*. Für ihn ist die Idee, die Funktion oder Bedeutung eines Phänomens aus seinem Ursprung abzuleiten, schon im Ansatz verfehlt; weil die Gesellschaft auf eine ständige Neugründung des sozialen Bandes angewiesen ist, produziert sie unweigerlich auch immer Oppositionen und radikale Antagonismen. Einen Beleg für seine Gegenthese vom potentiell emanzipatorischen Charakter der Ausgeschlossenen erblickt er etwa in Frantz Fanons »Verdammten dieser Erde«. Den Abschluss des ersten Teils bildet *Micha Brumliks* Kommentar zu Agambens Kommentar zum Römerbrief. Wie Carl Schmitt hält Agamben die zentralen Kategorien der modernen Politik für »säkularisierte theologische Begriffe«. Agambens Paulus-Lektüre ist nun einschlägig vor allem in Hinblick auf die Perspektive der Befreiung, die schon aufgrund seiner analytischen und politischen Radikalität den Charakter eines »Messianismus« annimmt. Agamben kann bei Paulus zumindest teilweise fündig werden, weil sich bei ihm etwa Theorien zur politischen Subjektivierung, zur revolutionären Zeitlichkeit, zur Klassenidentität und vor allem zur Deaktivierung des Gesetzes rekonstruieren lassen. Agambens Theorie, so Brumliks Urteil, ist gerade nicht als eine Theorie des Politischen zu verstehen, sondern vielmehr als deren kritische Unterbrechung.

Der *zweite Teil* lotet die Möglichkeit kritischer *Anschlüsse* an Agamben aus. Dabei stehen Gegenstandsbereiche im Mittelpunkt, die bei Agamben keine ausführliche Beachtung finden, die aber mittels des von ihm bereit gestellten theoretischen Instrumentariums möglicherweise erhellend bearbeitet werden können. *Susanne Schultz* beschäftigt sich mit der Frage nach einer demografiekritischen Aufnahme Agamben'scher Theoreme. Eine solche Verbindung ist zunächst deshalb naheliegend, weil der Zusammenhang von pro-natalistisch ausgerichteten Bevölkerungspolitiken im Norden und anti-natalistisch ausgerichteten Bevölkerungspolitiken in der so genannten »Dritten Welt« genau dem Zusammenspiel der positiven und der negativen Funktion von Biopolitik zu entsprechen scheint, das Agamben vor Augen hat und das sich beispielsweise auch im Umschlagen von Eugenik in Euthanasie zeigt. Schultz bleibt bezüglich des explanatorischen Werts von Agambens Ansatz jedoch skeptisch, weil sie der Meinung ist, dass dessen Fokussierung auf juridische Exklusionsmechanismen die vorwiegend ökonomisch verfassten und geschlechtlich ausdifferenzierten Rationalitäten der internationalen Gesundheits- und Fortpflanzungspolitik nicht vollständig zu erfassen vermag. *Jeanette Ehrmann* entwickelt in ihrem Beitrag eine post-koloniale Lesart Agambens. Nicht nur kann sie überzeugend die Plantagen als rechtliche und macht-technologische Laboratorien für die europäischen Lager begreifen, sie präsentiert mit dem *Code Noir* auch ein rechtliches Dokument, das den einschließenden Ausschluss der Sklavinnen und Sklaven und somit die Produktion von nacktem Leben positiv kodifiziert. Aufklärung und Sklaverei bilden daher keine Gegensätze, sondern vereinen sich im Gegenteil zu einer geschichtlichen Dynamik, die in letzter Konsequenz tatsächlich Biopolitik in »Thanato-« oder »Nekropolitik« kippen lässt. Mit dem bildsemantischen Assoziationsraum, den Agambens Theorie eröffnet hat, beschäftigt sich *Il-Tschung Lim* anhand einer Analyse des Hollywood-Blockbusters *The Bourne-Identity*. Mit dem Spion, wie ihn Jason Bourne exemplarisch verkörpert, macht Lim eine Ausnahmefigur jenseits des rechtlichen Schutzes aus, die aber gleichzeitig handlungsfähig bleibt: Obschon der Staat auf den Spion angewiesen bleibt, rechnen sich seine Investitionen in ihn letztlich nicht. Hollywood eröffnet so eine Perspektive auf politische Aktion ebenso wie auf popkulturelle Diskursstrategien, die Agamben noch verstellt bleiben.

Der *dritte Teil* sucht mit (und gegen) Agamben nach möglichen *Auswegen* aus der fundamentalen politischen Rationalität des Abendlandes. *Isabell Lorey* legt eine alternative Interpretation der Bedeutung des Rechtskonstruktes des *homo sacer* vor. In einer Re-Lektüre des römischen Historiographen Livius weist sie nach, dass der *homo sacer* zur Zeit seiner Erfindung im Rahmen der Ordnungskämpfe zwischen Plebejern und Patriziern gerade eine schützende Funktion für die konstituierende Macht der Plebejer hatte: Er entsteht als Instrument der Immunisierung der noch fragilen plebejischen Elemente in der Verfassungsordnung der römischen Republik, insbesondere der Tribunen, und ist aus diesem Entstehungskontext nicht herauszulösen. Somit ist es gerade der *homo sacer*, für Agamben äußerstes Emblem des Nexus von Ausnahme und Souveränität, der antagonistische gesellschaftliche Ordnungskämpfe überhaupt erst ermöglicht hat. *Birte Löschenkohl* geht den Ansätzen einer Agamben'schen »Kairologie« nach. Damit ist eine Zeitvorstellung gemeint, die nicht der hegemonialen Illusion von der leeren, homogenen Zeit erliegt, aber auch nicht der zumindest potentiell quietistischen Hoffnung auf die plötzliche Ankunft des Messias anhängt. Die Idee des Kairos als des rechten Augenblicks bietet hingegen eine alternative Zeitkonzeption an, die den Fallstricken sowohl chronologischer, als auch messianischer Zeitvorstellungen entgeht und in der kollektiven Erfahrung des Genusses ihre antizipative Gestalt findet. *Daniel Loick* beschäftigt sich mit den Motiven des Studiums, des Spiels und der Deaktivierung als Strategien der Entsetzung der Rechtsgewalt. Diesen Denkbildern ist gemeinsam, dass sie die Möglichkeit eines Rechts ohne Souveränität, also auch ohne polizeiliche Zwangsgewalt, plastisch zu machen versuchen. Die politische Pointe der Philosophie Agambens ist also weder die Verrechtlichung rechtsfreier Räume, noch die Abschaffung des Rechts, sondern die Ermöglichung eines neuen Verhältnisses des Lebens zum Recht.

Der Originalbeitrag von *Giorgio Agamben*, der den Band abschließt, ist in mehrerlei Hinsicht typisch für sein Vorgehen. Agamben nimmt einen einzigen Halbsatz aus dem Briefwechsel von Paul Celan und Ingeborg Bachmann zum Ausgangspunkt einer staatstheoretischen Meditation. Eine biographische bzw. literarische Marginalie wird so in den Brennpunkt einer philosophischen Kritik gerückt, welche die gesamte politisch-juridische Gesellschaftsordnung, ja die gesamte okzidentale

Kulturtradition aus den Angeln zu heben beansprucht. Agamben bezieht sich auf Celans Äußerung, er werde in London Pessach feiern, obwohl er sich nicht erinnern könne, Ägypten je verlassen zu haben. Pessach ist das jüdische Fest, das an den Exodus der Israeliten und somit an die Befreiung von der Knechtschaft des Pharaos erinnert. Dass man sich, egal an welchem geographischen Punkt der Welt man sich aufhält, noch immer in Ägypten befindet, verweist pessimistisch auf die fundamentale Bedeutung staatlicher Herrschaft für die menschliche Subjektivität. Damit steht der eigentliche Exodus noch bevor, wobei gleichzeitig Zweifel an seiner Möglichkeit und, a forteriori, am zionistischen Projekt angemeldet sind, das sich der Knechtschaft enthoben wähnt, aber doch gleichzeitig die Erlösung mittels konventionell staatlicher, also strukturell »ägyptischer« Mittel zu betreiben versucht. Der Auszug ist noch immer notwendig, aber noch immer versperrt. Heute Pessach zu feiern – Ostern in Ägypten – verweist somit auf die aporetische Situation radikaler, nicht nur politischer und dichterischer, sondern auch im genuinen Sinne ethischer, Staatskritik.

Daniel Loick

Literatur

Adorno, Theodor W. (1997): Erziehung nach Auschwitz, in: Gesammelte Schriften, Band 10.2: Kulturkritik und Gesellschaft, hg. von Rolf Tiedemann u.a. Frankfurt am Main: Suhrkamp, 674–690.
Agamben, Giorgio (2001): Mittel ohne Zweck. Noten zur Politik. Freiburg/Berlin: Diaphanes.
Agamben, Giorgio (2002): Homo sacer. Die souveräne Macht und das nackte Leben. Frankfurt am Main: Suhrkamp.
Agamben, Giorgio (2009): Signatura rerum. Zur Methode. Frankfurt am Main: Suhrkamp.
Amnesty International (2005): Amnesty International Report 2005: The State of the World's Human Rights. Online unter http://www.amnesty.org/en/library/info/POL10/001/2005/en (zuletzt aufgerufen im Juli 2011).
Andrijasevic, Rutvica (2010): From Exception to Excess: Detention and Deportations across the Mediterranean Space, in: deGenova, Nicholas und Nathalie Peutz (Hg.): The Deportation Regime: Sovereignty, Space, and the Freedom of Movement. Durham: Duke University Press, 147–165.
Arendt, Hannah (2006): Elemente und Ursprünge totaler Herrschaft. Antisemitismus, Imperialismus, totale Herrschaft. München: Piper.
Bender, Dominik und Maria Bethke (2011): Zur Situation von Flüchtlingen in Italien. Frankfurt am Main: Pro Asyl.
Brothers, Caroline (2007): Obscurity and confinement for migrants in Europe. New York Times v. 30. Dezember 2007.
Denbeaux, Mark P. und Jonathan Hafetz (2009): The Guantanamo Lawyers: Inside a Prison, Outside the Law. New York: New York University Press.

Fortress Europe (2007): Escape from Tripoli: Report on the Conditions of Migrants in Transit in Libya. Rom: Fortress Europe.
Fortress Europe (2009): Border Sahara: The Detention Centres in the Libyan Desert. Rom: Fortress Europe.
Global Detention Project (2011): Libya Detention Profile. Online unter http://www.globaldetentionproject.org/countries/africa/libya/introduction.html (zuletzt aufgerufen im Juli 2011).
Human Rights Watch (2006): Stemming the Flow: Abuses against Migrants, Asylum Seekers and Refugees. Human Rights Watch Volume 18, No. 5, September 2006.
Human Rights Watch (2009): Pushed Back, Pushed Around: Italy's Forced Return of Boat Migrants and Asylum Seekers, Libya's Mistreatment of Migrants and Asylum Seekers. Online unter www.hrw.org/en/reports/2009/09/21/pushed-back-pushed-around-0 (zuletzt aufgerufen im Juli 2011).
Jaffer, Jameel und Amrit Singh (Hg.) (2007): Administration of Torture: A Documentary Record from Washington to Abu Ghraib and Beyond. New York: Columbia University Press.
Lemke, Thomas (2004): Die Regel der Ausnahme. Giorgio Agamben über Biopolitik und Souveränität, in: Deutsche Zeitschrift für Philosophie 52.6, 943–963.
Loick, Daniel (2011): Kritik der Souveränität. Frankfurt am Main/New York: Campus.
Negri, Antonio (2007): Giorgio Agamben. The Discreet Taste of the Dialectic, in: Calarco, Matthew und Steven deCaroli (Hg.): Giorgio Agamben. Sovereignty & Life. Stanford, CA: Stanford University Press: 109–125.
Panagiotidis, Efthimia und Vassilis Tsianos (2007): Denaturalizing ›Camps‹: Überwachen und Entschleunigen in der Schengener Ägäis-Zone, in: Transit Migration Forschungsprojekt (Hg.): Turbulente Ränder. Neue Perspektiven auf Migration an den Grenzen Europas. Bielefeld: transcript, 57–86.
Pieper, Tobias (2008): Die Gegenwart der Lager. Zur Mikrophysik der Herrschaft in der deutschen Flüchtlingspolitik. Münster: Westfälisches Dampfboot.
Saar, Martin (2007): Genealogie als Kritik. Geschichte und Theorie des Subjekts nach Nietzsche und Foucault. Frankfurt am Man/New York: Campus.
Schwarte, Ludger (Hg.) (2007): Auszug aus dem Lager. Zur Überwindung des modernen Raumparadigmas. Bielefeld: transcript.
Schmitt, Carl (2004): Politische Theologie. Vier Kapitel zur Lehre von der Souveränität. Berlin: Duncker & Humblot.
Willemsen, Roger (2006): Hier spricht Guantánamo: Interviews mit Ex-Häftlingen. Frankfurt am Main: Fischer.
Worthington, Andy (2007): The Guantanamo Files: The Stories of the 759 Detainees in America's Illegal Prison. London: Pluto Press.

MOTIVE

Oliver Flügel-Martinsen

Giorgio Agambens Erkundungen der politischen Macht und das Denken der Souveränität

Spätestens mit dem Erscheinen von *Herrschaft und Herrlichkeit*[1], dem Teilband II.2 von Agambens mittlerweile auf offenbar mindestens vier Bände angelegten *Homo-sacer*-Projekts[2], scheinen mir die Konturen und die Bedeutung von Agambens Denken der Souveränität in hohem Maße unklar geworden zu sein. Diese Bemerkung mag als einleitender Satz zu einer Darstellung seines Souveränitätsdenkens deplaziert erscheinen, entspricht es doch gemeinhin dem Verständnis einer solchen Darstellung, Klarheit zu schaffen, ja diese selbst dort zu schaffen, wo sie in den Texten, die dargelegt werden sollen, nicht in hinreichender Schärfe vorhanden ist. Selbstredend empfiehlt es das Gebot intellektueller Redlichkeit, da und dort auf Unklarheiten hinzuweisen, aber mitnichten sollte sie, so eine nach meinem Eindruck weit verbreitete und durchaus in manchen Hinsichten berechtigte Erwartungshaltung, zum Ausgangspunkt der Erörterung gemacht werden. An dieser Erwartung werde ich mich nachfolgend auch in einer entscheidenden Hinsicht, und so weit es eben möglich ist, zu orientieren versuchen: Agambens schwieriges Souveränitätsdenken und seine Stellung in seinem übrigen politischen Philosophieren sollen so klar wie möglich dargestellt werden. Aber mit dieser Maßgabe geht eben auch die Notwendigkeit einher, gleich von Anfang an einzugestehen, dass dessen Klarheit auf der gegenwärtig vorliegenden Textgrundlage eine gewisse Trübung aufweist, die sich nicht gänzlich wird beseitigen lassen. Auf die einzelnen Gründe dafür werden wir im Fortgang der Auseinandersetzung mit Agambens Souveränitätsdenken noch zu sprechen kommen.

An dieser frühen Stelle sei zunächst nur ein erster, grober Umriss geliefert, mit dessen Hilfe es aber auch schon möglich wird, einen Teil der Facetten von Agam-

---

1 Der Band erschien in deutscher Übersetzung mit einiger Verzögerung gegenüber der italienischen Veröffentlichung und auch gegenüber den Übersetzungen ins Englische und Französische im Herbst 2010 unter dem Titel *Herrschaft und Herrlichkeit. Zur theologischen Genealogie von Ökonomie und Regierung (Homo sacer II.2)*, nachdem die Originalfassung bereits 2007 unter dem Titel *Il Regno et la Gloria. Per une genealogia teologica dell'economia e del governo* erschienen war. Zur Begründung der deutschen Titelwahl und der Übersetzung insgesamt vgl. die Notiz des Übersetzers in Agamben 2010: 354–355.

2 Vgl. Agambens eigene Ankündigung eines vierten Bandes, der sich mit der Lebens-Form und dem Gebrauch und damit auch mit der kommenden Politik beschäftigen soll (vgl. Agamben 2010: 13); Themen, zu denen bislang nur andeutungsweise Überlegungen etwa in *Mittel ohne Zweck* (Agamben 2001) oder in *Die kommende Gemeinschaft* (Agamben 2003b) vorliegen.

bens Annäherungen an die Souveränität anzudeuten. In *Homo sacer* (Agamben 2002), dem Buch, mit dem die breite und intensive Rezeption der Schriften Agambens international im Grunde einsetzte, schien die theoretische Stellung der Souveränität in seinem Denken festzustehen: Schon der Untertitel dieser Studie – *Die souveräne Macht und das nackte Leben* – greift den Begriff der Souveränität nicht nur auf, sondern er bringt ihn in Zusammenhang mit der Benjamins bloßem Leben (vgl. Benjamin 1980b: 201) entlehnten Denkfigur der *nuda vita*, des nackten Lebens, und verweist so auf eine Grundthese von Agambens Untersuchung, die zugleich eine These zur Wirkung der Souveränität ist: Die souveräne Macht bringt die Möglichkeit einer Reduktion von Menschen auf ihr bloßes Leben als eine ihrer konstitutiven Leistungen hervor. Wir werden uns damit noch genauer beschäftigen (2.). Vorher aber ist es sinnvoll, einen Blick auf Agambens Auseinandersetzung mit Schmitts Souveränitätstheorie zu werfen, die in einer variierenden Aneignung eine wesentliche Rolle bei der Entfaltung der Struktur von Agambens Souveränitätsbegriff in *Homo sacer* spielt (1.).

Im systematisch zweiten Band des *Homo-sacer*-Projekts (genauer der ersten Hälfte des zweiten Bandes), dem Buch über den Ausnahmezustand (Agamben 2004)[3], fällt der Begriff der Souveränität zwar nicht mehr ganz so häufig, aber durch die enge gedankliche Nähe zu zahlreichen zentralen Denkmotiven aus *Homo sacer* entsteht nicht wirklich der Eindruck, dass hier der Begriff der Souveränität zugunsten des Begriffes des Regierens, der nun am häufigsten fällt (vgl. nur Agamben 2004, Kap. 1), zurückweicht. Auch die bei Schmitt ganz wesentliche Verknüpfung von Souveränität und Ausnahmezustand[4], die uns noch eingehender beschäftigen wird, legt nicht den Eindruck nahe, dass die zentrale Stellung der Souveränität in Agambens Erkundung politischer Macht zur Disposition stehen könnte. Umso überraschender ist dann deren fast völliges Fehlen in der chronologisch bislang letzten Veröffentlichung aus dem Kontext der *Homo-sacer*-Studien: der Untersuchung *Herrschaft und Herrlichkeit* (Agamben 2010). Nicht allein das: Dieses Buch Agambens weist eine textliche Klammer auf, welche die Kategorie der Souveränität auf den ersten Blick auszuschließen scheint. Gleich zu Anfang heißt es, aus der christlichen Theologie ließen sich zwei politische Paradigmen gewinnen. Die politische Theologie, »die die Transzendenz der souveränen Macht in dem einen Gott begründet, und die ökonomische Theologie, die diese Idee durch eine *oikonomia* ersetzt« (ebd.: 14). Ziemlich am Ende des Buches, das sich tatsächlich fast ausschließlich mit diesem zweiten »oikonomischen« Paradigma beschäftigt, heißt es

---

[3] Chronologisch handelt es sich um den dritten Band. Der eigentliche dritte Band, *Was von Auschwitz bleibt*, erschien in Deutschland 2003 und in Italien sogar bereits 1998, also ganze fünf Jahre vor der auf Italienisch 2003 erschienenen Ausnahmezustandsstudie.

[4] »Souverän ist, wer über den Ausnahmezustand entscheidet« lautet bekanntlich der Auftakt von Schmitts Souveränitätsbuch (Schmitt 1996a: 13).

dann sogar, »*daß das zentrale Problem, das wahre Arkanum der Politik nicht die Souveränität, sondern die Regierung*« (ebd.: 330, Herv. i. O.) sei. Kurz darauf findet sich dann wiederum eine Unterscheidung zweier Souveränitäten, einer dynastischen und einer demokratischen. All das ist, wie sich bei näherem Betrachten noch zeigen wird, nicht ohne Beziehung zu Agambens früheren Überlegungen, aber es führt dazu, dies dürfte auch schon diese vorgriffhafte und dadurch nur unzulänglich andeutende Skizze zeigen, dass sich die Stellung der Souveränität in seinem politischen Denken schwieriger fassen lässt. Die Annäherung an Agambens Denken der Souveränität wird deshalb in drei bzw. vier, zählt man den letzten, ausblickenden Abschnitt mit, Schritten erfolgen: Auf die schon angekündigten Schritte der an Schmitt orientierten Begriffslogik der Souveränität (1.) und der in bestimmten Hinsichten von Benjamin inspirierten Überlegungen zu Souveränität und nacktem Leben (2.) folgt eine Auseinandersetzung mit den Folgen der Ausführungen in *Herrschaft und Herrlichkeit* für Agambens Souveränitätsdenken (3.). Am Ende schließlich steht ein kurzer Ausblick auf die kommende Politik (4.).

1. Souveränität und das Denken der Ausnahme

Begriffslogisch steht Carl Schmitt Agambens Überlegungen zur Souveränität Pate: Wie Schmitt nähert sich auch Agamben dem Versuch einer begrifflichen Fassung der Souveränität nicht von der Mitte, sozusagen dem Normalfall her, sondern gleichsam von den Rändern. Dahinter steckt eine bestimmte Begriffslogik, die für Schmitts gesamtes Souveränitätsdenken maßgeblich ist und die auch bei Agamben keine geringe Rolle spielt. Bei Schmitt wird sie schon in dem ersten, abgehoben gesetzten Satz des Souveränitätsbuches angedeutet, der in seiner Apodiktizität in der Geschichte politischen Denkens seinesgleichen sucht: »Souverän ist, wer über den Ausnahmezustand entscheidet« (Schmitt 1996a: 13). Durch diese knappe Formel wird, begriffslogisch betrachtet, eine bestimmte Form begrifflichen Denkens impliziert. Aufschluss über die Struktur der Souveränität bietet der Extremfall, so legt Schmitt nahe. Der Fall, in dem die Souveränität ihre äußerste Intensität erreicht. Bei diesem Fall kann es sich nur um den Ausnahmefall handeln, denn in ihm geht es, indem darüber entschieden wird, »ob die Verfassung in toto suspendiert werden kann« (ebd.: 14), um die schärfste Entscheidung, die souverän getroffen werden kann.

Die Orientierung an Extremfiguren ist im schmittschen Denken generell von großer Bedeutung. Auch seine Fassung des Begriffs des Politischen verdankt sich einer Konzentration auf den Extremfall. Schmitts Verzicht auf eine inhaltliche Bestimmung des Politischen und seine These, dass sich alle Gegensätze in politische

Gegensätze verwandeln, wenn sie nur eine hinreichende Intensität erreichen (Schmitt 1996b: 37), verdankt seine Möglichkeit ebenjener Konzentration auf den Extremfall: Die Unterscheidung von Freund und Feind, die Schmitt zufolge die Leitunterscheidung des Politischen ausmacht (ebd.: 26), wird von ihm als Grenzfallbestimmung eingeführt. Sie markiert, so meint er, »den äußersten Intensitätsgrad einer Verbindung oder Trennung, einer Assoziation oder Dissoziation« (ebd.: 27); an einer anderen Stelle der Schrift über den Begriff des Politischen wird der durch die Freund-Feind-Unterscheidung bezeichnete Gegensatz als »intensivste[r] und äußerste[r] Gegensatz« (ebd.: 30) gekennzeichnet. Schmitt steht dabei ähnlich wie im Falle der Bestimmung des Souveränitätsbegriffs die Suspendierung der Verfassung eine reale Extremsituation vor Augen. Es ist der bewaffnete Konflikt, von dem aus er den Begriff des Politischen denkt. Nachdem er die Kategorien Freund, Feind und Kampf bzw. Krieg als zentrale politische Kategorien eingeführt hat, merkt er dazu aufschlussreich an: »Die Begriffe Freund, Feind und Kampf erhalten ihren realen Sinn dadurch, daß sie insbesondere auf die reale Möglichkeit der physischen Tötung Bezug haben und behalten« (ebd.: 33). An dieser Stelle treffen sich Schmitts Überlegungen zum Politischen und zur Souveränität: Als politisch erscheint ihm, wie er ausführt, die Gruppe, »die sich an dem Ernstfall orientiert« (ebd.: 39) und sie bezeichnet er, da »die Entscheidung über den maßgebenden Fall, auch wenn das der Ausnahmefall ist, begriffsnotwendig immer bei ihr stehen muß« (ebd.), als souverän.

Nun würde man die Perspektiven von Agambens Annäherungen an die Souveränität verzeichnen, wenn man ihn in dem Sinne als von Schmitt beeinflusst verstünde, dass er dessen immer wieder bei der Begriffsbestimmung durchschimmernden lustvoll martialischen Gestus übernimmt. Davon ist Agamben allein schon deshalb weit entfernt, weil es ihm mit seinen Überlegungen zur Souveränität nicht wie Schmitt zugleich auch um die Rechtfertigung, ja Progierung einer bestimmten Politik und einer bestimmten politischen Ordnung zu tun ist – bei Schmitt war das zunächst eine zunehmend diktatorisch ausgerichtete antiliberale und antiparlamentarische Einheits- bzw. Führerdemokratie (vgl. Schmitt 1926; Schmitt 1931; Schmitt 1964), bis er sich, sicherlich auch aus opportunistischen Gründen – denn vor 1933 finden sich bei Schmitt zwar faschistische, aber kaum auf der nationalsozialistischen Rassenideologie aufruhende Argumente – nochmals radikalisiert und klar zum nationalsozialistischen Führerstaat bekannt hat.[5] Agamben hingegen macht von der bei Schmitt entlehnten Begriffsbildung von den extremen Begriffsrändern aus einen

---

5   Vgl. hierzu die Ausführungen über Schmitts Bekenntnis zum NS-Staat in Mehring 2009, Teil III, Kap. 1.

durchweg analytischen Gebrauch[6], den er selbst zuweilen in die Nähe von foucaultschen Verfahren wie der Genealogie oder der Archäologie bringt.

Das bei Agamben im Zentrum seiner begrifflichen Fassung der Souveränität stehende Paradox der Souveränität, das darin besteht, dass der Souverän sich als solcher erweist, indem er die Möglichkeit besitzt, über den Ausnahmezustand zu entscheiden und damit die Verfassung verfassungsmäßig aufzuheben, sich also zugleich innerhalb und außerhalb der Verfassung zu bewegen (vgl. Agamben 2002, Teil I, Kap. 1), geht direkt auf Schmitts Überlegungen zur Souveränität zurück und wird bei diesem auch angesprochen: »Er [der Souverän, OFM] steht außerhalb der normal geltenden Rechtsordnung und gehört doch zu ihr, denn er ist zuständig für die Entscheidung, ob die Verfassung in toto suspendiert werden kann« (Schmitt 1996a: 14).[7] Dieser Schwellencharakter des Ausnahmefalls, den Agamben wie auch schon Schmitt als entscheidenden Fall der Souveränität versteht, wird in *Homo sacer* über die selbst paradoxe Formel der »einschließende[n] Ausschließung« (Agamben 2002: 31) erläutert: Einerseits ist die Ausnahme »ein Einzelfall, der aus der generellen Norm ausgeschlossen ist« (ebd.: 27). Zugleich aber, und das ist entscheidend, wird andererseits keineswegs jede Verbindung zur Norm gekappt. Im Gegenteil ist der Ausnahmezustand ja gerade deshalb so interessant, weil es sich bei ihm um eine verfassungsmäßige Aufhebung der Verfassung handelt. Der Souverän, der, in Schmitts Worten, über den Ausnahmezustand entscheidet, steht darum zugleich innerhalb und außerhalb der Verfassung. Die Souveränität ist folgerichtig, wie Agamben festhält, weder eine rein juridische noch eine rein politische Kategorie (ebd.: 39) – sie liegt auf der Schwelle zwischen beiden Bereichen. Für Agamben zeigt sich diese Struktur der Souveränität am eindrücklichsten in der Bezugnahme des Gesetzes auf das Leben, wie sie durch die Souveränität ermöglicht wird (ebd.: 16). Dies führt uns zum zweiten Schritt der Erörterung von Agambens Behandlungsweise der Souveränität.

---

6   Agamben steht mit seinen Bezugnahmen auf Schmitt übrigens keineswegs allein: Gerade unter zeitgenössischen Linken ist ein, zuweilen auch fragwürdig geschichtsvergessener, Rekurs auf Schmitts konfliktorientierendes Denken des Politischen verbreitet. Schmitts Liberalismuskritik wird dabei teilweise durchaus affirmiert. Vgl. bspw. Mouffe 1999a, Mouffe 1999b und Žižek 1999.

7   Die Schwellenstellung des Souveräns wird auch bereits in den klassischen Fassungen des Souveränitätsdenken etwa bei Bodin (vgl. Bodin 1976, Kap. 8) oder bei Hobbes (vgl. Hobbes 1996, Part 2) impliziert. Allerdings wird sie bei Schmitt insofern radikalisiert, als er in einem stärkerem Maße den dezisionistischen Charakter hervorhebt und den Souverän so von übergreifenden normativen Orientierungen herauslöst, die bei Bodin eine wichtige Rolle spielen und auch beim nüchternen Hobbes nicht ganz verschwunden sind. Vgl. zu diesen Unterschieden im Souveränitätsdenken Hobbes' und Schmitts auch meine ausführlicheren Überlegungen in Flügel-Martinsen 2008, Kap. 6.c.

2. Souveränität und nacktes Leben

Für die politische Macht, wie sie in der politischen Geschichte des Abendlandes gedacht wird und wirksam ist, ist nach Agambens Auffassung eine bestimmte Beziehung zum Leben konstitutiv, die sich ebenfalls mit der Denkfigur einer einschließenden Ausschließung erläutern lässt. Agamben zufolge gründet sich die Politik, indem sie das nackte Leben ausschließt. Das menschliche Leben, um das es in der Sphäre der Politik geht, ist immer schon mehr als nacktes Leben – es ist gutes Leben (vgl. ebd.: 17), dessen Infrastruktur zwar auch das nackte Leben darstellt, das aber keineswegs in ihm aufgeht. Agamben lässt sich bei diesen Überlegungen von Bemerkungen inspirieren, die sich in Benjamins Essay *Zur Kritik der Gewalt* (Benjamin 1980b) finden. Benjamin behauptet dort, dass der Mensch in jedem Fall mehr sei als bloßes Leben, woraus sich ergibt, dass jede Reduktion auf das bloße Leben das menschliche Leben verfehlen muss: »Der Mensch fällt eben um keinen Preis zusammen mit dem bloßen Leben des Menschen, so wenig mit dem bloßen Leben in ihm wie mit irgendwelchen andern seiner Zustände und Eigenschaften, ja nicht einmal mit der Einzigkeit seiner leiblichen Person« (ebd.: 201).

Gemäß der genealogischen Linie, die in *Homo sacer* aufgenommen wird, lässt sich diese Differenz bis in die griechischen *poleis* zurückverfolgen und wird im Altgriechischen markiert durch die Differenz zwischen *zoé*, dem nackten, gleichsam organisch betrachteten Leben, und *bíos*, dem Leben als Lebensform, das sich nicht durch den organischen Blick untersuchen lässt (Agamben 2002: 11). (In Parenthese sei übrigens angemerkt, dass hier stets die Gefahr einer Begriffsverwirrung lauert: Unter der Rubrik des biologischen Lebens wird heute nämlich gerade jenes nackte, organische Leben, die *zoé*, angesprochen, die Agamben vom *bíos*, wie es im *bíos politikós* auftaucht, abzugrenzen sucht.) Freilich ist der Weg vom nackten Leben zum Leben, das mehr ist als das nackte Leben, kein Sprung, und die Politik und das nackte Leben trennt deshalb auch kein klarer Schnitt: Das nackte Leben ist die Ausnahme, auf die sich politische Macht in der Form der einschließenden Ausschließung bezieht. Sie taucht deshalb in der souveränen Ordnung als Ausnahme auf, als, so könnte man im Anschluss an die obigen (vgl. 1.) Überlegungen zur Begriffslogik der Souveränität sagen, jene Ausnahme, welche die Souveränität erst zur Souveränität macht. Dies ist der Grund, warum sich Agamben in *Homo sacer* und andernorts (vgl. Agamben 2003a; Agamben 2004) so sehr für die Figuren Ausgeschlossen-Eingeschlossener interessiert, die in verschiedenen Epochen und Rechtsordnungen als diejenigen erscheinen, die auf ihr nacktes Leben reduziert werden: Vom *homo sacer* des römischen Rechts, der eigentümlichen Rechtsfigur, der zufolge nach Agambens Lesart das Leben des Menschen den Göttern bereits geopfert ist und dem deswegen in der irdischen Rechtsordnung keine über sein nacktes Leben hinausgehende Stellung mehr zukommt, ja dem selbst dieses nackte Leben jederzeit straffrei genommen werden kann, weil er keinen Rechtsstatus mehr besitzt, der es ihm sichern könnte (Agamben 2002, Teil II, Kap. 1) bis zu den unterschiedlichen Lagerinsassen der Moderne (Agamben 2002, Teil III; Agamben 2003a), deren Status gleichsam eine rechtlich geregelte Ausnahme vom Recht ist. Dabei bleibt allerdings nach meinem Eindruck unklar, ob Agamben mit der genealogischen Rekonstruktion, die in der Antike einsetzt, einen historisch-rekonstruktiven Anspruch erhebt oder ob er eher auf einen logischen Zusammenhang, ja vielleicht gar nur auf Analogieschlüsse baut.

Nun ist die Beziehung zwischen der Souveränität und dem nackten Leben nicht leicht zu verstehen: Sie hat in gewisser Weise die Struktur einer paradoxen Zirkularität, denn Agamben zufolge geht die Ausnahme, die diejenigen für die Rechtsordnung bilden, die auf ihr nacktes Leben reduziert werden, auf einen souveränen Bann (vgl. Agamben 2002: 120) zurück: »Der Bann ist im strengen Sinn die zugleich anziehende und abstoßende Kraft, welche die beiden Pole der souveränen Ausnahme verbindet: das nackte Leben und die Macht, den *homo sacer* und den Souverän« (ebd.). Zugleich aber ist diese Ausnahme, wie sich aus der begriffslogischen Bedeutung der Ausnahme ableiten lässt, für die Souveränität konstitutiv: Ohne Ausnahme keine Ordnung und ohne Ausnahme auch kein Souverän, der über die Ordnung im Ganzen verfügt und zwar, indem es ihm gelingt, die Ausnahme gleichzeitig aus der Rechtsordnung auszuschließen *und* sie in sie einzuschließen. Nicht ganz eindeutig ist nach meinem Dafürhalten übrigens, ob Agamben die materielle Gestalt der Ausnahme, die Reduktion auf das nackte Leben, in einem starken oder in einem schwachen Sinne begreift – ob also genau *diese* Ausnahme gemeint sein muss oder ob es sich kontingenterweise um sie handelt: Die Weise, auf die er die Problemstellung formuliert, legt die starke Lesart nahe, denn hier spricht er davon, dass sich die abendländische Politik insgesamt über die einbeziehende Ausschließung »des nackten Lebens begründet« (ebd.: 17). An anderen Stellen hingegen entsteht eher der Eindruck, die Entwicklung weise gewisse Kontingenzspielräume auf und hätte also auch einen anderen Verlauf haben können (vgl. ebd.: 132). Daneben ist es fraglich, ob sich Agambens Überlegungen zum Zusammenhang von Souveränität und nacktem Leben nicht logischen Analogien verdanken, die Bereiche zusammenbringen, die entgegen Agambens Zusammenführungen im Begriff des *homo sacer* große Differenzen aufweisen. So lautet die zentrale zeitdiagnostische These Agambens beispielsweise, dass das Lager das biopolitische Paradigma der Moderne sei und wir womöglich »alle virtuell *homines sacri* sind« (ebd.: 124).

Agambens These vom Lager als *nómos* der Moderne geht übrigens, wie auch sein Begriff des nackten Lebens, auf eine Formulierung Benjamins zurück, der er in *Ausnahmezustand* eine eingehende Betrachtung widmet (vgl. Agamben 2004: 69

ff.).[8] In Benjamins achter geschichtsphilosophischer These findet sich eine Anmerkung, die Agamben selbst ausführlich zitiert (vgl. ebd.: 69) und von der hier nur ein zentraler Satz angeführt sei: »Die Tradition der Unterdrückten belehrt uns darüber, daß der Ausnahmezustand, in dem wir leben, die Regel ist« (Benjamin 1980a: 697). Diese Wendung, dass der Ausnahmezustand zur Regel geworden ist, greift Agamben verschiedentlich auf[9] und sie dient ihm als griffige Formel für seine These vom Lager als Nomos der Moderne. Hier sollte allerdings nicht vergessen werden, dass es sich dabei, wie Agamben selbst anmerkt, um eine späte Formulierung Benjamins handelt (vgl. Agamben 2004: 69). Benjamin spricht vor dem Hintergrund des nationalsozialistischen Terrors, der zu diesem Zeitpunkt im Begriff ist, die halbe Welt zu erfassen, davon, dass der Ausnahmezustand zu Regel geworden ist. Oliver Marchart hat in diesem Zusammenhang deshalb zu Recht darauf hingewiesen, dass Agambens These eine starke Formalisierung des Lagerbegriffs[10] voraussetze, die in ihren Implikationen und in ihrer Plausibilität ausgesprochen zweifelhaft ist (vgl. Marchart 2010: 227 f.) – denn schließlich supponiert Agamben damit die Möglichkeit einer Strukturanalogie zwischen den Schrecken der nationalsozialistischen Konzentrationslager und dem Leben in modernen westlichen Staaten. »Auschwitz als paradigm of everything« sei, wie Marchart meint (vgl. ebd., Kap. 8.3), wenig schlüssig.

Abgesehen davon, ob Agambens Überlegungen sich zeitdiagnostisch als tragfähig erweisen, ist aber noch einmal ganz grundsätzlich zu fragen, wie genau der Zusammenhang zwischen Souveränität, Ausnahme(zustand), (nacktem) Leben und politischer Macht eigentlich beschaffen ist. Nach dem bislang Gesagten ließe sich folgende zusammenfassende Erörterung des Zusammenhangs vorstellen: Agamben geht es um eine Untersuchung der politischen Macht und ihrer Wirkungen, wobei er politische Macht über die Figur der Souveränität erläutert. Die Souveränität wäre so gleichsam der Schlüsselbegriff seines politischen Denkens. Unter Souveränität selbst versteht er wiederum eine komplexe Struktur der Einrichtung und Verfügung über eine zugleich politische und juridische Ordnung, für die die Bezugnahme auf eine Ausnahme konstitutiv ist. Diese Ausnahme ist für Agamben, ob kontingent oder begriffsnotwendig sei hier dahingestellt, die Figur eines auf das nackte Leben reduzierten menschlichen Lebens. Zur Beziehung zwischen der Souveränität und ihrer Ausnahme ist zu sagen, dass sich in ihr, also von den Rändern oder, wie

---

8 Diese Auseinandersetzung mit Benjamin in *Ausnahmezustand* ist übrigens Teil eines aufschlussreichen »Geheimdossier[s]« (Agamben 2004: 64) Agambens zu Benjamin und Schmitt; vgl. Agamben 2004: 64–77.
9 Vgl. bspw. neben der genannten Passage in *Ausnahmezustand* nur Agamben 2002: 30.
10 Vgl. zu Agambens Begriff des Lagers seine sehr gedrängten und auf den Punkt gebrachten Ausführungen in dem kleinen Aufsatz *Was ist ein Lager?* in *Mittel ohne Zweck* (Agamben 2001: 43–49).

Agambens eigener Term lautet, Schwellen aus die Souveränität erst verstehen lässt: Indem es der Souveränität gelingt, zu einer Ausnahme, dem nacktem Leben, eine einschließend-ausschließende Beziehung zu unterhalten, erweist sie sich als souverän. Agamben selbst merkt hierzu schon in der Einleitung zu *Homo sacer* an, dass es ihm um die Untersuchung eines »verborgenen Kreuzungspunktes zwischen dem juridisch-institutionellen Modell und dem biopolitischen Modell der Macht« zu tun sei. Die entscheidende Formulierung, die als eine Erläuterung des Stellenwertes der Souveränität für diese doppelte Machtanalyse gelesen werden könnte, folgt einen Satz später, wenn Agamben behauptet, dass »die beiden Analysen [die der juridisch-institutionellen und die der biopolitischen Macht, OFM] nicht getrennt werden können und daß die Einbeziehung des nackten Lebens in den politischen Bereich den ursprünglichen – wenn auch verborgenen – Kern der souveränen Macht bildet« (Agamben 2002: 16). Diese Stelle liest sich nicht nur wie eine Auskunft über den Stellenwert der Souveränität, sondern sie verweist zugleich, in einem Vorgriff, auf die Konstitutionsstruktur der Souveränität, die wir bereits kennengelernt haben. Im direkten Anschluss scheint Agamben diesen Eindruck nochmals unterstreichen zu wollen, indem er, kursiv gesetzt, hinzufügt: »*Man kann sogar sagen, dass die Produktion eines biopolitischen Körpers die ursprüngliche Leistung der souveränen Macht ist*« (ebd.; Herv. i. O.). Ist damit Agambens Souveränitätsdenken bereits auf den Begriff gebracht? Dies wäre, wie wir sogleich sehen werden, ein vorschneller Schluss.

3. Souveränität?

Die am Ende des vorangegangenen Abschnitts zitierte Stelle gibt in verschiedenen Hinsichten für den Begriff der Souveränität und seine Stellung in Agambens politischem Denken relevante Rätsel auf, wenn man sie in Beziehung zu jenen Überlegungen zu setzen sucht, die Agamben in *Herrschaft und Herrlichkeit* (Agamben 2010) anstellt. Nach meinem Dafürhalten müsste eine Erörterung von Agambens Denken der Souveränität unvollständig bleiben, wenn diese Schwierigkeiten unerwähnt blieben. Allerdings ist nicht von der Hand zu weisen, dass es aufgrund des derzeitigen Standes der Ausarbeitung des *Homo-sacer*-Projekts aus meiner Sicht nicht möglich ist, alle diese Unklarheiten wirklich auszuräumen. Dies betrifft vor allem jene, sich vor dem Hintergrund von *Herrschaft und Herrlichkeit* abzeichnenden Unklarheiten hinsichtlich der Bedeutung des Begriffs der Souveränität in Agambens Denken und hinsichtlich der Beziehungen zwischen politischer Macht und Souveränität. Die durchaus beschränkte Klärung kann deshalb nur im Versuch einer möglichst umfassenden Exposition der konzeptuellen und kategorialen Ambiguitäten bestehen, die auszublenden nicht möglich ist.

Versuchen wir zunächst noch einmal die Aufgabenstellung nachzuvollziehen, die Agamben in *Homo sacer* formuliert und dabei vor allem die der Souveränität zugedachte Stellung zu ergründen. Agamben geht es, wie die oben zitierten Stellen (vgl. Agamben 2002: 16) erkennen lassen, um eine Erkundung der Struktur und der Wirkungsweise der politischen Macht, die er mithilfe zweier ineinander verschränkter Machtmodelle zu beschreiben sucht: Auf der einen Seite steht dabei ein juridisch-institutionelles Modell und auf der anderen ein biopolitisches Modell. Beide zusammen konstituieren offenbar jene politische Ordnung, welche die besagte ambivalente Bezugnahme auf das Leben als zentrales Charakteristikum aufweist. Das politische Leben wird nämlich nicht einfach, so sucht uns Agamben zu überzeugen, zum Gegenstand und zur zentralen Kategorie der Politik und lässt dabei das nackte Leben hinter sich. Vielmehr ist, wie wir bereits sehen konnten, seiner Argumentation zufolge der Ausschluss des nackten Lebens, der sich nach Agambens Überzeugung schon daran zeigt, dass seit den Anfängen des abendländischen politischen Denkens das Leben immer in einem gleichsam höheren Sinne denn als bloßes Leben angesprochen wird (vgl. ebd.: 16 f.), zugleich ein Einschluss. In diesem Licht ist wohl Agambens Feststellung zu verstehen, dass die »Einbeziehung des nackten Lebens in den politischen Bereich« (ebd.: 16) eine ursprüngliche Leistung der souveränen Macht darstellt. Indem nämlich die souveräne Macht in ihrer Konstitution darauf angewiesen ist, eine Beziehung der einschließenden Ausschließung zur Ausnahme von der Regel, die das nackte Leben, die *zoé* gegenüber dem reichhaltigen Leben des *bíos*, darstellt, zu unterhalten, bringt sie dieses nackte Leben in seiner Beziehung zur Politik gewissermaßen erst hervor. Es ist die Ausnahme von der Regel, die als solche Ausnahme durch die souveräne Verfügung über die Ordnung konstituiert wird. Weiter unten werden wir uns noch mit der Frage auseinandersetzen, wie eine Lebens-Form und eine Politik beschaffen sein könnten, die sich jenseits der Möglichkeit einer Reduktion des menschlichen Lebens auf das nackte Leben bewegen (vgl. 4.); dies kann allerdings wiederum nur insoweit erfolgen, als es zum jetzigen Zeitpunkt, zu dem Agambens angekündigte Monographie zur Lebens-Form als vierter Band des *Homo-sacer*-Projekts (vgl. Agamben 2010: 13) noch nicht vorliegt, möglich ist.

Zunächst aber ist zu fragen, ob mit dem bislang Ausgeführten Struktur und Stellung der Souveränität bei Agamben hinreichend umrissen sind. Zweifel daran werden, wie schon angedeutet wurde, durch den chronologisch jüngsten Teil des *Homo-sacer*-Projekts, die Studie über *Herrschaft und Herrlichkeit*, wachgerufen. Sah es vor dem Hintergrund der Überlegungen zur Souveränität in *Homo sacer* so aus, als mache Agamben in der Souveränität den zentralen konzeptionellen Schlüssel zur Erkundung der Struktur und der Wirkungsweise der politischen Macht aus, so führt er in *Herrschaft und Herrlichkeit* eine Unterscheidung von zwei Paradigmen ein, von der es alles andere als klar ist, inwiefern sie sich stimmig in die bis zu dieser Stelle rekonstruierte Theorie der Bedeutung der Souveränität einpassen lässt. Agamben unterscheidet eine politische Theologie, aus der die Vorstellung der souveränen Macht hervorgeht, und eine ökonomische Theologie, auf die sich die moderne Biopolitik zurückführen lassen soll (vgl. Agamben 2010: 14).

Nun stehen diese Unterscheidung und die mit ihrer Hilfe vorgenommene Zuordnung in gewisser Weise quer zu der von Agamben in *Homo sacer* vertretenen Auffassung, dass es sich bei der Biopolitik um eine originäre Leistung der souveränen Macht handle (Agamben 2002: 16, 190). Man könnte, um beide Unterscheidungen theoretisch zusammenzubringen, deshalb zunächst versucht sein, die Unterscheidung zwischen einer politischen und einer ökonomischen Theologie analog zur der aus *Homo sacer* bekannten Unterscheidung zwischen einem juridisch-institutionellen Machtmodell einerseits und einem biopolitischen Machtmodell andererseits zu verstehen. Verwunderlich ist aber, dass Agamben eine solche Deutungsperspektive, die eine stimmige Integration seiner jüngeren Überlegungen in die früher skizzierte Theorieanlage ermöglichen könnte, erstens selbst nicht nahelegt und, schwerer wiegend, dass zweitens Einiges in *Herrschaft und Herrlichkeit* einer solchen Deutungsperspektive auch direkt im Weg zu stehen scheint. Das deutet sich schon bei der mit der Unterscheidung von politischer und ökonomischer Theologie vorgenommenen Zuordnung der Verantwortlichkeiten (politische Theologie: Souveränität – ökonomische Theologie: Biopolitik) an. Am Ende der Studie über Herrschaft und Herrlichkeit findet sich gar die (bereits in der Einleitung des vorliegenden Aufsatzes erwähnte) These, dass »*das zentrale Arkanum der Politik nicht die Souveränität, sondern die Regierung*« (Agamben 2010: 330) sei. Damit fällt mit dem Begriff der Regierung eine Kategorie, die Agamben in *Ausnahmezustand* wohl ebenso häufig und an vergleichbar zentralen Stellen gebraucht wie in *Homo sacer* die Kategorie der Souveränität. In der Tat verweist Agamben auch bereits im Vorwort von *Herrschaft und Herrlichkeit* auf seine Untersuchung über den Ausnahmezustand und die dort wichtige Distinktion von *potestas* und *auctoritas* (vgl. Agamben 2004, Kap. 6). »Die doppelte Regierungsmaschine«, so schreibt Agamben, »die in *Ausnahmezustand* in der Wechselbeziehung von *auctoritas* und *potestas* zum Ausdruck kam, nimmt hier die Form der Artikulation von Herrschaft und Regierung an, um schließlich jene anfangs gar nicht in Rechnung gestellte Beziehung zu befragen, die zwischen *oikonomia* und Herrlichkeit, zwischen der Macht als Regierung und effizienter Verwaltung und der Macht als zeremoniellem und liturgischem Königtum besteht« (Agamben 2010: 11).

Nun ist die Erörterung dieser Stelle allein schon deshalb recht diffizil, weil in ihr nicht nur die Exposition der zentralen Argumentationsfigur von *Herrschaft und Herrlichkeit* vorausgesetzt wird, sondern zudem auch mit dem Verweis auf *auctoritas* und *potestas* eine weitere wichtige Unterscheidung angesprochen wird, die Gegenstand von *Ausnahmezustand* war. Es liegt auf der Hand, dass hier unmöglich die beiden Unterscheidungen hinreichend umfänglich vorgestellt werden können. Gleichwohl werden wir nicht umhin können, so weit auf sie einzugehen, wie es nötig ist, um mögliche Auswirkungen auf den Stellenwert der Souveränität in Agambens Denken wenigstens annähernd ermessen zu können. Mit *auctoritas* und *potestas*, Begriffen, die Agamben aus dem römischen Recht deriviert, werden in *Ausnahmezustand* zwei Elemente des »Rechtssystem[s] des Okzidents« abgegrenzt, die dennoch in einem Verweisungszusammenhang stehen: »ein normativ-rechtliches, das wir hier der Einfachheit halber unter der Rubrik *potestas* fassen können, und ein anomisches und metarechtliches, das wir mit dem Namen *auctoritas* benennen können« (Agamben 2004: 101). Beide werden verknüpft über den Ausnahmezustand, wobei das normative Element (*potestas*) zur Anwendung auf das anomische Element (*auctoritas*) verwiesen bleibt, gleichzeitig aber *auctoritas* nur im Verhältnis zu *potestas*, nämlich als mögliche Suspendierung der normativ-rechtlichen Ordnung möglich wird. Die Begriffslogik dieses Verweisungszusammenhangs dürfte uns von der weiter oben (vgl. 1.) exponierten Logik des Paradoxes der Souveränität her vertraut sein. Wie Agamben die Souveränität von der Ausnahme her denkt, so versteht er hier die Rechtsordnung und ihre Logik in der Gegenüberstellung von *auctoritas* und *potestas* im Ausgangspunkt des Ausnahmezustands. Von *Homo sacer* aus gesehen liegt es deshalb nahe, die in *Ausnahmezustand* anhand der Distinktion von *auctoritas* und *potestas* erläuterte Logik der Rechtsordnung und der Regierung als eine weitere Gestalt der Struktur der Souveränität zu verstehen. *Auctoritas* und *potestas* scheinen der Unterscheidung der beiden Machtmodelle, dem juridisch-institutionellen und dem biopolitischen, analog zu funktionieren – und diese beiden Machtmodelle hat Agamben in *Homo sacer* zusammengebunden in der Leistung der souveränen Macht, das nackte Leben »als ursprüngliches politisches Element und als Schwelle der Verbindung zwischen Kultur und Natur« (Agamben 2002: 190) zu produzieren.

Nun bezieht er in *Herrschaft und Herrlichkeit*, wie wir gesehen haben, gleich zu Beginn seine dort zentrale Überlegung – die, kurz gesagt, darin besteht, das die *oikonomia* verstanden als verwaltende und ausführende Regierung untrennbar auf die in der Herrlichkeit ausgestellte Herrschaft bezogen bleibt – auf die Unterscheidung von *auctoritas* und *potestas* zurück. Die Frage, die sich dann allerdings unweigerlich stellt, besteht darin, wie sich diese Überlegungen insgesamt integrieren lassen. Hier läge es auf den ersten Blick nahe, die Souveränität, wie sie in *Homo sacer* eingeführt wurde, als Ausgangspunkt der Verweisungskette anzunehmen. Überraschenderweise aber taucht die Souveränität in *Herrschaft und Herrlichkeit* kaum auf; ja mehr noch: Wenn Agamben sie dort ins Spiel bringt, dann scheint er dies zu tun, um seine Überlegungen zur ökonomischen Theologie von der Souveränität abzugrenzen. Nicht allein das: Am Ende des Buches wird, wie wir ebenfalls gesehen habe, die Regierung und nicht die Souveränität als die eigentlich erläuterungsbedürftige Kategorie eingeführt (vgl. Agamben 2010: 330). Wie passt das zusammen?

Vielleicht besteht immer noch die Möglichkeit, das Zusammenspiel von Regierung, Herrschaft und Herrlichkeit, um das es Agamben in *Herrschaft und Herrlichkeit* geht, mit seinem Denken der Souveränität zusammenzubringen. Dagegen sprechen allerdings zunächst, wie wir sehen konnten, die verschiedentlich auftauchenden, abwertenden Platzzuweisungen, die die Souveränität an den wenigen Stellen, an denen ihr in dieser Studie Aufmerksamkeit zukommt, erfährt. Im Haupttext der Studie, den Kapiteln 1-8, ist von der Souveränität kaum die Rede. Das ist angesichts der anfänglich vorgenommenen Sortierung, der zufolge die politische Theologie die Theorie der Souveränität aus der Idee des einen Gottes begründet, wohingegen die ökonomische Theologie durch die Vorstellung der *oikonomia* ein Modell der Ordnung sowohl des göttlichen als auch des menschlichen Lebens formuliert (vgl. ebd.: 14), auch wenig verwunderlich. Agamben widmet die Studie nicht nur vornehmlich diesem zweiten ökonomischen Paradigma, sondern er formuliert zudem, worauf wir bereits hingewiesen haben, die These, dass die moderne Biopolitik und die mit ihr im Zusammenhang stehende Dominanz der Ökonomie und der Regierung über alle Dimensionen gesellschaftlichen Lebens sich durch eine archäologische Untersuchung dieses Paradigmas erhellen lassen. Es ist diese Behauptung, die angesichts der Bedeutung, die bislang der Souveränität in Agambens politischem Denken zukam, erstaunlich ist, denn hier wird plötzlich ein zur Souveränität alternatives Modell als zentrale Erklärungsinstanz eingeführt. Wie plötzlich dieser Wechsel sich vollzieht, ist dabei nicht genau zu bestimmen, denn Agambens Thesen zum Ausnahmezustand als Paradigma des Regierens (vgl. Agamben 2004, Kap. 1) lassen sich durchaus auch als Vorarbeiten zu den Leitgedanken von *Herrschaft und Herrlichkeit* verstehen – nur wäre dann eben fraglich, welcher Ort nunmehr der Souveränität zugewiesen wird.

Erhellend könnten hier Überlegungen aus einem als Anhang zu *Herrschaft und Herrlichkeit* veröffentlichten Text mit dem Titel *Gesetz und Wunder* sein (Agamben 2010: 313–331). Das, was Agamben dort zum Zusammenhang von Souveränität und Regierung zusammenträgt, könnte geeignet sein, die Vermutung zu stützen, dass er mit der in *Herrschaft und Herrlichkeit* entfalteten Logik einer ökonomischen Theologie und ihrer Auswirkungen auf die Regierung des menschlichen Lebens gleichsam eine Art Metamodell entwickelt, in das die Souveränität selbst eingebettet wird. Das ökonomisch-theologische Paradigma würde so gesehen letztlich doch auf die Souveränität zurückverweisen. Leider sind die dortigen Ausführungen denkbar knapp und bleiben in einigen Hinsichten kryptisch. Einschlägig ist hier Agambens Kommentar zu Rousseaus Souveränitätsdenken: Agamben zufolge tritt Rousseau in einem weit höheren Maße als gemeinhin angenommen das Erbe einer bestimmten französischen theologischen Denklinie an, für die Arnauld, Pascal, Malebranche und Fénelon wichtig sind (vgl. ebd.: 325). Um die Bedeutung dieses Erbes ermessen zu können, muss eine oben nur angedeutete, für die Argumentation von *Herrschaft und Herrlichkeit* absolut zentrale These noch einmal kurz benannt werden: Für das ökonomisch-theologische Paradigma und seine Übertragung auf die Regierung des menschlichen Lebens ist die Unterscheidung von Herrschaft und Regierung von großem Gewicht. Im wiederkehrenden Rückgriff auf den Satz »Le roi règne, mais il ne gouverne pas«, den man aufgrund unterschiedlicher Etymologien und semantischer Prägungen des französischen Verbs *régner* und des deutschen Verbs *regieren*, wie der Übersetzer Agambens zu Recht vermerkt, auf Deutsch mit »Der König herrscht, aber regiert nicht« wiedergeben muss (vgl. ebd.: 354), erläutert Agamben eine Unterscheidung von Herrschaft und Regierung, die nach seiner Überzeugung ihre Wurzeln im ökonomisch-theologischen Paradigma einer Weltregierung Gottes hat (vgl. ebd., Kap. 4, für das Zitat des Satzes vgl. etwa 94). In der *oikonomia* der Theologie ist es die Administration der Engel, die für die Regierung steht (vgl. ebd., Kap. 6), und Gott, der die Herrschaft verkörpert, wobei es auf der Hand liegt, dass beide aufeinander verwiesen bleiben, allein schon weil die Allmacht Gottes, welche die Engel notwendig umfassen muss, einen anderen Schluss gar nicht zulassen könnte. Für Agambens Argumentation sind nun zwei Annahmen von grundlegender Bedeutung: Zum einen die These, dass es einen Parallelismus zwischen himmlischer und irdischer Bürokratie gibt (vgl. ebd.: 180) und zum anderen die Behauptung, dass sich von Gott nur »die Ökonomie und die Regierung erkennen und denken« (ebd.: 194) lassen, nicht aber die Herrschaft, die gleichsam untätig, aber dennoch wesentlich für die Regierung ist. Es ist dieser letztgenannte Gedanke, der aus der Dyade von Herrschaft und Regierung die Triade Herrschaft, Regierung und Herrlichkeit macht: Denn weil die Herrschaft nicht erkannt werden kann, muss sie in der Herrlichkeit symbolisiert werden. Das trifft Agamben zufolge sowohl auf die göttliche als auch auf die irdische Herrschaft zu[11] – und aus all diesen Gründen ist es, wie letztlich Agambens gesamte Studie über Herrschaft und Herrlichkeit postuliert, notwendig, die Regierungskunst von der Theologie und nicht von der politischen Philosophie aus zu rekonstruieren.

---

11 Vgl. zur Herrlichkeitsthematik insgesamt Agamben 2010, Kap. 7 und 8.

Grob, aber für unsere Zwecke hoffentlich hinreichend deutlich lässt sich nun mit Blick auf Agambens Überlegungen zum politischen Denken Rousseaus sagen, dass der ihm wichtige Zusammenhang von Souveränität und Regierung »theologisch bestimmt« (ebd.: 325) sein soll, dass in ihm also die verschränkende und trennende Unterscheidung von Herrschaft und Regierung wirksam bleibt und damit auch die moderne Politik prägt. Agambens wenige Bemerkungen zu Rousseau sind für unser Thema deshalb aufschlussreich, weil in ihnen anders als an den meisten übrigen Stellen von *Herrschaft und Herrlichkeit* die politische Aneignung der theologisch vorgeprägten Disktinktion von Herrschaft und Regierung mit den Termini Regierung versus Souveränität umschrieben und so der Begriff der Souveränität wieder in das Nachdenken über die politische Macht eingeführt wird. Eingedenk dieser Fassung des politischen Erbes der ökonomischen Theologie ließe sich der Schluss ziehen, dass die Souveränität die Seite der Herrschaft verkörpert und dass sich der Fokus der Aufmerksamkeit deshalb auf die Regierung, wie Agamben es fasst, als das zentrale Arkanum verschiebt (vgl. ebd.: 330), weil, wie es an jener früheren Stelle mit Blick auf die göttliche Regierung hieß, die Regierung, nicht aber die Herrschaft erkannt werden kann (vgl. ebd. 194). Für diese Deutung spricht, dass Agamben an einer Stelle des Herrschaft-und-Herrlichkeit-Buches sogar den ansonsten nach meinem Eindruck kaum vorkommenden Begriff der souveränen Macht heranzieht, um ihn gleichsam als Überbegriff der Unterscheidung von Herrschaft und Regierung einzuführen: »Die souveräne Macht ist ihrem Wesen nach in zwei Ebenen oder Aspekte oder Polaritäten gegliedert: Sie ist zugleich *dignitas* und *administratio*, Herrschaft und Regierung« (ebd.: 123).

Es fragt sich, wenn die Dinge so liegen sollten, trotzdem, warum Agamben den Begriff der Souveränität weitgehend aus der Argumentation von *Herrschaft und Herrlichkeit* heraushält, seine dortigen Überlegungen, wie wir gesehen haben, verschiedentlich vom Souveränitätsdenken distanziert und generell darauf verzichtet, die Beziehung zu dem in *Homo sacer* und andernorts umrissenen souveränitätstheoretischen Rahmen zu erläutern. Ganz am Ende des angehängten Textes über Gesetz und Wunder hält er dann eine weitere Überraschung bereit: Dort spricht er von zwei Souveränitäten, einer dynastischen und einer demokratischen, die unterschiedliche Genealogien haben sollen, wobei die erstgenannte sich aus dem politisch-theologischen Paradigma ableiten, während die letztgenannte »demokratische Volkssouveränität [...] hingegen auf das ökonomisch-providentiell-theologische Paradigma« (ebd.: 330) zurückgehen soll. Es würde zweifelsohne zu weit führen, diese von Agamben nur kurz erwähnte, aber nicht weiter ausgeführte Distinktion hier noch eingehender untersuchen zu wollen. Wie bereits in der Einleitung angekündigt, lassen Agambens Überlegungen zur Souveränität noch einige wichtige Fragen offen, die es zu markieren galt, die aber nicht in Gänze beantwortet werden können. Abschließend muss nun, da auch dies ins konzeptionelle Umfeld von Agambens Souveränitätsdenken gehört, zumindest noch kurz den bislang wenigen Hinweisen nachgegangen werden, die Agamben zu einer kommenden Politik jenseits der Souveränität gibt, die eine menschliche Lebens-Form ermöglichen soll, die sich nicht auf das nackte Leben reduzieren lässt.

4. Jenseits der Souveränität?

Agambens politisches Denken hat in der gegenwärtig vorliegenden Form vor allem eine diagnostische und rekonstruktive Ausrichtung. Allerdings hat Agamben verschiedentlich bereits Hinweise darauf gegeben, dass er neben diesem kritischen Strang seines Denkens einen Pfad des Nachdenkens über eine Politik jenseits einer politischen Macht, die das menschliche Leben auf das nackte Leben zu reduzieren droht, zu beschreiten sucht. Dazu finden sich zum jetzigen Zeitpunkt nur vereinzelte Bemerkungen, die mögliche Richtungen andeuten, auf deren Grundlage es aber nicht möglich ist, die Konturen dieser kommenden Politik umfassend nachzuvollziehen. Wir werden nun abschließend noch einmal diese verstreuten Hinweise kurz betrachten.[12] Während sich Agamben am Ende von *Homo sacer* im Wesentlichen darauf beschränkt, den Begriff der Lebens-Form (*forma-di-vita*) als zentralen Begriff einer neuen Politik einzuführen, ansonsten aber deren Erforschung wesentlich als zukünftiges Projekt markiert, zu dem sich noch nicht viel sagen lasse, finden sich in dem wenig später veröffentlichten Text *Lebens-Form* schon konkretere Hinweise auf die Konturen einer kommenden Politik: Agamben führt dort zunächst aus, dass sich die uns bekannte politische Macht auf einer Trennung »des bloßen Lebens vom Zusammenhang der Lebensformen« (Agamben 2001: 14) gründet – wobei, wie aus *Homo sacer* bekannt (vgl. weiter oben 2.), zu beachten ist, dass diese Trennung erst jene einschließende Ausschließung des nackten Lebens konstituiert, die die fatale Möglichkeit einer Reduktion auf das nackte Leben durch die souveräne Macht eröffnet. Dieser Erwägung dürfte es wohl auch geschuldet sein, dass

---

12 Wichtig sind hier vor allem die folgenden Texte bzw. Passagen, wobei die nachfolgende Aufzählung keinen Anspruch auf Vollständigkeit erhebt: Schlusspassagen von *Homo sacer* (Agamben 2002: 196–198); des Weiteren die Aufsätze *Lebens-Form, Was ist ein Volk?*, *Noten zur Politik* und *In diesem Exil* aus dem Band *Mittel ohne Zweck* (Agamben 2001: 13–20, 35–40, 105–112 und 115–132), der in Italien bereits 1996, also kurz nach der Veröffentlichung der italienischen Originalausgabe (1995) des ersten *Homo-sacer*-Bandes erschienen ist; verschiedene Gedankenlinien aus *Die kommende Gemeinschaft* (Agamben 2003b); da und dort auftauchende Hinweise in *Die Zeit, die bleibt* (Agamben 2006, die italienische Ausgabe erschien bereits 2000); schließlich einige Seiten am Ende des vierten und am Ende des sechsten Kapitels der Studie über den Ausnahmezustand (Agamben 2004: 75–77, 102–104).

Agamben die kommende oder neue Politik jenseits der Souveränität ansiedelt: »Ein politisches Leben [...], das auf die Idee des Glücks hin orientiert und in einer Lebens-Form zusammengehalten ist [...], ist allein ausgehend [...] von der unwiderruflichen Abwendung von jeder Souveränität denkbar« (ebd.: 17), heißt es an einer Stelle und an einer anderen postuliert Agamben, dass die Kategorien der Souveränität und der verfassungsgebenden Gewalt »aufgegeben oder zumindest von Grund auf neu gedacht werden müssen« (ebd.: 107). Des Weiteren erwähnt Agamben, wenn er dieses Leben einer neuen Politik in den Blick nimmt, verschiedentlich, dass es sich an der Idee des Glücks aufzurichten habe (vgl. ebd.: 17). Im Anschluss an Benjamins Einlassungen aus dem *Theologisch-politischen Fragment* (Benjamin 1980c) formuliert er deshalb: »Die Definition des Begriffs vom ›glücklichen Leben‹ [...] bleibt eine der wesentlichen Aufgaben des kommenden Denkens« (Agamben 2001: 109). Wichtig scheint hierbei eine »gemeinsame Potenz« (ebd.: 18) zu sein, die sich der kommenden Gemeinschaft und einer »Politik der beliebigen Singularität« (Agamben 2003b: 78) verdankt. Andernorts fordert Agamben das Anhalten der Regierungsmaschine (vgl. Agamben 2004: 102) und setzt auf ein zum Spiel gewordenes Recht, dem so seine Gewaltsamkeit entwunden werden kann: »Eines Tages wird die Menschheit mit dem Recht spielen wie Kinder mit ausgedienten Gegenständen, nicht um sie wieder ihrem angestammten Gebrauch zuzuführen, sondern um sie endgültig von ihm zu befreien« (ebd.: 77).

Unübersehbar tragen Überlegungen dieser Art Züge eines politischen Messianismus. Den Bezug zum Messianismus stellt Agamben in *Die Zeit, die bleibt* auch explizit her, wenn er dort darüber nachsinnt, dass das Messianische die »Deaktivierung und Unausführbarkeit des Gesetzes« (Agamben 2006: 111) sei.[13] Fraglich ist an der Vorstellung eines solchen Übergangs zu einer Politik jenseits der Souveränität, was an ihr noch politisch ist: Geht es bei der Politik nicht immer um die Gestaltung des Hier und Jetzt und propagiert Agamben so nicht vielleicht, wie Oliver Marchart kritisch gegen ihn einwendet (vgl. Marchart 2010, Kap. 8), letztlich eine neue Politik, die so sehr von allen strategischen Erwägungen, die das politische Gestalten unweigerlich berührt, losgelöst ist, dass sie als Politik ohne Politik erscheinen muss?

---

13 Vgl. zu Agambens Messianismus (im Vergleich zu demjenigen Derridas) meine ausführlichere Auseinandersetzung in: Flügel-Martinsen 2009: 85 ff.

Literatur

Agamben, Giorgio (2001): Mittel ohne Zweck. Noten zur Politik. Freiburg/Berlin: Diaphanes.
Agamben, Giorgio (2002): Homo sacer. Die souveräne Macht und das nackte Leben. Frankfurt am Main: Suhrkamp.
Agamben, Giorgio (2003a): Was von Auschwitz bleibt. Das Archiv und der Zeuge (Homo sacer III). Frankfurt am Main: Suhrkamp.
Agamben, Giorgio (2003b): Die kommende Gemeinschaft. Berlin: Merve.
Agamben, Giorgio (2004): Ausnahmezustand (Homo sacer II.1). Frankfurt am Main: Suhrkamp.
Agamben, Giorgio (2006): Die Zeit, die bleibt. Ein Kommentar zum Römerbrief. Frankfurt am Main: Suhrkamp.
Agamben, Giorgio (2010): Herrschaft und Herrlichkeit. Zur theologischen Genealogie von Ökonomie und Regierung (Homo sacer II.2). Berlin: Suhrkamp.
Benjamin, Walter (1980a): Über den Begriff der Geschichte, in: Gesammelte Schriften, Bd. I.2. Frankfurt am Main: Suhrkamp, 691–704.
Benjamin, Walter (1980b): Zur Kritik der Gewalt, in: Gesammelte Schriften, Bd. II.1. Frankfurt am Main: Suhrkamp, 179–203.
Benjamin, Walter (1980c): Theologisch-politisches Fragment, in: Gesammelte Schriften, Bd. II.1. Frankfurt am Main: Suhrkamp, 203–204.
Bodin, Jean (1976): Über den Staat (Auswahl). Stuttgart: Reclam.
Flügel-Martinsen, Oliver (2008): Grundfragen politischer Philosophie. Eine Untersuchung der Diskurse über das Politische. Baden-Baden: Nomos.
Flügel-Martinsen, Oliver (2009): Bleibt nicht nichts? Derrida und Agamben über Recht und Politik, in: Michael Hirsch/Rüdiger Voigt (Hg.): Der Staat in der Postdemokratie. Staat, Politik, Demokratie und Recht im neueren französischen Denken. Stuttgart: Steiner, 71–92.
Hobbes, Thomas (1996): Leviathan. Oxford/New York: Oxford Paperbacks.
Marchart, Oliver (2010): Die politische Differenz. Zum Denken des Politischen bei Nancy, Lefort, Badiou, Laclau und Agamben. Berlin: Suhrkamp.
Mehring, Reinhard (2009): Carl Schmitt. Aufstieg und Fall. München: C.H. Beck.
Mouffe, Chantal (1999a): Introduction: Schmitt's Challenge, in: dies. (Hg.): The Challenge of Carl Schmitt. London/New York: Verso, 1–7.
Mouffe, Chantal (1999b): Carl Schmitt and the Paradox of Liberal Democracy in: dies. (Hg.): The Challenge of Carl Schmitt. London/New York: Verso, 38–53.
Schmitt, Carl (1926): Die geistesgeschichtliche Lage des heutigen Parlamentarismus. Berlin: Duncker & Humblot.
Schmitt, Carl (1931): Der Hüter der Verfassung. Berlin: Duncker & Humblot.
Schmitt, Carl (1964): Die Diktatur. Berlin: Duncker & Humblot.
Schmitt, Carl (1996a): Politische Theologie. Vier Kapitel zur Lehre von der Souveränität. Berlin: Duncker & Humblot.
Schmitt, Carl (1996b): Der Begriff des Politischen. Berlin: Duncker & Humblot.
Žižek, Slavoj (1999): Carl Schmitt in the Age of Post-Politics, in: Mouffe, Chantal (Hg.): The Challenge of Carl Schmitt. London/New York: Verso, 18–37.

Maria Muhle

Biopolitik – ein polemischer Begriff
Von Foucault zu Agamben und zurück

I. Einleitung

Die Motivation dieses Textes geht auf ein Unbehagen gegenüber den begrifflichen und politischen Konsequenzen zurück, die eine Interpretation der Biopolitik ausgehend vom Begriff des *nackten Lebens* zeitigt, so wie Giorgio Agamben sie in seinem Buch *Homo sacer. Die souveräne Macht und das nackte Leben* vorlegt. Bekanntermaßen korreliert der Begriff des nackten Lebens bei Agamben mit dem Verständnis einer »strukturellen Identität« von Biopolitik und souveräner Macht, d.h. in letzter Instanz von Demokratie und Totalitarismus: Sowohl totalitäre als auch demokratische Techniken produzieren nacktes Leben, das durch seine wesentliche Entblößtheit, Ausgesetztheit und mithin Tötbarkeit bestimmt ist, die im gegebenen Moment und geradezu willkürlich demokratische in totalitäre Techniken kippen lassen kann. In einer solchen Interpretation endet die Politik in der Sackgasse des verallgemeinerten Ausnahmezustands und jeglicher Differenzierungsversuch der politischen Techniken, sei er historischer, soziologischer oder philosophischer Natur, wird letztlich obsolet.

Zugleich verfehlt Agamben mit diesem Verständnis von Biopolitik grundlegende Aspekte des Begriffs, so wie ihn Michel Foucault seit Mitte der 1970er Jahre, in *Der Wille zum Wissen* sowie den Vorlesungen am Collège de France der Jahre 1976 bis 1979, entwickelt. Denn Foucault denkt Biopolitik, im Gegensatz zu Agambens Reinterpretation, als eigenständiges, d.h. von der souveränen Macht weitgehend abgelöstes Regime der Macht, das auf unterschiedliche Techniken zurückgreifen kann, deren oberstes Ziel die Steigerung des Lebens durch eine besondere Form der Regulierung ist. Das heißt wiederum *nicht*, dass Foucaults Begriff der Biopolitik mit einem ›positiven‹ Politikentwurf gleichzusetzen ist. Vielmehr beruht die Positivität der Biopolitik darauf, dass sie eine Technik der Macht ist, die das Leben regiert, indem sie es fördert, steigert und unterstützt.

Anhand des Bezugs von biopolitischem und souveränem Machtregime lassen sich, so der Ausgangspunkt dieses Textes, die Divergenzen zwischen Agamben und

Foucault im Hinblick auf ein Denken des Politischen besonders prägnant fassen.[1] Diese Divergenzen sollen hier auf die unterschiedlichen Bestimmungen des Lebens von Seiten Foucaults und Agambens zurückgeführt werden: Während Foucault das Leben als *einfaches* und *methodisch* unbestimmtes fasst, wird es bei Agamben zu *nacktem* oder *bloßem* Leben, das sich vom qualifizierten Leben abgespalten hat. Damit versteht Agamben es zugleich als *ontologisch* unbestimmtes, d.h. als seiner Form ent-blößtes Leben. Aus diesem Verständnis des Lebens als nacktes Leben folgt notwendigerweise die Koinzidenz von souveräner Macht mit den Techniken der Biopolitik, die, so wird zu zeigen sein, grundlegende Intuitionen von Foucaults Begriff der Biopolitik als einer in spezifischer Weise »positiven«, von Wissenskonjunkturen bedingten Machtform verfehlt.

II. Latenzen der Macht

Die These einer inneren Solidarität zwischen Demokratie und Totalitarismus ist sicher eine der spektakulärsten Aussagen, die sich in Agambens *Homo sacer* finden. Diese Solidarität materialisiert sich in der Topologie des Lagers als *nómos* der Moderne, das von den *homines sacri* bevölkert wird und leitet sich, so scheint Agamben nahezulegen, aus der Verstrickung von souveräner und biopolitischer Macht ab. Nach Agamben funktioniert die Entfaltung des undemokratischen Kerns der Demokratie als Gründungsmoment der zeitgenössischen Biopolitik wie eine latente Gewalt, die im Moment ihrer Evidenzwerdung die archaisch-souveräne Macht über Leben und Tod aktualisiert. Die Latenz dieser Gewalt kann unterschiedliche Formen annehmen, sei es die der göttlichen Gewalt bei Walter Benjamin oder

---

1   Jacques Rancière fasst in einem Interview aus dem Jahr 2001 die kontroverse Interpretationslage um den Begriff der Biopolitik folgendermaßen: »Am Anfang hatte Foucault die neue, das Leben durchsetzende Bio-Macht der alten Souveränität entgegengesetzt, die sich auf das Recht über Leben und Tod berief. [...] Er forderte, den Befreiungsdiskurs zu untersuchen, der in den neuen Machtformen begründet war, und zugleich, die produktive Natur der staatlichen Macht neu zu bewerten. Paradoxerweise wurde diese Struktur, die einzig auf die Analyse der staatlichen Macht verwies und eine bestimmte suspensive Konnotation hatte, später im Begriff der ›Bio-Politik‹ vollkommen positiviert. Das geschah, weil sie es erlaubte, an die ›technologische‹ Problematik Foucaults ontologisch-politische Problematiken anzuknüpfen: Die Bestimmung der Politik ausgehend von den Begriffen *bíos* und *zoé* oder auch ihre Bestimmung ausgehend von einem ursprünglichen Subjekt. Der erste Weg ist der Agambens, der zweite der von Toni Negri. [...] Die Folge dieser Ontologisierung ist die Tatsache, dass die ›Bio-Macht‹ und die ›Bio-Politik‹ zu einer Art Heidegger'scher Master-Signifikant geworden sind, der alles und nichts bedeuten kann, vom Familienrecht oder der Gesundheitspolitik hin zu den Vernichtungslagern und sich genauso gut auf die Formen des ›Sozialstaats‹ anwenden lassen, auf den sie sich ursprünglich bezogen hatten, wie auf die zeitgenössischen Formen der sozialen Entrechtung.« (Rancière 2001; Übersetzung M.M.)

die des einschließenden Ausschlusses desjenigen, der immer schon an den Rändern der Gemeinschaft lebt und *in potentia immer schon* nacktes Leben ist wie bei Agamben. Die (zeitgenössische) Evidenzwerdung dieser (ursprünglichen) Latenzen führt die politische Form der Demokratie notwendigerweise *ad absurdum*. Die faktische Abfolge der Lager als Topologie, in der sich die Ausnahme *normal* entfaltet, d.h. zur Regel wird, ist die Manifestation der Absurdität des demokratischen Grundgedankens der universalen Gleichheit der Menschen. Die Figuren des *homo sacer* und der *historischen Ironie*, die dessen *Heiligkeit* als radikale Ausgesetztheit beinhaltet, exemplifizieren diese Absurdität.[2]

In diesem Sinne schreibt Agamben in der Einleitung zu *Homo sacer*, seine Untersuchung beträfe »genau d[ies]en verborgenen Kreuzpunkt zwischen dem juridisch-institutionellen Modell und dem biopolitischen Modell« (Agamben 2002: 16). Demnach bildet die Einbeziehung des nackten Lebens in den politischen Bereich den Kern der souveränen Macht: »Man kann sogar sagen, dass die Produktion eines biopolitischen Körpers die ursprüngliche Leistung der souveränen Macht ist.« (Ebd.) So versteht sich das in *Homo sacer* durchgeführte Projekt explizit als ein Weiterdenken der Biopolitik im Sinne Foucaults, den allein der Tod daran gehindert habe, »alle Implikationen des Konzepts der Biopolitik zu entfalten und die Richtung anzuzeigen, in der er die Untersuchung vertieft hätte« (ebd.: 14). Man kann sich über diese Bemerkung wundern, da Foucault in den Jahren nach der Veröffentlichung des ersten Bandes der *Geschichte der Sexualität* in seinen Vorlesungen am Collège de France immer wieder auf den Begriff der Biopolitik zu sprechen kommt und dessen Untersuchung ankündigt. Die Tatsache, dass er diese Ankündigung nicht einlöst, lässt weniger darauf schließen, dass Foucault die Zeit dafür fehlte. Sie scheint vielmehr symptomatisch für Foucaults Untersuchungen zu sein. Denn selbst jene Vorlesungen, die unter dem Titel *Die Geburt der Biopolitik* stattfanden, beschäftigen sich eher peripher mit Biopolitik als »Politik des Lebens« und widmen sich dafür dem Studium des Liberalismus, dessen Untersuchung Foucault zufolge grundlegend für ein umfassendes Verständnis von Biopolitik ist. Natürlich kann man mit Agamben annehmen, dass Foucault in seinem Leben nicht mehr dazu gekommen ist, den Begriff der Biopolitik auszuformulieren. Andererseits könnte man aus der schwindenden Wichtigkeit dieses Begriffs und der zunehmenden Präsenz der Gouvernementalität als explanatorischem Prinzip auch schließen, dass Foucault sich von einem Begriff abwendet, dessen mögliche Fehlinterpretationen er befürchtet hatte, und diese Untersuchung nun mit der Analyse des Bevölkerungsbe-

---

2   Siehe hierzu Anselm Haverkamp, der die Agamben'sche Figur des *homo sacer* in Anlehnung an eine Formulierung Blumenbergs als »Betriebsgeheimnis der europäischen Demokratie« bezeichnet (Haverkamp 2001).

griffs und der liberalen Ökonomie unter sicherheitspolitischen und gouvernementalen Vorzeichen *weiterführt*.

Doch Agambens Vorwurf zielt in eine andere Richtung, nämlich darauf, dass Foucault wichtige Referenzen, die den Begriff des Lebens und damit der Biopolitik in ein spezifischeres Licht gerückt hätten, nicht berücksichtigt habe. Dies betrifft beispielsweise Hannah Arendts Hauptwerk *Vita activa* und die dort entwickelte Figur des *animal laborans*, dessen Leben dem biologischen Überleben der Gesellschaft gewidmet ist und das nicht Anteil hat am Raum des Politischen (vgl. Arendt 1967: 139 f.) – ein Leben, das laut Agambens Einschätzung Foucaults Lebensbegriff entsprechen würde. Agamben scheint derart bei Foucault und Arendt einen Lebensbegriff zu finden, der zentral für seine eigenen politischen Schriften ist: Das *nackte Leben*, dessen Inklusion in den Raum des Politischen (historisch durch die *Déclaration des Droits de l'homme* belegt) die grundlegende Struktur der souveränen Macht beschreibt: Das würde jedoch heißen, so die These, dass er Foucaults Lebensbegriff und damit auch sein Verständnis von Biopolitik miss- oder umdeutet.

Was also im Folgenden diskutiert werden muss, ist nicht so sehr die Frage, inwiefern Foucault selbst die Möglichkeit der Verstrickung von biopolitischer und souveräner Macht er- oder auch verkannt hat. Vielmehr soll gezeigt werden, dass Agambens Einführung eines neuen Lebensbegriffs – des *nackten* Lebens – notwendigerweise ein anderes Verständnis von Biopolitik impliziert. Während Foucault sich in seinen Untersuchungen an einem einfachen und methodisch unbestimmten Lebensbegriff orientiert, führt Agamben mit dem nackten Leben, das zugleich Gegenstand der Biopolitik ist und notwendigerweise von der souveränen Macht produziert wird, ein transhistorisches Element in die Analyse ein. Denn hinter der Demokratie, hinter der Anerkennung der Menschenrechte und den formalen Freiheiten steht immer der *homo sacer*, dessen nacktes Leben die spezifische Aporie ins Bewusstsein ruft, die darin besteht, »die Freiheit und Glückseligkeit der Menschen am selben Ort – dem ›nackten Leben‹ – ins Spiel bringen zu wollen, der doch ihre Verknechtung bedeutete« (Agamben 2002: 20). Agamben deutet an, dass sich das Wesen der modernen Demokratie, die sich in ihrer strukturellen Konvergenz mit totalitären Staatsformen manifestiert, seinen Ursprung in dieser Aporie findet – in der paradoxen Politisierung des nackten Lebens, das doch jeder Politik entblößt ist.

III. Biopolitische Substanz

In *Homo sacer* entwickelt Agamben sein Verständnis von Politik anhand verschiedener Begriffspaare, die jeweils in einer Beziehung inklusiver Exklusivität stehen und nach dem Paradigma der Ausnahme und Regel operieren: *zoé* und *bíos*, Souverän und *homo sacer* sind die grundlegenden Elemente eines politischen Raumes, der auf der souveränen Ausnahme basiert, die, so Agamben, in den westlichen Demokratien zur Regel geworden ist. Sie alle sind Grenzfiguren, die durch eine Bewegung des einschließenden Ausschlusses den politischen Raum bestimmen und nur dadurch an ihm Teil haben können: Der *homo sacer* (und sein nacktes Leben oder *zoé*) ist die untere Grenze jenes Raumes, dessen obere Grenze der Souverän (und sein politisch qualifiziertes Leben oder *bíos*) ist. Sowohl der Souverän als auch der *homo sacer* bewegen sich an den Grenzen des politischen Raumes, in den sie durch ihre Exklusion inkludiert sind. Dem *homo sacer* als Figur des römischen Rechts und seinem tötbaren, aber nicht opferbaren Leben entspricht das Leben des Souveräns, der selbst vom Recht ausgenommen ist, obgleich, oder gerade weil, er es begründet. Das Paradigma für diese inklusive Exklusion findet Agamben in einer Theorie des Ausnahmezustands, dessen Bestimmung er an Carl Schmitts Figur des Souveräns sowie an Benjamins Verständnis der zur Regel gewordenen Ausnahme anlehnt.[3]

Diese Theorie der Ausnahme wird nun verschaltet mit der aristotelischen Unterscheidung von *zoé* als der einfachen Tatsache des Lebens und *bíos* als dem qualifizierten Leben, das Aristoteles in Bezug auf das Zusammenleben der Menschen in der *pólis* bestimmt. Nach Aristoteles besteht so eine Teilung in der Welt zwischen den Tieren, die *lógos* besitzen, d.h. sprechen können und also zur Politik fähige Wesen sind, und jenen, die nur *phoné* besitzen, und mithin aus der aktiven Gestaltung der Gemeinschaft ausgeschlossen sind, dieser aber gleichsam passiv, als arbeitende Tiere angehören (vgl. Aristoteles 2003: 1253a 10–18). Diese Figur des einschließenden Ausschlusses wird von Agamben verallgemeinert und zum Gründungsprinzip *der* Politik, d.h. jeder Politik, erhoben. Politik entsteht dann, wenn der sprechende Mensch versteht, dass er zur Schaffung von Haus und Staat darauf angewiesen ist, die anderen Wesen von der politischen Verfassung der Gemeinschaft fernzuhalten. Denn diese anderen Wesen, die allein Freud' und Leid wahrnehmen und somit Gerechtigkeit und Ungerechtigkeit nicht voneinander unterscheiden, also apolitisch sind, sind für die biologische oder organische Verfassung der Gemeinschaft wesentlich, da sie durch ihre Arbeit deren Lebens- und Überlebensfähigkeit ermöglichen.[4]

---

3 Vgl. Schmitts berühmte Definition der Souveränität: »Souverän ist, wer über den Ausnahmezustand entscheidet« (Schmitt 1996: 13) und Benjamins Feststellung, »daß der ›Ausnahmezustand‹, in dem wir leben, die Regel ist« (Benjamin 1991: 697),

4 Eine andere Interpretation des aristotelischen Zitats hat Jacques Rancière in seinem Buch *Das Unvernehmen* vorgelegt: Rancière sieht in Aristoteles' Gegenüberstellung weniger eine unüberwindbare Trennung von nacktem und politischem Leben als eine grundlegende »Verrechnung« angelegt, die das Politische als Dissenspraktik begründet (vgl. Rancière 2002: 14 ff.)

Agamben nimmt also Aristoteles' Bestimmung von natürlichem Leben und gutem Leben auf und spitzt sie vor dem Hintergrund der wechselseitigen Logik von Inklusion und Exklusion zu: Das einfache Leben wird erst durch seinen Ausschluss aus dem politischen Leben zu einem Teil der Polis, jedoch nur als einfaches Über-Leben, d.h. als von jeder Qualifikation ent-blößtes, *nacktes* Leben: »Politik gibt es deshalb, weil der Mensch das Lebewesen ist, das in der Sprache das nackte Leben von sich abtrennt und sich entgegensetzt und zugleich in einer einschließenden Ausschließung die Beziehung zu ihm aufrechterhält.« (Agamben 2002: 18) Der Mensch als sprechendes und damit politisches Wesen befindet sich immer in einer wechselseitigen Beziehung zu »seinem« nackten Leben, von dem er sich trennen muss, ohne dass ihm dieses aber möglich wäre. Der Mensch kann seiner Beziehung zu seinem nackten Leben nicht entkommen und kann zugleich nicht aufhören, es zu versuchen. In diesem Sinne schreibt Agamben, dass dem »nackten Leben in der abendländischen Politik das einzigartige Privileg zu[kommt], das zu sein, auf dessen Ausschließung sich das Gemeinwesen der Menschen gründet« (ebd: 17). Das nackte Leben ist als ausgeschlossenes integrativer Bestandteil der politischen Gemeinschaft, es ist die Bedingung seiner Möglichkeit.

Genau diesen Ursprung des Politischen habe jedoch Foucault, so Agamben, nicht erfasst und so wirft er ihm im Folgenden vor, dass er zwar den Einschluss der *zoé* in die *pólis* festgestellt und somit das Leben zum vorrangigen Gegenstand der berechnenden und sorgenden Politik gemacht habe, dabei aber nicht erkannt habe,

> »dass das *nackte* Leben, ursprünglich am Rand der Ordnung angesiedelt, im Gleichschritt mit dem Prozess, durch den die Ausnahme überall zur Regel wird, immer mehr mit dem politischen Raum zusammenfällt und auf diesem Weg Ausschluss und Einschluss, Außen und Innen, *zoé* und *bíos*, Recht und Faktum in eine Zone der Ununterscheidbarkeit geraten.« (Ebd.: 19; Hervorh. M.M.)

Wenn man Agambens Argumentation folgt, hat es den Anschein, als sei jenes Leben, auf das sich Foucault in seinen Schriften zur Biopolitik bezieht, und das als solches das Leben ist, das gefördert und beschützt wird, immer schon nacktes Leben, das mit dem politischen Raum in eins fällt und so eine allumfassende Ununterscheidbarkeit begründet. Die Triebfeder dieses Ineinanderfallens ist die Ausbreitung des Ausnahmezustands, also des begründenden Prozesses der Souveränität, das seine legale Übersetzung im souveränen Recht über Leben und Tod findet. Nacktes Leben und souveräne Macht bedingen sich derart gegenseitig.

Dieses nackte Leben, das Agamben zufolge eine fluktuierende, allgegenwärtige Substanz ist, die jederzeit und in jedem Leben durch die Einwirkung souveräner Ausnahmetechniken aktualisierbar ist, wird nun jedoch von Agamben selbst als »biopolitisch« bezeichnet und so als Verbindungsglied zwischen souveränem und biopolitischem Machtregime etabliert: Denn die Produktion dieser biopolitischen Substanz, des biopolitischen Körpers, ist die ursprüngliche Leistung der souveränen Macht, die so als unlösbar mit Biopolitik verstrickt erscheint (vgl. ebd.: 16). Wenn jedoch das vom absoluten Recht des Souveräns durchsetzte nackte Leben zum Gegenstand der Biopolitik wird, muss die fragile, aber vorhandene Verschiebung, die Foucault zwischen Biopolitik und souveräner Macht konstatiert, aufgegeben werden. Biopolitik wäre also immer schon strukturell absolute, souveräne Macht: Die »Macht, Leben zu machen«, wäre strukturell identisch mit der »Macht, sterben zu machen«, und der nationalsozialistische Staat, in dem Foucault genau dieses Ineinanderfallen zur historischen Perfektion gekommen sah, wäre das Modell der westlichen Demokratien, deren Paradigma das Lager ist. Und letztendlich sähe sich damit die »These von einer innersten Solidarität zwischen Demokratie und Totalitarismus« (ebd.: 20) bestätigt.

So wird Agambens Begriff des nackten Lebens, verkörpert im *homo sacer*, aktualisiert in der Figur des Lagerinsassen, radikalisiert als Muselmann der Vernichtungslager, in dem Moment, in dem die Ausnahme zur Regel wird, zur virtuellen Existenz und zum potentiellen Sein aller Menschen. In *Was von Auschwitz bleibt* diskutiert Agamben die Figur des Muselmanns der Vernichtungslager als paradigmatische Inkarnation dieses nackten Lebens, als »absolute biopolitische Substanz« (Agamben 2003: 74 f.), die er mit Foucaults Herausstellung der biologischen Zäsur im Zusammenhang mit der Rassismusanalyse kurzschließt. Diese wird von Agamben als grundlegende Zäsur der biopolitischen Sphäre reinterpretiert, die zwischen Volk und Bevölkerung, d.h. zwischen dem wesentlich politischen und dem wesentlich biologischen Körper verläuft. Mit der Geburt der Biomacht, so Agamben weiter, wird jedem Volk eine Bevölkerung zugeschrieben: Jedes demokratische Volk ist zugleich demografisches Volk. Die biopolitischen Zäsuren sind dabei mobil: Sie isolieren im Kontinuum des Lebens eine residuale Zone – ebenjene biopolitische Substanz –, die selbst nicht mehr bestimmt oder zugewiesen werden kann bzw. selbst keine Zäsuren mehr erlaubt (vgl. ebd.). Das nackte Leben bzw. die biopolitische Substanz wird unter der Voraussetzung der Ausübung einer souveränen Macht, welche die Grenzen zwischen dem, was leben soll, und dem, was nicht lebenswert ist, verschieben kann, in jedem Menschen aktualisierbar.

War die Tötungsfunktion im Foucault'schen Verständnis der Biopolitik eine an konkrete Dispositive gebundene Maßnahme zum Schutz des Ganzen, wird sie hier zur begründenden Instanz der Politik überhaupt. Waren die souveränen Machttechniken bei Foucault den biopolitischen funktional untergeordnet, sind bei Agamben die biopolitischen Techniken der ursprünglichen souveränen Macht über Leben und Tod untergeordnet. Das Zusammenfallen von souveräner Macht und Biopolitik im Denken Agambens ist damit als eine Wesensaussage über die Verfasstheit der

Macht schlechthin aufzufassen: Agambens Absicht ist es, unter den modernen Machtformen die *arcana imperii* aufzudecken und sichtbar zu machen, um so die Identität zwischen klassischen und modernen (oder souveränen und biopolitischen) Machtformen zu belegen. Die Figuren des nackten Lebens oder der absoluten biopolitischen Substanz begründen eine ontologische Kontinuität zwischen den Paradigmen der Macht, die immer wieder aufgedeckt werden muss.

In diesem Sinne ist auch die verallgemeinernde Geste zu verstehen, mit der Agamben das biopolitische Leben in jedwede Machtform einschreibt. Denn Macht ist bei Agamben nicht an bestimmte Wissensvoraussetzungen gebunden, die in Bezug auf die Bestimmung der Biopolitik bei Foucault hingegen wesentlich sind. So könnte man resümieren, dass Agamben bei einer Ursprungsthese über die Macht verweilt, während Foucault sich in seinen machtanalytischen Schriften einer genealogischen Untersuchung zuwendet. Um diesen Unterschied besser fassen zu können, sollen im folgenden Abschnitt die Lebensbegriffe von Foucault und Agamben gegeneinander abgewogen werden. Denn anhand der Unterscheidungen in der Begrifflichkeit des Lebens, so die These, können die tiefer liegenden Implikationen einer genealogischen Wende von Seiten Foucaults für die Machttheorie Agambens herausgestellt werden.

IV. Nacktes vs. einfaches Leben

Die Verschiebungen zwischen der Foucault'schen und der Agamben'schen Interpretation der Biopolitik und ihres Bezugs zur souveränen Macht gründen in einem unterschiedlichen Begriff des Lebens: So ist der Begriff des nackten Lebens, der bei Agamben zur biopolitischen Substanz wird, in Foucaults Verständnis der Biopolitik nicht denkbar. Zugleich ist das Foucault'sche Verständnis des *einfachen* Lebens (*simple vie*) zu unbestimmt, um die zentrale Funktion einzunehmen, die das nackte Leben in den biopolitisch-souveränen Machtstrukturen inne hat, die Agamben darlegt.

Diese Verschiebungen sollen nun im Hinblick auf den Begriff des Lebens an drei Punkten verdeutlicht werden: *erstens* die Geschichtlichkeit des Lebens, *zweitens* die Positivität des Lebens, die sich aus der Interaktion mit den Machttechniken ergibt und *drittens* der Bezug des Lebens auf den Tod. Dadurch sollen die zentralen Unterschiede zwischen Foucaults schwer fassbarem Begriff eines *einfachen* Lebens und dem *nackten* Leben Agambens, das immer schon unmittelbarer Träger der souveränen Bindung ist, erläutert werden – Unterschiede, die Agamben selbst unterschlägt. Dieses Unterschlagen der Differenzen, d.h. die Gleichstellung von einfachem und nacktem Leben vonseiten Agambens, ist möglicherweise dadurch motiviert, dass Foucault selbst keinen ausformulierten Lebensbegriff hat und dass diese Unbestimmtheit des Lebensbegriffs zu (Fehl-) Bestimmungen geradezu einlädt. Jedoch scheint diese relative Unbestimmtheit bei Foucault keine Schwäche, sondern vielmehr Ausweis einer besonderen theoretischen Stärke zu sein.

a) Die Geschichtlichkeit des Lebens

Die Stärke dieses *offenen* Lebensbegriffs scheint *erstens* in seiner konstitutiven Bezogenheit auf Geschichte zu liegen. Während bei Agamben die Idee der souveränen Biopolitik mit einem im Prinzip transhistorischen (jedenfalls nicht historisch differenzierten) Modell der politischen Konstitution des Lebens einhergeht, gibt es bei Foucault eine Sensibilität für die verschiedenen Formen, die das Leben unter den Bedingungen der historisch verschiedenen Machtdispositive annimmt. Die Vorstellung einer wesentlichen Geschichtlichkeit des Lebens führt Foucault zur Idee einer »Bio-Geschichte«, die er in dem Aufsatz »Bio-Geschichte und Bio-Politik« von 1976 folgendermaßen bestimmt: »Bio-Geschichte« ist »nicht mehr die einheitliche und mythologische Geschichte der menschlichen Art durch die Zeit hindurch«, genauso wenig wie »Bio-Politik« die Politik der »Teilungen, Erhaltungen und Hierarchien [ist], sondern die der Verbindung und der Vielgestaltigkeit« (Foucault 2003: 128). Foucault knüpft hier an die wissensgeschichtlichen Thesen aus *Die Ordnung der Dinge* an, insofern er sowohl Bio-Geschichte als auch Biopolitik als methodologisch anders bestimmte Formen von Geschichte bzw. Politik liest. Der Akzent liegt daher weniger auf ihrer direkten Verbindung zum Leben als deren Gegenstand denn vielmehr auf dem Bruch mit ›mythologischen‹ Hierarchien und klassischen Teilungen und rückt eine andere (genealogische) Geschichtlichkeit und Politik in den Blick, ebenjene der *Verbindung* und *Vielgestaltigkeit*. In dieser Bestimmung scheint Foucault an jene andere Form des vielgestaltigen und veränderbaren Wissens anzuschließen, das sich um 1800 als ein »Wissen vom Leben« konstituiert und sich, insofern es die Erkenntnis der lebendigen Phänomene *als lebendige* zum Ziel hat, von den klassischen Naturwissenschaften und ihrer Methodik abgrenzt.

Auch in *Der Wille zum Wissen* verwendet Foucault den Begriff der Bio-Geschichte, jedoch im expliziten Verweis auf das Leben. Hier bezeichnet Bio-Geschichte »jene Pressionen, unter denen sich die Bewegungen des Lebens und die Prozesse der Geschichte überlagern« (Foucault 1983: 138). Innerhalb dieser Bio-Geschichte steht die Biopolitik für den historischen »Eintritt des Lebens und seiner Mechanismen in den Bereich der bewussten Kalküle und die Verwandlung des Macht-Wissens in einen Transformationsagenten des menschlichen Lebens« (ebd.).

Bio-Geschichte und Biopolitik sind Inzidenzen von Geschichte und Leben oder Politik und Leben. Erschien der Bezug im ersten Fall indirekter und auf eine nicht nur gegenständliche, sondern auch formale Solidarität zwischen den Phänomenen der Bio-Geschichte oder -politik zu verweisen, wird im zweiten Fall, d.h. in der kanonisch gewordenen Bestimmung der Biopolitik aus *Der Wille zum Wissen*, ein gegenständlicher Bezug favorisiert: Biopolitik bezeichnet hier den Eintritt des Lebens in das Sichtfeld und somit in das Kalkül der Politik. Es ist jedoch die Verbindung dieser beiden Aspekte, die das Foucault'sche Verständnis der Biopolitik ausmacht und es von demjenigen Agambens unterscheidet. Denn gerade weil für Foucault das einfache Leben in doppelter Weise – als Phänomen und methodologisch – durch eine geschichtliche Offenheit charakterisiert ist, kann es so etwas wie eine Biopolitik geben, die sich primär auf eine *Formung* des Lebens, auf seine positive Gestaltung bezieht. Die Agamben'sche Vorstellung der biopolitischen Souveränität hingegen setzt nicht auf die verschiedenen Machtmechanismen der Formung, sondern auf die politische Produktion der Auflösung einer Form des Lebens. Agambens Begriff des nackten Lebens beschreibt ein formloses, seiner Geschichte entblößtes Leben.

b) Subjektivierung des Lebens

Hieran anschließend stellt sich *zweitens* die Frage nach der Position des Lebens in Bezug auf die Machttechniken: Ist das Leben einzig passiver Gegenstand der Machttechniken oder konstituiert es sich zugleich als Subjekt? Für Agamben ist Biopolitik immer schon Produktion von nacktem Leben und souveräne Macht dementsprechend immer Produktion von biopolitischen Körpern oder Substanzen. Agambens Ausblendung der historischen Dimension des Verhältnisses von Politik und Leben führt ihn nicht nur zu einem passiven Lebensbegriff, der rückhaltlos der souveränen Macht ausgeliefert ist, sondern auch zu einer entdifferenzierenden Verallgemeinerung jener aus diesem Lebensbegriff hervorgehenden Strukturen, die unter dem Paradigma Ausnahmezustand zusammengefasst werden und sich im Lager materialisieren. Bei Foucault hingegen impliziert die biopolitische Formung des Lebens eine aktive Leistung des Lebens selbst, insofern sich das Leben durch seinen Bezug auf die Machtdispositive subjektiviert. Das lebendige Subjekt ist deswegen nicht einfach einer politischen Souveränität unterworfen, sondern etabliert sich gleichzeitig als *aktiver* Träger biopolitischer Techniken. Damit ist nicht gemeint, dass das Leben als Gegenstand der Biopolitik bei Foucault eine genuin politische Subjektivierung durchläuft. Vielmehr ist gemeint, dass Biopolitik *mittels* bestimmter Subjektivierungsformen funktioniert. Biopolitik im Sinne Foucaults unterstützt die Potentiale der Lebendigkeit und macht diese für sich nutzbar. In diesem Sinne kann Biopolitik nicht die Verwaltung eines als nackt erkannten oder sich ablösenden Lebens sein. Vielmehr ist sie eine positive Technik zur Durchsetzung des Lebens jenseits der Trennung in nacktes und qualifiziertes Leben.

Der grundlegende Unterschied zwischen dem Verständnis der Biopolitik bei Agamben und demjenigen Foucaults ist in dieser Positivität begründet, die zugleich eine doppelte Bestimmung der Biopolitik notwendig macht. Denn Biopolitik bestimmt sich nicht ausschließlich über ihren Gegenstand, d.h. das Leben, sondern zugleich auch über den Modus ihres *Bezugs* auf das Leben. Dieser Modus ist ein wesentliches Unterscheidungskriterium der Biopolitik als Machttechnik. Foucault zeigt immer wieder, dass die Macht sich durchaus negativ auf das Leben bezieht, wie im Falle eines souveränen, aber auch eines disziplinären Regimes. So ist nicht nur die Behandlung Damiens eine eindeutige Auslöschung des Lebens, auch die allgemeine Hysterisierung der Frauenkörper im 19. Jahrhundert setzt einen negativen Bezug auf das Leben voraus: Das Leben wird, entsprechend den disziplinären Vorgaben, pathologisiert und daraufhin korrigiert. Diese Pathologisierung des Lebens steht im Gegensatz zu einem biopolitischen Umgang mit lebendigen Prozessen, wie Foucault ihn z.B. im Hinblick auf die Impftechniken beschreibt: Die Impftechniken greifen die immanente Logik der lebendigen Prozesse auf, indem sie dem Organismus die Mittel zur Selbstheilung bereit stellen. Das Leben ist hier nicht mehr nur Gegenstand der biopolitischen Techniken, sondern bestimmt zugleich die Funktionsweise der Machttechniken. Biopolitische Techniken sind mithin jene, die sich nicht allein darüber bestimmen lassen, dass sie sich auf das Leben beziehen, sondern dass sie dies auf eine bestimmte Art tun, nämlich positiv und so, dass das Leben selbst zum Modell ihrer Techniken wird. Agambens Begriff von Biopolitik hingegen wird ausschließlich über den Bezug auf das Leben in seiner Nacktheit bestimmt, das aufgrund dieser Ausgesetztheit nicht Modell für im eben beschriebenen Sinne ›positive‹ Machttechniken sein kann. Das Leben in der Foucault'schen Biopolitik zeichnet sich durch seine Lebendigkeit aus, die von den biopolitischen Machtmechanismen zugleich aufgefangen und reguliert, aber auch *mimetisiert* wird, während das nackte Leben der Agamben'schen Biopolitik nur ein radikal entblößtes sein kann, das permanent auf der Schwelle zum Tod vegetiert und der Macht nur durch diese Ausgesetztheit zugänglich ist. In diesem Sinne verfehlt Agamben die spezifische Positivität der Macht, die mit dem Begriff des nackten Lebens unvereinbar ist.

c) Leben jenseits des Todes

Hieran anschließend lässt sich nun ein *dritter* Unterschied zwischen dem Verständnis des Lebens unter biopolitischen Bedingungen bei Agamben und Foucault an jenem Bezug festmachen, den das Leben mit der Funktion des Todes unterhält. Foucaults Idee einer Bio-Geschichte zufolge ist die politische Bezugnahme auf das biologische Leben/Überleben nicht neu, sondern hat Politik je schon bestimmt. Mit der Entstehung von Biopolitik hat sich jedoch das Vorzeichen geändert, unter dem diese Bezugnahme steht. So zeigt Foucault anhand der ökonomischen und landwirtschaftlichen Entwicklung und der Verbesserung der damit einhergehenden Techniken, wie sich die Vorherrschaft des Todes über das Leben im 17. und 18. Jahrhundert umkehrt und das Leben seine primäre Position begründet: Die Zurückdrängung der beständigen Bedrohung durch den Tod dank wissenschaftlicher und technischer Fortschritte schafft Raum für eine positive Auseinandersetzung mit dem Leben. Das Leben rückt in den Blick des Menschen, der zugleich lernt, sich als lebendiges Wesen zu verstehen und sich als solches zu verhalten, d.h. zu verändern.

Diese Optimierung des Lebens durch das Leben selbst ist die eigentliche Einführung des Biologischen ins Politische, die sich nicht einzig über die gegenständliche Vereinnahmung des Lebens durch die Politik, sondern vor allem durch die Mimetisierung der lebendigen Phänomene durch die politischen Strategien bestimmt. Oder, anders gesagt: Das Leben wird lebendig und als solches wahr- und aufgenommen. Das Leben braucht den Tod nicht mehr, um eine Sichtbarkeit zu erlangen, denn diese Funktion der Sichtbarmachung hat die Kontrolle des Wissens und der Eingriff der Macht übernommen, die das Leben in seiner Lebendigkeit und nicht in seiner Tötbarkeit erfassen. Der Macht eröffnet sich so ein »positiver« Zugang zum Leben, insofern sie nun explizit auf dessen Erhaltung abzielt. Damit wird der klassisch negative Zugang der Macht zum Leben über das Recht zu töten aus dem Feld der biopolitischen Techniken zwar nicht ausgeschlossen, diesen jedoch untergeordnet. Agambens Begriff eines nackten, d.h. eines von seiner Form abgelösten und dadurch immer schon tötbaren Lebens scheint nicht nur einen gänzlich anderen Akzent zu setzen, sondern auch die Funktion des Todes ins Zentrum der Biopolitik einzuschreiben. Genau darin widerspricht er aber der Grundintuition, die Foucault mit dem Begriff der Biopolitik verbunden wissen will.

V. Ausnahme vs. Normalisierung des Lebens

Foucault zufolge ist es das ursprünglich »positiv« gefasste Anliegen der Biomacht, das Leben zu vermehren und zu beschützen, um so einen »intimeren«, direkteren

Zugriff geltend zu machen. Dieser direktere Zugriff lässt jedoch die Ausnahme, in der die souveräne Macht in ihrer symbolischen Gewalt aufscheint (ein Aufscheinen, das im Folgenden wieder mühevoll in Vergessenheit gebracht werden muss), in der Biopolitik obsolet werden. Hingegen sieht Agamben in der Tatsache, dass Foucault sich nicht »auf das Feld der modernen Biopolitik schlechthin verlegt [habe]: das Konzentrationslager und die Struktur der großen totalitären Staaten des 20. Jahrhunderts« (Agamben 2002: 14), wiederum eine Verfehlung des ›wahren‹ Charakters von Biopolitik. Hierauf kann einerseits geantwortet werden, dass die Konzentrationslager für Foucault eben nicht, wie gerade gezeigt, das paradigmatische Feld der Biopolitik sind, sondern vielmehr jenes Moment, in dem das Spiel zwischen dem souveränen Recht zu töten und den Mechanismen der Biomacht zu seiner (historischen) Perfektion gelangt. Die Trennung zwischen Biomacht und souveräner Macht muss hier aktiv mitgedacht werden, denn das Lager ist für Foucault *nicht* das alles bestimmende Phänomen der politischen Moderne. Foucaults dezidert genealogische Analyse derselben wendet sich vielmehr der Produktion von neuen Diskurs- und Ordnungsfiguren anstatt ›den Katastrophen der Moderne‹ zu. Zugleich ist es jedoch Foucaults Verdienst, das Denken immer wieder an den Rand dieser Katastrophen zu führen und uns »Denkmaterial« (*matière à penser*) zu geben, d.h. die Möglichkeit, »den Bezug zu diesem ›Extrem‹ zu denken, das uns immer wieder entkommt, während es zugleich in den reglementierten und autorisierten Formen, die darüber Rechenschaft geben sollen, institutionalisiert wird und erstarrt« (Brossat 1996: 143; Übers. M.M.).

Im Gegensatz zu Agamben ist das Zusammenspiel von souveräner Macht und Biopolitik für Foucault *nicht* in einer strukturellen Identität begründet, sondern beruht auf einer Komplizität der Praktiken, der Technologien der Macht und der Normalisierungsdispositive. Es ist nicht das Lager und die Existenz von nacktem Leben in jedem Menschen, das dieses Zusammenspiel begründet. Vielmehr wird es durch die Transposition der verschiedenen Mechanismen, die den modernen Staatsformen inhärent sind, erklärt. Interessanterweise macht Foucault gerade diese These am Beispiel der Erfindung der Konzentrationslager im 19. Jahrhundert fest.

»Wenn es in der europäischen Geschichte ein Land gibt, das nicht totalitär war, dann gerade England. Aber es hat die Konzentrationslager erfunden, die eines der wichtigsten Instrumente der totalitären Regime waren. Da haben Sie ein Beispiel für eine Übertragung von Machttechniken.« (Foucault 2005)[5]

---

5 Agamben spricht seinerseits von einer Uneinigkeit der Historiker in Bezug auf das erstmalige Auftreten der Konzentrationslager. Entweder ist dieses in den *campos de concentración* zu suchen, welche die Spanier 1896 auf Kuba errichteten, oder in den *concentration camps*, die die Engländer zu Beginn des Jahrhunderts für die Buren errichteten, auf die Foucault sich hier bezieht (vgl. Agamben 2002: 175). Einen ähnlichen Gedankengang, der auf die

Foucault verweist hier also nicht auf die strukturelle Gleichsetzung zweier Machtregime, sondern auf die historischen und funktionalen Kontinuitäten, die zwischen ihnen bestehen, d.h. auf die Frage, wie dieselben Techniken in unterschiedlichen historischen Kontexten unterschiedliche Rollen erfüllen. Er bestimmt das Lager als Machtmechanismus, der verschiedenen politischen Regimes zugänglich ist: Es ist eine Technologie der Macht, auf welche die moderne Biopolitik zurückgreifen kann – aber nicht muss –, ohne deshalb grundlegend von ihr bestimmt zu sein. Die »juridisch-politische Form«, die Agamben im Lager analysiert, bleibt bei Foucault in einer »historischen« oder, um mit Rancière zu sprechen, »technologischen« Machtanalyse verankert, die dessen Rückbezug auf disziplinäre Mechanismen eindeutig macht und den Bezug auf das Recht über Leben und Tod in seiner souveränen Form in den Hintergrund rückt. Man könnte derart zwei Lager-Paradigmen unterscheiden: ein quasi-transzendentales Paradigma des Lagers als Ursprung der politischen Moderne und ein immanentes, funktionales Lagerparadigma, das sich in die lange Abfolge der Machtmechanismen einreiht.

Zugleich muss man jedoch daran erinnern, dass es Agamben bei der Gleichsetzung der Machtregime und dem viel diskutierten Vergleich der Vernichtungslager im Dritten Reich und der Auffanglager des beginnenden 21. Jahrhunderts nicht um eine historische, sondern um eine philosophisch-juridische These zu tun ist, d.h. um die Frage nach dem Rechtssubjekt und seiner möglichen Entrechtung, nach dem Ursprung des Rechts und der souveränen Gewalt, die sich unendlich in ihm fortsetzt. Als Antwort auf eine solche philosophisch-juridische Fragestellung scheint Agambens Analyse schlüssig (wenn auch etwas pauschal). Doch wenn man Biopolitik als Abfolge und Verkoppelungen »konkreter« Phänomene untersuchen will, werden spezifische Unterschiede notwendig. Darüber hinaus kann seine Analyse nicht als kohärente Fortsetzung des Foucault'schen Verständnisses der Biopolitik verstanden werden, da Biopolitik für Foucault, wie gezeigt, *nicht* die transzendentale Möglichkeit der Entblößung des Lebens darstellt, sondern jene konkreten Techniken und Mechanismen, die es der Macht ermöglichen, sich des Lebens in seiner Positivität, in seiner Lebendigkeit zu bemächtigen.

Konsequenterweise versteht Foucault daher die *classes dangereuses*, die gefährlichen, infamen und anormalen Menschen, die mit der Macht in einer ambivalenten

---

Unterscheidung von gouvernementalen Techniken und souveränen Ausnahmemechanismen abzielt, äußert Foucault in seinen Vorlesungen zur Geburt der Biopolitik, die er Ende der 1970er Jahre hielt: »Schließlich wird beispielsweise eine Analyse der Sozialversicherung und des Verwaltungsapparats, auf dem sie beruht, im Ausgang von einigen Verschiebungen und aufgrund einiger Wörter, mit deren Bedeutung man spielt, auf die Analyse der Konzentrationslager verweisen. Und die Spezifität, die man doch von der Analyse fordert, wird bei diesem Übergang von der Sozialversicherung zu den Konzentrationslagern verwässert.« (Foucault 2006: 263) Diese Argumentation wird von Rancière in seiner bereits zitierten Diskussion der Biopolitik aufgenommen.

Beziehung stehen, als *Produkt* von Machtmechanismen und Wissenstechniken und nicht als *Aktualisierung* einer absoluten biopolitischen Substanz. Die Macht *produziert* anormale Individuen, indem sie das Leben pathologisiert. Und sie kann das Leben pathologisieren, insofern sie es zunächst als pathologisierbares, d.h. als für pathologische Zustände anfälliges, also als *lebendiges* erkannt hat.[6] Die Macht gründet mithin nicht auf der Aktualisierung der ursprünglichen Trennung des Lebens in natürliches und politisches Leben, so wie Agamben es vertritt. Denn für Foucault ist das Leben nicht ein ursprünglich gespaltenes, sondern einfaches, unbestimmtes und daher durch Macht-Wissens-Konstellationen bestimm*bares* Leben. Für Agamben begründet sich Politik hingegen in der Auseinandersetzung mit der in Anlehnung an Aristoteles formulierten ursprünglichen Trennung: Politik ist die unausweichliche Abspaltung des nackten Lebens vom politischen Leben und der Einzug des nackten Lebens ins Herz der Politik bedeutet zugleich die Verallgemeinerung des strukturellen Ausnahmezustands, der damit zur Regel wird.

Foucaults primäres Anliegen ist es hingegen, die Unterschiede und Überschneidungen aufzuzeigen, die zwischen den verschiedenen Machtregimen – souveräne Macht, Disziplinarmacht, Biopolitik – bestehen, denn es sind die Trennungen und Übergänge zwischen den Machtregimen, die Untersuchung ihrer Möglichkeitsbedingungen und ihrer jeweiligen Wissenskonjunkturen, die Aufschluss geben über die Machtregime selbst. In diesem Sinne ist auch die so genannte »genealogische Wende« zu verstehen, die Foucault im Zusammenhang mit seiner Machtanalytik vollzieht und die im eklatanten Gegensatz zu Agambens Versuch steht, die Ursprünge der modernen Macht in einer transzendentalen Entblößtheit oder Nacktheit zu verorten.

VI. Ontologie und Genealogie

Die von Agamben konstatierte Notwendigkeit einer ›Re-Interpretation‹ der Biopolitik gründet also letztlich auf der Tatsache, so könnte man resümieren, dass ihm Foucaults Lebensbegriff nicht ausreichend bestimmt ist. In gewisser Weise ist diese ›Fehlinterpretation‹ in dem Sinne in Foucaults Text selbst angelegt, dass Foucault keinen starken Lebensbegriff einführt: Leben wird von Foucault nicht als ein *immer schon* determiniertes verstanden, sondern es wird als Korrelat historischer Konstellationen von Macht- und Wissensformen untersucht. In diesem Sinne operiert Foucault mit einem *methodisch* unbestimmten Lebensbegriff, während Agamben mit einem *ontologisch* unbestimmten Lebensbegriff operiert. Im Gegensatz zu Agamben verfolgt Foucault mit dieser Unbestimmtheit und der damit

---

6 Für eine ausführlichere Erörterung dieser Problematik siehe Muhle 2008.

korrelierenden Bestimm*barkeit* durch Macht- und Wissensformen eine *genealogische* Absicht, insofern in seinen Machtanalysen die Wissensvoraussetzungen einer Epoche geklärt werden sollen, die eine *Politik des Lebens* überhaupt erst ermöglichen.

Dieser wesentlichen Dimension der Foucault'schen Untersuchung, dem Nexus oder der Korrelation zwischen Machtformen und Wissenselementen, scheint sich die Agamben'sche Analyse insofern zu verschließen, als Agamben sowohl souveräne Macht als auch Biopolitik in einem *ursprünglichen* Ausnahmezustand und einer *ursprünglichen* Nacktheit des Lebens begründet sieht. Ein Verständnis des Lebens als konstitutiv entblößtes, ausgesetztes, nacktes gibt in diesem Sinne der These einer strukturellen Kontinuität der verschiedenen Regime der Macht Halt. Ein solches Verständnis verstellt jedoch zugleich die Möglichkeit, den Nexus von Macht und Wissen in einer genealogischen Perspektive zu untersuchen, d.h. jene konkreten Transformationen im Wissen zu untersuchen, die mit konkreten Transformationen der Macht in Korrelation stehen. Agamben scheint es weniger um die Herausarbeitung jener Korrelationen und der damit einhergehenden Brüche in der Abfolge der Macht- und Wissensformen zu gehen. Vielmehr scheint er jene versteckten und unsichtbaren Elemente ent- und aufdecken zu wollen, die *alle* Machtformen auf latente Weise immer schon bestimmen.

Insofern kann Agamben in der von ihm angenommenen Überlagerung von souveräner und biopolitischer Macht eine Wesensaussage über die Macht überhaupt sehen, die ungeachtet jedweder Wissenstransformationen oder historischen Konjunkturen auf dieselbe Weise funktioniert hat. Dafür muss auch der Begriff des Lebens ein transhistorischer sein, der für ihn immer schon biopolitisch geprägt und zugleich als nacktes Leben dem Spiel der souveränen Macht ausgesetzt ist. Dass das Leben immer der Macht ausgesetzt ist, würde nun auch Foucault nicht bestreiten. Jedoch liegt gerade die Pointe eines biopolitischen Machtregimes im Bezug auf eine *bestimmte* Verfasstheit des Lebens, die wiederum bestimmte Wechselwirkungen zeitigt. Diese Untersuchung lässt sich nur genealogisch führen, insofern der Komplex des Macht-Wissens konstitutiv für sie ist. Um also eine genealogische Untersuchung der Biopolitik vorzunehmen, muss das Leben als Singularität untersucht werden und damit jene Wissensformen und -dispositive, die sich des Lebens annehmen und zu denen die Biomacht in einer unauflöslichen Beziehung steht: die Lebenswissenschaften, ihre Strategien und Dispositive.

Genau diese Art der Untersuchung ist Agamben versagt, da es ihm seine Analyse der Macht nicht erlaubt, den konstitutiven Nexus von Macht und Wissen zu denken. Das heißt, dass für Agamben die historische Verfasstheit eines Wissenselements wie des Lebensbegriffs keine besonderen Machteffekte oder -strategien zeitigt. Foucaults Ansatz hingegen macht eine solche Untersuchung der Wissensvoraussetzungen einer Epoche notwendig. Denn die Macht über das Leben wird nur in ihrem Nexus zu einem Wissen vom Leben möglich. Dieses Wissen bietet der Macht eine Inskriptionsfläche für das beliebige, inoffizielle, also nicht souverän hervorgebrachte, nicht zeremonielle Leben. Das anonyme Leben wird zum Gegenstand des Wissens, es wird erforscht, erklärt, in seiner Besonderheit erkannt; es wird durch biopolitische Dispositive greifbar gemacht und damit dem Zugriff jener Macht eröffnet, die sich positiv auf das Leben bezieht, es fördert und seine interne Dynamik aufgreift, um es so besser, weil in größerer Kenntnis und aus nächster Nähe, zu beherrschen. Biomacht kann nur vor dem Hintergrund dieses Wissens von einem *Leben als lebendiges* und nicht *als nacktes* entstehen.

Während sich Agambens Verschränkung von Biopolitik und souveräner Macht also als Paradigma der modernen Politik und als Entfaltung *einer* politischen Rationalität – der Rationalität der Ausnahme – versteht, trägt der Foucault'sche Begriff der Biopolitik der Tatsache Rechnung, dass die Geschichte der politischen Macht immer von Diskontinuitäten und heterogenen Machtformen gezeichnet ist. In diesem Sinne, so möchte ich schlussfolgern, liefert eine differenzierende Untersuchung der biopolitischen Machtmechanismen, d.h. ihrer Funktionsweisen und ihrer Gegenstände, so wie Foucault sie vornimmt, zumindest aus analytischer Sicht ein im Vergleich zu den Analysen Agambens besseres Verständnis der zeitgenössischen Machtformen, an das sich dann eine politische Haltung anknüpfen kann.

Literatur

Agamben Giorgio (2002): Homo sacer. Die souveräne Macht und das nackte Leben. Frankfurt am Main: Suhrkamp.
Agamben, Giorgio (2003): Was von Auschwitz bleibt. Frankfurt am Main: Suhrkamp.
Arendt, Hannah (1967): Vita Activa oder Vom tätigen Leben. München: Piper.
Aristoteles (2003): Politik. München: DTV.
Benjamin, Walter (1991): Über den Begriff der Geschichte, in: Gesammelte Schriften, Band I.2. Frankfurt am Main: Suhrkamp.
Brossat, Alain (1996): L'épreuve du désastre, le 20ème siècle et les camps. Paris: Albin Michel
Foucault, Michel (1983): Der Wille zum Wissen. Frankfurt am Main: Suhrkamp.
Foucault, Michel (2003): Bio-Geschichte und Bio-Politik (1976), in: Schriften in vier Bänden, Dits et Ecrits, Band III, 1976-1979. Frankfurt am Main: Suhrkamp.
Foucault, Michel (2003): Gespräch mit Michel Foucault (1977), in: Schriften, Dits et Ecrits, Band III. Frankfurt am Main: Suhrkamp.
Foucault, Michel (2005): Gespräch mit Ducio Trombadori (1980), in: Schriften, Band IV, 1980-1988. Frankfurt am Main: Suhrkamp.
Foucault, Michel (2006): Geschichte der Gouvernementalität II. Die Geburt der Biopolitik. Frankfurt am Main: Suhrkamp.

Haverkamp, Anselm (2001): Das Betriebsgeheimnis der europäischen Demokratie. Giorgio Agambens ›Homo sacer‹ – Anmerkungen zu einem lebenswichtigen Buch, in: Literaturen, Nr. 1, Januar 2001.

Muhle, Maria (2008): Eine Genealogie der Biopolitik. Zum Begriff des Lebens bei Foucault und Canguilhem. Bielefeld: transcript.

Rancière, Jacques (2001): La violence, un entretien avec Jacques Rancière, in: Le Philosophoire, Winter 2001.

Rancière, Jacques (2002): Das Unvernehmen. Philosophie und Politik. Frankfurt am Main: Suhrkamp.

Schmitt Carl (1996): Politische Theologie. Vier Kapitel zur Lehre von der Souveränität. Berlin: Duncker und Humblot.

Serhat Karakayali

Vom Staat zum Lager
Von der Biopolitik zur Biokratie

Einleitung

Kaum ein Topos hat das Werk von Agamben so bekannt gemacht wie der des Lagers, das er in *Homo sacer* als paradigmatischen Ort der Moderne bestimmt. Das dürfte mit zwei historisch-konjunkturellen Bezügen zusammenhängen. Obwohl in *Homo sacer* vor allem die Konzentrationslager im nationalsozialistischen Deutschland thematisiert werden, verschob sich die intellektuelle Auseinandersetzung und Rezeption nach den Anschlägen vom 11. September auf die von den USA in Guantánamo Bay errichteten Lager für »feindliche Kämpfer«, sowie auf die zunehmend entlang der europäischen Grenzen eingerichteten Lager für Migranten (vgl. Hess/Kasparek 2010). Die Aktualität der Lager im Empire (vgl. Mirzoeff 2008) einerseits und der historische Resonanzraum des Nationalsozialismus andererseits erzeugten ein semantisches Spannungsfeld, dessen Energien in unterschiedliche politische Strategien Eingang fand. Vor allem diente die Figur des Lagers und insbesondere Agambens theoretische Zuspitzung als Element in Skandalisierungsrhetoriken gegen das europäische Grenzregime. Dies war möglich, weil sich eine solche Strategie auf einen liberalen antifaschistischen Konsens in Europa beziehen und dessen moralisches und politisches Urteil über den historischen Faschismus gleichsam verwerten konnte. Sowohl diese Strategie, wie die Kritik an ihr (als Verharmlosung des Nationalsozialismus) haben dazu beigetragen, dass noch zehn Jahre nach Erscheinen von *Homo sacer* in deutscher Sprache kaum ein kritischer Beitrag über Flüchtlingslager ohne den kritischen oder affirmativen Verweis auf Agambens Konzept des Lagers auskommt.[1]

Auch wenn es Agamben nicht um eine Gleichsetzung der Konzentrations- und Vernichtungslager mit den Flüchtlingslagern der Gegenwart geht, verdeutlicht er doch, dass es eine tieferliegende Verbindung gibt, die eine solche Bezugnahme rechtfertigt. Auf der Oberfläche besteht die Analogie auf der Ebene der rechtlichen Stellung der Gefangenen in den beiden Lagerformen. Den Gefangenen in Guan-

---

1 Insbesondere im angelsächsischen intellektuellen Diskurs finden sich hingegen auch zahlreiche Verteidiger einer Politik der »Ausnahme«: Ackerman 2004: 1037; Walzer 2004: 33–50 und Walzer 1977; Rawls 1999: 98 f.

tánamo und den Nazi-Lagern sei gemeinsam, dass sie »absolut keinen Rechtsstatus« haben und dadurch purer Gewalt ausgesetzt sind (Agamben 2004). Auf einer tieferliegenden Ebene indes ist das nationalsozialistische Lager ein Grenzfall, der die konstitutiven Kräfte des Politischen in der Moderne freilegt. Der Status der Gefangenen illustriert exemplarisch die Kernthese von Agamben, nach der Politik stets darauf angewiesen ist, eine bestimmte Beziehung zwischen dem »nackten Leben« und dem »politischen Leben« herzustellen. Wir werden später sehen, welche Formen diese Beziehung annehmen kann. In jedem Fall schreibt sich Agamben mit einer solchen Sichtweise in die Geschichte einer Gegeninterpretation des Holocaust[2] ein, in der dieser nicht als Rückfall in die Barbarei oder Irrationalismus gedeutet wird, als ein Abweg von der Zivilisation, sondern als deren genuiner Ausdruck. Für diese These einer Kontinuitätslinie zwischen totalitären und demokratischen Herrschaftsformen findet er theoretische Anschlussstellen in den Werken von Hannah Arendt, Walter Benjamin und Michel Foucault. Arendt, weil ihre totalitarismustheoretischen Arbeiten den Zusammenhang zwischen Menschen- und Bürgerrechten mit dem Staat freilegten, Benjamin, weil er den – innigen – Zusammenhang zwischen Recht und Gewalt aufzeigte, und Foucault, weil er mit dem Konzept der Biopolitik untersuchte, wie die Sphäre des Lebens und die Macht ineinander verschränkt wurden.

Diese Tradition reicht bis zur anti-normativen Methodologie eines Machiavelli zurück, in der es nicht um (juridische) Fragen der Begründung oder Legitimität von Macht geht, sondern um deren innere Funktionsweise. Darin kann einerseits die kritische Geste einer Entblößung der Macht liegen, deren Tendenz, Normativitäten als durch die Macht beschädigt und infiziert anzusehen, sie jedoch andererseits in den Grenzbereich eines Positivismus zu bringen droht, der keine Spannung mehr in der Differenz zwischen Faktizität und Geltung mehr zu erblicken vermag (vgl. Habermas 1985). In einer längeren Passage wird diese Problematik in *Homo sacer* mit Bezug auf einen Aufsatz von Lévinas aus dem Jahre 1934 diskutiert (vgl. Agamben 2002: 160 ff.). Der Heideggerschüler hatte die Affinität des nationalsozialistischen Weltbildes mit der Existenzialphilosophie Heideggers an einem Faktizismus festgemacht, der das neue Denken auszeichne: An die Stelle einer Trennung zwischen Geist und Objektwelt – insbesondere dem Körper –, die eine (kritische) Distanz noch ermöglicht habe, tritt eine Gebundenheit an das faktische »Da-Sein«. Diese Erfahrung der Faktizität führt zu einer Radikalisierung des Ausnahmezustands (ebd.: 162), weil das Leben »ununterscheidbar« von der Politik wird. Agamben

---

2 Agamben kritisiert den Begriff des Holocaust, weil dieser etymologisch auf antike Opferpraktiken verweist. Damit verschleiere der Begriff den Status der Juden als *homines sacri* und verleihe der nationalsozialistischen Vernichtungspolitik die »Aura des Opfers«. Stattdessen komme es darauf an, zu zeigen, dass die Juden buchstäblich »›wie Läuse‹, das heißt als nacktes Leben vernichtet worden sind« (Agamben 2002: 124).

insistiert aber auf einem radikalen Unterschied zwischen dem Denken des Nazismus und demjenigen Heideggers: In der radikalen Biopolitik wird das nackte Leben noch einmal differenziert in wertes und unwertes Leben, wodurch Biopolitik und Thanatopolitik ineinander übergehen. Bei Heidegger hingegen wird das nackte Leben zu einem »Dasein«, d.h. einer Einheit von Leben und Politik, die sich nicht mehr durch äußerliche Operationen auftrennen lässt. Während also der Faschismus die Einheit von Leben und Politik als Faktizismus zum Ausgangspunkt einer Wertung und Differenzierung macht, verschließt sich das Heideggersche Denken einer derartigen Prozedur, weshalb die Macht auf sie »keinerlei Zugriff mehr zu haben scheint« (ebd.).

Der blinde Fleck

Agamben zufolge ist die politische Tradition seit der griechischen Antike bestimmt von der Trennung zwischen dem bloßen Leben, der *zoé*, und der politischen Existenz, dem *bíos*. Diese beiden Ausdrücke bezeichnen gemeinsam etwas, das in der Moderne »Leben« genannt wird. Die politische Seinsweise der menschlichen Existenz kann sich, Agamben beruft sich hier auf die politische Philosophie des Aristoteles, nicht auf das rein natürliche Leben stützen. Das pure »Verlangen nach Leben« (Aristoteles) gehört vielmehr dem Bereich der privaten Reproduktion an, dem *oikos*, und wird, so Agamben, von Aristoteles scharf vom *bíos* getrennt.[3] Die aristotelische Lokalisierung der *zoé* im Haushalt ließe sich indes auch im Sinne der bürgerlich-modernen Unterscheidung zwischen dem privat-ökonomischen Bourgeois und dem politischen Citoyen interpretieren, wie dies von Hegel entwickelt wurde. Die *zoé* stünde dann nicht für das rein physische, ungeschützte Leben und seinen Körper, sondern für die Sphäre der Konkurrenz, des sozialen Kampfes und der Ungleichheit. Doch dazu später mehr.

Der Rekurs auf Aristoteles ist nicht willkürlich. In *Der Wille zum Wissen* hatte Foucault, auf dessen Begriff der Biopolitik sich Agamben beruft, den Unterschied zwischen der modernen und der antiken Politik mit Rückgriff auf das aristotelische *zoon politikon* begründet: »Jahrtausende hindurch ist der Mensch das geblieben, was

---

3   Weil Agamben sich bei seiner Konzeption auf antike Texte beruft, zugleich aber die Trennung in *bíos* und *zoé* als Grundlage der spezifisch modernen Verwandlung von Politik in Biopolitik setzt, wurde ihm theoretische Inkonsistenz vorgeworfen (Lemke 2004, Sarasin 2003). Einerseits liegt das nackte Leben »immer schon« dem Politischen zugrunde, andererseits kommt es zu einer Transformation der Politik erst mit der modernen Biopolitik. Agamben löst diesen Widerspruch mit der – Heidegger entlehnten – Figur der »Entbergung«. Die Biopolitik hat demnach einer verborgenen Wirkungskraft zum Vorschein verholfen. Diese Figur der Latenz zieht sich durch den gesamten Text, etwa als »unterirdisches« (Agamben 2002: 129) oder »verborgenes« (ebd.: 131) Wirkungsverhältnis.

er für Aristoteles war, ein lebendes Tier, das auch einer politischen Existenz fähig ist. Der moderne Mensch ist ein Tier, in dessen Politik sein Leben als Lebewesen auf dem Spiel steht.« (Foucault 1976b: 171) Mit »biologischer Modernitätsschwelle« bezeichnet Foucault einen sich über einen längeren Zeitraum vollziehenden historischen Prozess, bei dem das individuelle und kollektive Leben nicht als Grenze der Macht, sondern in seiner Positivität[4] als produktive und schöpferische Entität gefasst wird. An die Stelle der Macht zu töten tritt die »Macht, leben zu lassen«. Diese Transformation führt in Agambens Interpretation zu einer »gewissen Animalisierung des Menschen« (Agamben 2002: 13). Die Einführung des Lebens in die Politik wird dabei, mehr oder weniger unter der Hand (wie auch Sarasin 2003 kritisiert), als Einführung des nackten Lebens in die Politik verstanden. Zu dieser ersten Bedeutungsverschiebung tritt eine zweite hinzu: Die Biomacht ist für Agamben eine Macht, die das Leben »schützt« (Agamben 2002: 13). Diese Formulierung verweist bereits darauf, wie in der Agamben'schen Lesart die Beziehung zwischen dem Leben mit einer ihm äußerlichen Macht unter der Perspektive einer Bedrohung gefasst wird, mithin als negative Beziehung. Die Regierungstechnologien erlaubten es, nicht nur das Leben zu schützen, sondern auch »seinen Holocaust zu autorisieren« (ebd.). Diese früh im Text durchgeführte Gleichsetzung zwischen dem Konzept des individuellen sowie sozialen und gesellschaftlichen Lebens bei Foucault mit dem aristotelischen Begriff eines körperlichen und »nackten« Lebens, ermöglicht es Agamben, das »Eintreten der *zoé* in die Sphäre der *pólis*« als das »Gründungsereignis der Moderne« (ebd.: 14) zu bezeichnen. Folgerichtig sind ihm die (Konzentrations-) Lager das Feld der Biopolitik »schlechthin« (ebd.). Nach Agamben kommt dem nackten Leben eine Scharnierfunktion in der Verkopplung zwischen subjektiven Techniken der Individualisierung und objektiven Prozeduren der Totalisierung zu. Obwohl Foucault diese beiden Aspekte und deren Verbindung stets thematisiert habe, sei der Schnittpunkt, an dem die beiden Achsen konvergieren, »seltsam unbeleuchtet geblieben« (ebd.: 15).[5] Agamben unterstellt, dass Foucault – durch seinen frühen Tod gehindert – diese Frage nicht habe zu Ende denken können und

---

4   An anderer Stelle stellt Agamben Bezüge zwischen dem Foucault'schen Dispositiv und dem Hegel'schen Begriff der Positivität her. Bei Hegel war die Positivität der reinen Vernunft entgegengestellt, sie stand für die Wirklichkeit der historischen Zwänge, denen die Individuen unterworfen werden. Foucault schließt hier insofern an, als auch er sich für die Gesamtheit von Praktiken interessiert, die das Verhalten der Menschen verwalten und regieren sollen (Agamben 2008).

5   Für Foucault ist dieses Scharnier die Sexualität. Sie verbindet die beiden Pole – die Disziplinierung der individuellen Körper und die Regulierung des Bevölkerungskörpers – in einem strategischen Feld von Machtbeziehungen miteinander (vgl. Atzert et al. 2011). Dies beinhaltet, im Unterschied zu Agambens nacktem Leben, die Einheit von Begehren und Körper, die, weil sie ihrerseits ein Scharnier bilden, die Produktivität und Positivität der Macht ermöglichen.

erhebt den Anspruch, mit dem nackten Leben das »einheitliche Zentrum« (ebd.) der Macht, das bei Foucault unerforscht geblieben sei, gefunden zu haben. Insbesondere dieser Biopolitikbegriff Agambens wurde vielfach kritisiert[6]: Nicht der Tod und das Töten seien kennzeichnend für die Biomacht, so etwa Sarasin, sondern die »Verantwortung für das Leben« (Sarasin 2003: 351). Besser als »Biopolitik« sei der an einer späteren Stelle auftauchende Ausdruck »Thanatopolitik« geeignet, Agambens Theorie auf den Begriff zu bringen (Agamben 2002: 130). Ob diese Kritik berechtigt ist oder inwiefern Agamben eine überzeugende Weiterführung des Foucault'schen Theorieprogramms vorlegt[7], soll im Rahmen einer kritischen Betrachtung seiner Thesen zum Lager diskutiert werden.

Das Lager als Paradigma

Beginnen wir mit der Beobachtung, dass der größte Teil des dem Lager gewidmeten Kapitels nicht vom Lager als einem räumlichen Ensemble zur Einsperrung von Menschen handelt. Hierzu hätte sich Agamben durchaus auf Foucaults Arbeiten in *Überwachen und Strafen* stützen können, in denen das Militärlager als ideales Muster einer Disziplinarmacht untersucht wird, die auf Überwachung beruht (Foucault 1976a: 221). Für Foucault ist das Lager ebenso wie für Agamben Teil einer Serie: Bei Foucault besteht sie aus einander ähnlichen, wenn auch divergenten Zwecken dienenden, Einrichtungen wie der Schule oder dem Hospital. Bei Agamben steht das Lager für eine bestimmte Beziehung zwischen dem Leben und der Politik. Foucaults Serie wird durch einen machtanalytischen Blick konstituiert: Als Diagramm eines Machtmechanismus, als politische Technologie (Foucault 1976a: 264). Agambens Serie umfasst Themen wie die Euthanasie, den Hirntod oder die Menschenrechte. Diesen auf den ersten Blick heterogenen Feldern ist gemeinsam, dass in ihnen ein Moment reiner Physis jenseits des Politischen auftaucht: Bei der Euthanasie und beim Hirntod das nicht mehr lebenswerte, unqualifizierte Leben und die Rechtsstiftung durch reine Existenz bei den Menschenrechten. Insofern ist das Lager weder ein empirisch zu untersuchendes Objekt, noch Gegenstand der Machtanalytik, sondern ein *Paradigma*. Im Lager wie bei der Euthanasie geht es um die tieferliegende Stellung des »bloßen Lebens« in der Struktur des Politischen.

---

6 Für eine zustimmende Lektüre vgl. z.B. Schwarz/ Reinfeldt/Heister 2004.
7 Maria Muhle hat in ihrer Genealogie des Biopolitikbegriffs auf die Unterschiede zwischen dem Verständnis Foucaults und Agambens hingewiesen: »Während Foucault das Leben als einfaches und methodisch unbestimmtes fasst, wird es bei Agamben zu nacktem oder bloßem Leben, das sich vom qualifizierten abgespalten hat.« (Muhle 2008: 21; vgl. auch Maria Muhles Beitrag im vorliegenden Band)

Verfolgen wir Agambens Argumentation Schritt für Schritt: Die totalitären Staaten des 20. Jahrhunderts hatten nach Arendt in den Lagern ein Laboratorium für totale Herrschaft geschaffen. Agambens Pointe gegen Arendt ist, dass das »Totalitäre« der Politik nicht am Anfang des Prozesses der völligen Dehumanisierung »einer menschengemachten Hölle« (Arendt nach Agamben 2002: 128) steht, sondern umgekehrt. Erst die Zentralstellung des nackten Lebens (und deren Avatare »Sexualität«, »biologisches Leben«) totalisiert das Politische. Wie geht dieser Prozess der Totalisierung vor sich? Es scheint so, als ob Agamben diesen Prozess in Anlehnung an Benjamins Dialektik der Gewalt als ein Umschlagen von Recht in Gewalt, von der Demokratie in die Diktatur beschreiben würde. Diesem Umschlagsmodus ist jedoch ein Prozess der Latenz, den er als »unterirdischen« Strom der Biopolitik bezeichnet, vorgeschaltet:

> »Die Räume, die Freiheiten, die Rechte, welche die Individuen in ihren Konflikten mit den zentralen Mächten erlangen, bahnen jedesmal zugleich eine stille, aber wachsende Einschreibung ihres Lebens in die staatliche Ordnung an und liefern so der souveränen Macht, von der sie sich eigentlich freizumachen gedachten, ein neues und noch furchterregenderes Fundament.« (ebd.: 129)

Zwei Zeitebenen werden damit thematisiert: Die *longue dureé* der biopolitischen Moderne, in der das soziale, biologische, gesellschaftliche Leben Eingang in den Staat und das Recht findet und einer synchronen Umschlagszeit, der »unerklärlichen Geschwindigkeit mit der in unserem Jahrhundert die parlamentarischen Demokratien in totalitäre Staaten haben umstürzen können« (ebd.: 130). Agamben deutet hier eine machtanalytische Interpretation der Biopolitisierung an, die er nicht weiter verfolgt: Er liest die Einschreibung als Folge politischer Kämpfe. Diese »Vor«geschichte wird gleichsam als zu vernachlässigende Randbedingung der dann von ihm untersuchten Effekte dieses Prozesses dargestellt. Zu fragen wäre hier aber, ob nicht die Einschreibung einen permanenten Prozess der Politisierung darstellt, der in beide Richtungen verläuft. So stellt er die Einschreibung des Lebens in das Politische in diesem Kapitel etwa am Gegenstand der Menschenrechte als eine Transformation des Herrschaftsprinzips dar, als Übergang von einer transzendental, auf Gott gestützten, königlichen Souveränität zu einer nationalen Souveränität, die auf dem natürlichen nackten Leben basiert. Das Neue an den Menschenrechten ist laut Agamben, das nun das nackte Leben, in der Antike und der Vormoderne insgesamt noch von der Sphäre der Politik ausgeschlossen, nun umgekehrt zur Quelle und zum Träger des Rechts wird (ebd.: 136). Entscheidend ist aber, dass dieses nackte Leben, das »native Element«, sogleich in die Figur des Bürgers transferiert wird. Die Souveränität wird damit auf die Nation, die ebenfalls auf dem »nativen Element« gründet, übertragen. Agamben thematisiert dabei durchaus, dass mit der

Nationalstaatsidee zwar die Logik der Nativität in die Staatsbildung einfließt, diese aber anders als bei den Menschenrechten eine exklusive Dimension aufweist. Gerade die Exklusion setzt aber das Prinzip der Nativität außer Kraft, wie Agamben selbst am Beispiel der Ausbürgerung der Juden im Nationalsozialismus zeigt. Man könnte also argumentieren, dass das Prinzip der Nativität in Wirklichkeit nachrangig ist. *Ius sanguinis* und *ius soli*, Vererbung und Geburt auf dem Territorium oder auch nachträgliche Erwerbung – all diese Produktionsverfahren für Bürgerschaft können außer Kraft gesetzt werden. Agamben will hier allerdings auf etwas anderes hinaus: Für ihn ist der Begriff der Bürgerschaft von Anfang an gespalten. Der Ausschluss von Frauen und Ausländern in der französischen Revolution, denen allenfalls eine passive Bürgerschaft zugeteilt wurde, dient als Beleg dafür, dass das biopolitische Prinzip in einer beständigen Grenzziehung besteht: »In der *zoé* [...] müssen die Verbindungen und Schwellen neu bestimmt werden, die es ermöglichen werden, ein heiliges Leben abzusondern.« (ebd.: 140) Der Übertragungsprozess wird also von Agamben nur konstatiert und nicht weiter untersucht. Genau hinter dieser Übertragung aber verbirgt sich der Schlüssel zu der Figur des Umschlags oder des Oszillierens zwischen Demokratie und Faschismus.

Für Agamben ist der Berührungspunkt zwischen beiden Herrschaftsformen deren gemeinsamer biopolitischer Grundzug. Der Umschlag geschieht deshalb nicht »plötzlich«, weil ihm jener biopolitische Prozess vorausgeht, der gleichsam das gesellschaftlich-politische Terrain präpariert: Die Politisierung des Lebens. Nazismus und Faschismus bleiben allerdings nur »bedrohlich« aktuell (ebd.: 131), die Heraufkunft des Faschismus ist potenziell, nicht aktual. Wenn beide auf demselben Fundament ruhen, so könnte man einwenden, ist erklärungsbedürftig, weshalb es nicht jederzeit zum Umschlag kommt bzw. worin überhaupt der Unterschied zwischen Demokratie und Diktatur besteht. Für Agamben existiert durchaus eine unterschiedliche Bezugnahme auf das bloße Leben in beiden politischen Formen:

> »Die Sache ist die, dass ein und dieselbe Einforderung des nackten Lebens in den bürgerlichen Demokratien zu einem Vorrang des Privaten gegenüber dem Öffentlichen und der individuellen Freiheiten gegenüber den kollektiven Pflichten führt, in den totalitären Staaten dagegen zum entscheidenden politischen Kriterium und zum Ort souveräner Entscheidungen schlechthin wird.« (ebd.: 129)

Tatsächlich beschäftigt sich Agamben nicht mit den realhistorischen Umschlagsprozessen oder deren Möglichkeitsbedingungen, sondern verfolgt einen anderen Weg. Der Faschismus und auch das Lager sind Extremfälle, in denen Biopolitik sich »ins Absolute steigert« (ebd.: 156). Leben und Politik werden im Nationalsozialismus derart miteinander verbunden, dass alles Leben heilig wird, und damit im Sinne von Agamben »tötbar, ohne eine Mord zu begehen«. In den liberalen Demokratien der

Gegenwart sind wir, so Agamben, nicht nur von einem Umschlag in eine solche erneute Verschmelzung von Leben und Politik bedroht, sondern der Ausnahmezustand, der das bloße Leben zum Angelpunkt des Politischen macht, durchzieht unsere Gesellschaft in zahlreichen Mikro-Ausnahmezuständen oder Mikrofaschismen:

> »Es ist sogar möglich, dass diese Grenze […] notwendigerweise durch das Innere jedes menschlichen Lebens und jedes Bürgers geht. […] Das nackte Leben ist nicht mehr an einem besonderen Ort oder in einer definierten Kategorie eingegrenzt, sondern bewohnt den biologischen Körper jedes Lebewesens.« (ebd.: 148)

An dieser Stelle wird der Status des Lagers noch einmal deutlich: Das faschistische Lager wird nicht als empirischer, historischer Ort untersucht, sondern als Exemplum, in dem sich unter bestimmten Umständen das biopolitische Prinzip gleichsam radikal manifestiert. Das Lager ist deshalb als »verborgene Matrix« anzusehen, als »*nómos* des politischen Raumes« (ebd.: 175). Den Wesenskern des Lagers sieht Agamben nicht so sehr in der Einsperrung oder den Gewalthandlungen, denen die Insassen ausgesetzt sind, sondern in der »konstitutiven« (ebd.: 177) Beziehung zum Ausnahmezustand. Es sei wichtig zu begreifen, dass die Lager nicht aus dem gewöhnlichen Recht, sondern aus dem Institut der Schutzhaft bzw. aus einer Verordnung über den Belagerungszustand hervorgehen. Der Ausnahmezustand wird seit Beginn der politischen Theorie in der Moderne von John Locke bis Carl Schmitt diskutiert, begründet, legitimiert und existiert in praktisch allen Rechtsordnungen der modernen Welt (Neocleous 2008: 11–38). Klassisch rekurriert der Ausnahmezustand auf eine akute, meist äußere, Bedrohung der Rechtsordnung selbst, die ein temporäres Außerkraftsetzen derselben legitimiert. Im Nationalsozialismus wurde jedoch der Ausnahmezustand selbst zur Norm, zu einem, wie es die Nazijuristen ausdrückten, »gewollten Ausnahmezustand« zur Durchsetzung der nationalsozialistischen Politik. Die unmittelbare Folge dieser Normwerdung der Ausnahme ist die Entstehung des Lagers (vgl. Agamben 2002: 177). Für Agamben ist nun die paradoxale Figur der einschließenden Ausschließung, die sowohl für die Ausnahme wie für das Lager kennzeichnend sind, von zentraler Bedeutung. Das Lager ist deshalb nicht nur ein beliebiger Ort, an dem sich das biopolitische Prinzip einer Fundierung des Politischen auf dem nackten Leben Bahn bricht. Vielmehr ermöglicht die Existenz der Lager zuallererst, eine Normalisierung des Ausnahmezustandes operativ umzusetzen. Indem die faschistischen Machthaber die Lager errichten, erzeugen sie jene »faktische Situation«, die in der klassischen Politik erst durch eine äußere Bedrohung entstehen konnte. Im klassischen modernen Recht musste etwa ein Belagerungszustand (als Tatbestand) vorliegen, damit daraus eine rechtliche Folge, die Einrichtung von Lagern, erwachsen konnte.[8] Weil die Lager aber selbst erst jene Bedrohung erschaffen, vor denen die Insassen in »Schutzhaft« genommen werden, wird das Lager zu einer Zone der Ununterscheidbarkeit zwischen Tatbestand und Rechtsfolge. Die »Endlösung« hatte zur Voraussetzung, dass ein solcher Raum entstehen konnte, ein Raum, in dem die »Macht nur das reine Leben ohne jegliche Vermittlung vor sich hat« (ebd.: 180).

Man könnte den von Agamben beschriebenen Effekt der Verschmelzung von Leben und Politik indes auch zeittheoretisch erklären, denn mit dem Recht und dem Leben werden auch deren spezifische Eigenzeiten miteinander verwoben. Die das Recht entgrenzende Wirkung entfaltet sich durch deren Kontamination mit Rationalitäten, deren zeitliche Strukturen der des Rechts entgegenstehen: Während das Recht und seine Präskriptionen auf die Reproduktion in der Vergangenheit gesetzter Normen zielen, impliziert eine das Leben regulierende Macht die systematische Antizipation künftiger Ereignisse (vgl. Opitz 2011), wie sie im Anschluss an Foucault etwa von François Ewald am Beispiel der Versicherungstechnologie herausgearbeitet wurde. Die Ablösung rechtlicher Verfahren bei der Regelung von Arbeitsunfällen durch die Versicherung hat nicht nur zur Normalisierung der industriellen Arbeitsbeziehungen beigetragen. An die Stelle der auf die Vergangenheit gerichteten Aufklärung von Unfallhergängen und individuellen Zurechnungen von Verursachung und damit von Schuld, trat eine auf die Zukunft gerichtete Rationalität der Verhinderung möglicher Unfälle.

Agamben diskutiert diese Problematik als Eindringen von »Generalklauseln« in das Recht, die den normativen Charakter des Rechts unterhöhlen. Insbesondere der Rassenbegriff, so argumentiert er im Anschluss an Schmitt, stellt eine solche Generalklausel dar (Agamben 2002: 181). Rechtliche Entscheidungen orientieren sich damit weder an einer Norm, noch an einer faktischen Situation, sondern in einer Zone der »Unbestimmtheit«, in der »alles möglich ist«. Im Nationalsozialismus ist die Entität namens »deutsches Volk« keine biologische Größe, keine Norm, nach der das jeweilige Einzelfaktum zu beurteilen wäre, sondern Faktum und Norm gleichzeitig. Die radikale Biopolitik ist in rechtlichen Begriffen nicht zu fassen, weil das Recht notwendig auf der Trennung beider Sphären beruht. Damit ist entgegen herkömmlichen Auffassungen gemeint, dass die Praxis in den Lagern nicht die empirische Existenz von Juden oder Deutschen zur Voraussetzung hat, sondern umgekehrt: »Die Absonderung des jüdischen Körpers ist unmittelbar Produktion des eigentlichen deutschen Körpers, so wie die Anwendung der Norm seine Produktion

---

8   Schon in Schmitts *Nomos der Erde* findet sich der Hinweis auf die Außerkraftsetzung des Nomos in Bezug auf die Kolonisierung und Inbesitznahme der »herrenlosen« Gebiete zunächst auf dem amerikanischen Kontinent. Die Kolonien stellten im Verhältnis zu den Metropolen indes von Anfang an Ausnahmezonen dar, in denen die Rechtsordnung außer Kraft gesetzt war (vgl. Neocleous 2008: 38; Mbembe 2011).

ist.« (ebd.: 183) Was Agamben in erster Linie zu interessieren scheint, ist die paradoxale Struktur der inklusiven Exklusion, der Hereinnahme eines dem Recht fremden Elements, das die Rechtsordnung kollabieren lässt. Unterschieden werden muss zwischen diesem systemischen Effekt des bloßen Lebens auf das Recht und dem die Politik oder die Souveränität fundierenden Mechanismus. Weil Agamben beide Momente unmittelbar ineinander übergehen lässt, erscheint die Einschreibung des Lebens in die Politik und damit in den Staat und das Recht als ein Mechanismus, der dann jederzeit und unmittelbar das Recht in eine Krise stürzen lassen kann und in dem die Biopolitik mit der Souveränität gleichsam zusammenfällt. Agamben kassiert damit jene hauchdünne Grenze, die für Foucault noch zwischen der juridischen Souveränität und der modernen Biomacht bestand. Jedoch wäre es zu fragen, ob diese Reduktion des Rechts auf seine systematische Funktionsweise (Code, Eigenzeit, Axiomatik) nicht genau jene Vermittlungsfunktionen ausblendet, die für das Recht ebenso kennzeichnend sind. Untersucht man das Recht gesellschaftstheoretisch im Hinblick etwa auf seine Kohäsionsfunktion, dann steht nicht nur dessen reine Stabilitätsfunktion im Vordergrund, d.h. seine Produktion von Erwartungssicherheit, sondern es ließe sich das Recht einerseits als Sphäre strategischen Handelns darstellen und seine gewaltbegrenzenden und -regulierenden Funktionen andererseits könnte man aus einer staatstheoretischen Perspektive als Relationierung und hegemoniale Stabilisierung von Machtverhältnissen in den Blick nehmen (vgl. Buckel 2005, vgl. auch die Kritik von Spreen 2010).

Wir sind alle Juden

Für Agambens Argumentation ist wichtig, dass die nationalsozialistischen Lager keine historische Ausnahme waren, sondern etwas Strukturelles darstellen, das auch in den liberalen westlichen Demokratien auf unterirdische Weise wirkt und sich in unterschiedlichen Formen manifestiert: Sei es in den Transit- und Abschiebezonen internationaler Flughäfen oder den modernen Flüchtlingslagern an den Grenzen Europas.[9] Etwas zugespitzt könnte man nun fragen, ob die Flüchtlinge die Juden von heute seien.[10] Zunächst scheint dies ganz offensichtlich nicht der Fall zu sein.

---

9 Man könnte hier auch den »Nomos der Besatzung« erwähnen, den Eyal Weizman anhand der fragmentierten Beziehung zwischen Recht und Raum in jenem hybriden staatlichen Gebilde zwischen Israel und Palästina untersucht (Weizman 2008).

10 Anlässlich der Behandlung der Berliner Studenten durch die Polizei im Rahmen der entstehenden Studentenbewegung 1967 hatte auch Adorno diesen Vergleich gezogen. Angesichts der aktuellen Inflation von Holocaust- und Nazismusvergleichen in jüngster Zeit scheint dies nur eine erste »Übertreibung« darzustellen. Allerdings hatten Adorno und Horkheimer bereits in ihrer gemeinsam verfassten *Dialektik der Aufklärung* gemutmaßt, dass

Insassen von Lagern und anderen totalen Institutionen werden unabhängig vom Zweck dieser Einrichtungen zwar stets zu Objekten von Machtprozeduren, in denen sie systematisch entrechtet werden, wie schon Goffmann gezeigt hat (Goffmann 2008), aber selten zu »unwertem Leben« erklärt und systematisch getötet. Agambens Erklärung changiert an diesem Punkt. Entweder ist das Lager selbst eine Apparatur, die das »nackte Leben« hervorbringt, oder die Prozesse der Ausbürgerung sind wesentliche Vorbedingung für diesen Effekt. Die plausible Feststellung, dass in allen Lagerformen ein »nacktes Leben« zum Gegenstand der Macht wird, wird unter der Hand mit der Tötbarkeit dieses Lebens kurzgeschlossen. Für den behaupteten Umschlag von Biopolitik in Thanatopolitik muss sich Agamben immer wieder auf die Ebene historisch-empirischer Evidenz begeben, die sich dann vor allem im Faschismus findet. Erst die Tötbarkeit aber macht die Inklusion des bloßen Lebens in das Politische zum Schreckbild. Diese aber ist, so Agambens Herleitung anhand der Differenz zwischen dem Heidegger'schen Denken und der Nazi-Lehre, gerade nicht nur die Faktizität, die mit dem Absolutsetzen des Lebens heraufzieht, sondern deren »Wertung«, die erst eine Absonderung des bloßen Lebens ermöglicht. Das Kriterium für diese Bewertung sucht Agamben in der Allgemeinheit eines biopolitischen Prinzips, wodurch die Bestimmung der konkreten Opfergruppe, die zum jeweiligen *homo sacer* gemacht wird, sich ohne weitere gesellschaftliche Vermittlungsprozesse vollends kontingent ereignet.

Möglicherweise ist dies der Grund, weshalb sich am Ende des Lager-Kapitels die Argumentation noch einmal verschiebt: Die Lager werden zwar immer noch als entscheidendes Ereignis in der Moderne dargestellt, allerdings wird nun ein anderer historischer Rahmen eingeführt: derjenige der Krise des Nationalstaats, die als Krise des Nexus zwischen Territorium, Staat und Nativität beschrieben wird. Die Lager sind nun Ausdruck der Unmöglichkeit, die Prozesse der Einschreibung in Territorium und Staat »klassisch« zu lösen: »Etwas funktioniert nicht mehr an den traditionellen Mechanismen, die diese Einschreibung regelten, und das Lager ist der verborgene Regulator der Einschreibung des Lebens in die Ordnung – oder vielmehr das Zeichen der Unmöglichkeit, dass das System funktioniert, ohne sich in eine tödliche Maschine zu verwandeln.« (Agamben 2002: 184)

Diese historische Einordnung ist bemerkenswert, weil die Genealogie der Lager, wie Agamben selbst richtig festhält, mit dem Beginn des 20. Jahrhunderts auf genau jene Phase trifft, wo der Nexus der Nativität in Europa überhaupt erst vollständig entwickelt wird. Es ist also nicht nur signifikant, dass die Einrichtung der Lager mit den neuen Gesetzen über die Bürgerschaft und die Entnationalisierung entstehen, wie Agamben ausführt, sondern dass sie in einen historischen Kontext fallen, in dem

---

der Vernichtungswahn der Nazis nicht auf einem »genuinen Antisemitismus« beruht, seine Opfer vielmehr austauschbar seien (Adorno/Horkheimer 1988).

ein längerer Prozess der Inklusion der nichtbürgerlichen Klassen, der Frauen, der Subalternen an einen Höhepunkt gelangt. Nahezu all jene Gruppen, denen zur Französischen Revolution nur passive Bürgerrechte gewährt wurden, sind nun Teil des souveränen Volkskörpers. Auf genau diesen Aspekt geht Agamben schließlich im letzten Abschnitt des Kapitels ein, wenn er die Ambivalenz des Volksbegriffs erörtert. Demnach gab es immer schon zwei Bedeutungen des Volksbegriffs, die jedoch aufeinander verweisen wie Herr und Knecht bei Hegel. Einmal ist es das Volk, das »immer schon ist und sich dennoch verwirklichen muss« und es ist zugleich das »Volk das, was wesentlich an sich selbst mangelt und dessen Verwirklichung deshalb mit der eigenen Abschaffung zusammenfällt« (ebd.: 187). Die Integration des minoritären »volks« in das majoritäre »Volk« ist unmöglich, woraus sich sämtliche Widersprüche und Aporien auch der Politiken der Arbeiterbewegung ergeben. War das »Volk« in der Vormoderne noch institutionell vom »volk« getrennt (etwa durch die altitalienische Unterscheidung zwischen »popolo grasso« und »popolo minuto«) entsteht mit der bürgerlichen Revolution der Anspruch der Integration des minoritären in das majoritäre Volk. Im Gefolge dieser Argumentation wird nun deutlich, dass die Vernichtung der Juden nicht abstrakter Ausdruck einer kontingenten Wertsetzung im Rahmen der immer notwendigen Absonderung des bloßen Lebens ist. Hinter dem Holocaust wirkt die Arbeit der Unabschließbarkeit des Volksbegriffs: Die Juden repräsentieren das »volk«, »als das Volk, das sich weigert, sich in den nationalen politischen Körper zu integrieren« (ebd.: 188). Die Vernichtung der Juden dechiffriert Agamben hier als Vernichtung der Nichtintegrierbaren, der Subalternen als bloßem Leben, die er dann parallelisiert zu dem was er »Entwicklung« nennt, der gleichsam zivilisierten Variante der »Herstellung eines bruchlosen Volkes« (ebd.). Ob der Versuch einer Eliminierung der Ausgeschlossenen auf gewaltsamem Wege vonstattengeht oder als Praxis sozialstaatlicher oder entwicklungspolitischer Maßnahmen scheint dabei keinen Unterschied darzustellen, er vereint vielmehr »die Rechte und die Linke« (ebd.).

Schluss

Zwar gab es auch innerhalb postmarxistischer, regulationstheoretischer Ansätze den Versuch, diese historischen Varianten mit Begriffen wie Links- und Rechtsfordismus systematisch miteinander in Beziehung zu setzen. Agambens Anliegen aber geht weiter, auch weiter als die auf Oberflächenphänomene abzielenden totalitarismustheoretischen Ansätze. Man könnte eher versucht sein, eine gewisse Familienähnlichkeit mit bereits bei Lukács formulierten und in der *Dialektik der Aufklärung* entfalteten Überlegungen zur Verdinglichung oder Verabsolutierung der instrumentellen Vernunft zu konstatieren. Die Absonderung eines bloßen Lebens wäre analog zur Objektivierung einer Welt durch das instrumentelle Denken, wodurch zuerst das Denken selbst (Adorno/Horkheimer 1988: 32) und dann die Menschen zu Sachen werden: »Die Weltherrschaft über die Natur wendet sich gegen das denkende Subjekt selbst.« (ebd.) In einer vergleichbaren Geste versuchen verschiedene theoretische Richtungen, die cartesianische Trennung von Subjekt und Objekt, die sich heute in einem allumfassenden Kantianismus äußert, zu überwinden: von Foucaults Diktum über den Menschen als einer »empirisch-transzendentalen Dublette« über Deleuze' »Univozität des Seins« bis hin zu Latours und DeLandas Theorien einer »flachen Ontologie«. Sie alle vereint der Gedanke, die Naturbeherrschung oder das Subjekt-Objekt-Verhältnis als Ausgangspunkt einer Subjekt- und Weltkonstitution zu nehmen, aus der sich die gesellschaftlichen und realhistorischen Ereignisse gleichsam ableiten lassen. Daher rührt auch die Ubiquität bestimmter zentraler Figuren bei Agamben, die sich, wie Haverkamp (2001) zeigt, allesamt als rhetorische Figuren dechiffrieren lassen. Der Ausnahmezustand hat keinen juridischen, sondern einen sprachphilosophischen Hintergrund, wie Agamben selbst schreibt: »Die eigentümliche Struktur des Rechts hat ihr Fundament in dieser voraussetzenden Struktur der menschlichen Sprache.« (Agamben 2002: 31)

Alternativ zu einer solchen Lesart der Biopolitik, die nicht zuletzt unbefriedigend ist, weil sie den Umschlag immer zuverlässig ableiten kann (durch die allgegenwärtigen Zonen der Ununterscheidbarkeit) möchte ich zum Schluss dieses Beitrags eine Perspektive vorschlagen, die noch einmal an jenen Prozessen der Einschreibung ansetzt, die Agamben zwar erwähnt, dann aber nicht weiterentwickelt. Was also ist unter Einschreibung zu verstehen? Wie ist der Prozess zu beschreiben, in dem »das Leben« sich in die Souveränität oder den Staat einschreibt und zum Substrat einer Biomacht wird? Wesentlich zum Verständnis einer alternativen Lesart ist die Dekonstruktion des Subjekts dieses Prozesses: Das Leben schreibt sich nicht selbst ein und wird auch nicht von einer souveränen Instanz willkürlich eingeschrieben. Das Leben ist eine relationale Kategorie, ein Relais zur Übertragung von gesellschaftlichen Kräften und Kräfteverhältnissen. Das Oszillieren zwischen dem progressiven und dem reaktionären Aspekt der Bezugnahme auf das Leben kann man also auch ohne den Rückgriff auf die Figur des Umschlags denken.[11] Das Leben als Substrat der Macht oder die Konstitution des bloßen Lebens ist nichts weniger als die Konstitution der lebendigen Arbeit.

In einer herkömmlichen Lesart des Marxismus entsteht die lebendige oder doppelt freie Arbeit durch den Despotismus des Kapitals und die Freisetzung der Bauern zu Arbeitern, was Marx anschaulich im Kapitel zur so genannten »ursprüngli-

---

11 Hardt und Negri haben hierfür die Unterscheidung zwischen Biopolitik und Biomacht vorgeschlagen (vgl. Hardt/Negri 2002).

chen Akkumulation« beschreibt. So nennt Étienne Balibar im Anschluss an Marx als Kriterium für den Unterschied zwischen feudaler und kapitalistischer Produktionsweise die »Nicht-Koinzidenz von Arbeit und Mehrarbeit«, die den Einsatz »›außerökonomischer Maßnahmen‹ zur effektiven Durchführung der Mehrarbeit notwendig« mache (Balibar 1972: 296). In der feudalen Produktionsweise nehme die Abschöpfung der Mehrarbeit demnach die Form des Herrschafts- und Knechtschaftsverhältnisses an. Der Zwang verschwindet nun zwar nicht, verschiebt sich aber durch die Entstehung des Nationalstaats als eines »national-sozialen« Staats, dem es durch die Inkorporation sozialer Rechte gelingt, die Widersprüche im Konfliktfeld der Mobilität der Arbeiter zum Teil zu »lösen«. Das heißt, wo die Restriktionen gegenüber der Mobilität zurückgehen, kommen einerseits »ökonomische« Rationalitäten zum Einsatz und verlagern sich andererseits die Momente des Zwangs auf die neu entstehenden nationalstaatlichen Grenzen: Anhand des französischen Staatsbürgerschaftsrechts zeigt etwa Gérard Noiriel, wie gegen Ende des 19. Jahrhunderts zunehmend Gesetze erlassen wurden, die eine Unterscheidung zwischen Ausländern und Inländern enthalten. Während noch zur Mitte des Jahrhunderts das Gesetz über »Beihilfen für Bedürftige« Krankenhäuser verpflichtete, Kranke unabhängig von der Staatsbürgerschaft zu versorgen, legten nahezu alle Sozialgesetze der Dritten Republik ab 1870 fest, »dass die zugestandenen Vorteile den Einheimischen vorbehalten blieben: Das Gesetz über Arbeitsunfälle (1898), über Alte und Bedürftige (1905), etc. Gleiches galt für Arbeitsgesetze wie das Gewerkschaftsgesetz (1884), das Ausländer von leitenden Positionen ausschloss, oder das Gesetz über Schöffen am Arbeitsgericht, das den immigrierten Arbeitern sogar verbot, an den Wahlen für die Arbeiterdelegierten teilzunehmen« (Noiriel 1994: 71).

In diesem Zusammenhang ist bedeutsam, dass gerade die vom Liberalismus reklamierte Kontraktfreiheit nicht Folge der kapitalistischen Produktionsweise, sondern von Kämpfen der Arbeiterbewegung war. Innerhalb der Länder des globalen Nordens haben im Laufe mehrerer Jahrhunderte soziale Kämpfe um die Kontraktfreiheit erst den »freien Arbeiter« erzeugt. Die Kämpfe der ArbeiterInnenorganisationen sind nicht nur »ökonomische« um Arbeitszeit und Lohnhöhe sondern betreffen auch die Frage der individuellen Freiheit. Auf den britischen Inseln etwa war der Kampf um die *Beschränkung* der Kontraktfreiheit[12] gleichbedeutend mit der Entwicklung und Herausbildung der *freedom of person*: »Modern free labor in England must be seen as a product of labor's struggle to improve its position in a market society.« (Steinfeld 2001: 234) Diese marktförmige Fassung im nationalstaatlichen

---

12 Die ArbeiterInnen kämpften für eine Einschränkung der Vertragsfreiheit, insofern Vertragsverstöße zwischen UnternehmerInnen und ArbeiterInnen im 19. Jahrhundert oftmals strafrechtliche Konsequenzen hatten.

Rahmen als der Begrenzung dieses Marktes ergibt ein Element der Grenzziehung – des *boundary drawing* – innerhalb der Arbeiterbewegung, nachdem bestimmt wird, wer zur Arbeiterklasse gehören soll und wer von ihr ausgeschlossen wird – nämlich die »fremden« ArbeiterInnen sowie auch Frauen. Der despotische Aspekt der Arbeitskraftpolitik verlagerte sich also durch soziale Kämpfe auf die eingewanderte, minoritäre Arbeitskraft. Im Rahmen der Nationformierung wurde nicht nur »das Volk« buchstäblich identifiziert, d.h. an einen nationalen Raum gebunden und dadurch zum Staatsvolk gemacht (vgl. Brubaker 1992; Noiriel 1994; Torpey 2000), sondern auch jenes Agamben'sche »volk« umgeschrieben. Die Einschreibung des bloßen Lebens als Biopolitik ist demnach Folge eines Machtdifferenzials: Unter der Bedingung der Kommodifizierung der Arbeit, ihrer Verwandlung in »Arbeitskraft«, werden die Randbedingungen der Produktion und Reproduktion dieser kollektiven Ware, die letztlich auf den »nackten Körper« der Arbeiter zurückgeht, zum Terrain der Klassenkämpfe. Die Förderung des Lebens bzw. des Sozialen führt zu einem zunehmenden Eingreifen des Staates in die bürgerlichen und privaten Beziehungen »in Namen der Solidarität« (Donzelot 1994: 111). Es ist wichtig festzuhalten, dass diese Ausweitung des Lebens in den Staat die Absonderung der abstrakten und bloßen Arbeit zu Voraussetzung hat. Unter dem Regime der formellen Subsumtion der Arbeit war dies noch nicht der Fall, nicht nur weil die Mehrarbeit hier noch die Gestalt von Mehrprodukten annahm, sondern weil noch keine Vergesellschaftung der Reproduktionsproblematik vorlag.

Aus der Foucault'schen Perspektive ist die Entstehung der freien Arbeit konstitutiv für die Entstehung des ökonomischen oder liberalen Regierens. Weil man die ArbeiterInnen immer weniger zwingen kann, in den Fabriken zu arbeiten, muss man ihr »natürliches«, als marktförmig zu interpretierendes Verhalten zur Grundlage machen. Eine Regierungsweise, von der Foucault betont, dass sie gerade nicht den Regierten von Regierenden auferlegt wird, sondern »durch eine ganze Reihe von Konflikten, Übereinkünften, Diskussionen und gegenseitigen Zugeständnissen« hergestellt wird (Foucault 2004: 28). Der Liberalismus als Selbstbegrenzung des Regierens, die auf der Vorstellung einer »Natur der Dinge« beruht, ist jenseits der Problematik einer rechtlichen Einschränkung des politischen Handelns angesiedelt. Foucault arbeitet nicht weiter heraus, weshalb es zu dieser Selbstbegrenzung der Regierung kommt. Einen Hinweis darauf bietet jedoch Toni Negris Konzept der Multitude, demzufolge es die Menge oder Multitude ist, die diese Grenze zieht. Diese Macht der Multitude »beruht nicht so sehr auf der Möglichkeit, dieses Verhältnis zu zerschlagen, als darauf, es ins Leere laufen zu lassen, wegzugehen, sich ihm durch radikale Negation zu entziehen« (Negri 2004: 24).

Vor diesem Hintergrund erscheint es auch sinnvoll, die aktuellen Flüchtlingslager neu zu betrachten. Die Lager wären dann eher als eine Art Unterdruckkammer zu beschreiben, deren Funktion darin besteht, den Druck, der auf den Arbeitsmarkt wirkt, sektoral, lokal und exterritorial zu zerstreuen:

> »Diese Orte sind das andere Gesicht der neuen Flexibilität des Kapitalismus, sie sind Orte staatlicher Unterdrückung und eine allgemeine Metapher der despotischen Kontrolle über die Mobilität der Arbeitskraft. [...] Wenn, wie oft hervorgehoben wurde, der globalisierte Kapitalismus neue Formen der Flexibilität entstehen lässt, dann zeigen die Bewegungen der MigrantInnen ein subjektives Gesicht dieser Flexibilität. Zugleich werden die Migrationsbewegungen vom globalisierten Kapitalismus ausgebeutet, und Internierungszentren sind in diesem Ausbeutungssystem unverzichtbar.« (Mezzadra 2007: 183).

Die Migrations-Lager sind omnifunktionale Institutionen der Migrationspolitik, weil sie die flexible Trennung von Aufenthalts- und Arbeitsrechten und die Auslagerung der Reproduktionskosten der undokumentierten Arbeitskraft »produzieren«. Sie sind keineswegs Orte der totalitären Immobilisierung. In ihnen wirken Kraftfelder, welche die Migrationspolitik der EU-Länder auf verschiedenen Achsen durchziehen. Die MigrantInnen unterliegen dort einem, auf den ersten Blick, rigiden System der Kontrolle von Mobilität, das aber gleichzeitig von Gegenkräften durchzogen ist, die von den Pflegebetten in Deutschland oder den Gemüseplantagen in Spanien ausgehen (vgl. Buckel/Wissel 2010: 45). Das Lager ist so gesehen weniger das paradigmatische Einschließungsmilieu als der verräumlichte Versuch, Bewegungen temporär zu beherrschen, d.h. Verkehrswege, Routen zu verwalten, die regulierte Mobilität produktiv zu machen. Ihre Durchlässigkeit ist Ausdruck einer institutionalisierten Grenzporösität, die durch Kräfteverhältnisse entsteht (vgl. Karakayali/Tsianos 2010).

Literatur

Ackerman, Bruce (2004): The Emergency Constitution, in: Yale Law Journal, Vol. 113, No. 5, 2004, 1029–1091.
Adorno, Theodor W./Horkheimer, Max (1988): Dialektik der Aufklärung. Philosophische Fragmente. Frankfurt am Main: Fischer.
Agamben, Giorgio (2002). Homo sacer. Die souveräne Macht und das nackte Leben. Frankfurt am Main: Suhrkamp.
Agamben, Giorgio (2004): Interview mit Giorgio Agamben, Süddeutsche Zeitung v. 6.4.2004.
Agamben, Giorgio (2008): Was ist ein Dispositiv? Zürich/Berlin: Diaphanes.
Atzert, Thomas, Serhat Karakayali, Marianne Pieper und Vassilis Tsianos (2011): Biopolitik in der Debatte – Konturen einer Analytik der Gegenwart mit und nach der biopolitischen Wende, in: dies. (Hg): Biopolitik: In der Debatte. Wiesbaden: VS-Verlag, 7–9.
Balibar, Étienne (1972): Über die Grundbegriffe des historischen Materialismus, in: ders. und Louis Althusser: Das Kapital lesen. Reinbek: Rowohlt, 268–414.

Brubaker, Roger (1992): Citizenship and Nationhood in France and Germany. Cambridge: Harvard University Press.
Buckel, Sonja (2005): Subjektivierung und Kohäsion. Zur Rekonstruktion einer materialistischen Theorie des Rechts. Weilerswist: Velbrück.
Buckel, Sonja und Jens Wissel (2010): State Project Europe. The Transformation of the European Border Regime and the Production of Bare Life, in: International Political Sociology (2010), 4, 33–49.
Donzelot, Jacques (1994): Die Förderung des Sozialen, in: ders. u.a. (Hg.): Zur Genealogie der Regulation. Anschlüsse an Michel Foucault. Mainz: Decaton.
Foucault, Michel (1976a): Überwachen und Strafen. Die Geburt des Gefängnisses. Frankfurt am Main: Suhrkamp.
Foucault, Michel (1976b): Der Wille zum Wissen. Sexualität und Wahrheit 1. Frankfurt am Main: Suhrkamp.
Foucault, Michel (2004): Geschichte der Gouvernementalität II. Die Geburt der Biopolitik. Vorlesung am Collège de France 1978-1979. Frankfurt am Main: Suhrkamp.
Goffman, Erving (2008): Asyle: Über die soziale Situation psychiatrischer Patienten und anderer Insassen. Frankfurt am Main: Suhrkamp.
Habermas, Jürgen (1985): Der philosophische Diskurs der Moderne: Zwölf Vorlesungen. Frankfurt am Main: Suhrkamp.
Hardt, Michael und Antonio Negri (2002): Empire. Die neue Weltordnung. Frankfurt am Main/New York: Campus.
Haverkamp, Anselm (2001): Das Betriebsgeheimnis der europäischen Demokratie. Giorgio Agambens ›Homo sacer‹ – Anmerkungen zu einem lebenswichtigen Buch, in: Literaturen, Nr. 1, Januar 2001.
Hess, Sabine und Bernd Kasparek (Hg.) (2010): Grenzregime. Diskurs, Praktiken, Institutionen in Europa. Berlin/Hamburg: Assoziation A.
Karakayali, Serhat und Vassilis Tsianos (2010): Transnational Migration and the Emergence of the European Border Regime of Porocracy: Theory and Method of an Ethnographic Analysis of Border Regimes, in: European Journal of Social Theory, August 2, 2010 vol. 13 no. 3, 373–387.
Lemke, Thomas (2004): Die Regel der Ausnahme. Giorgio Agamben über Biopolitik und Souveränität, in: Deutsche Zeitschrift für Philosophie 52.6, 943–963.
Mbembe, Achille (2011): Nekropolitik, in: Atzert, Thomas u.a. (Hg.): Biopolitik: In der Debatte, Wiesbaden: VS-Verlag, 63–96.
Mezzadra, Sandro (2007): Kapitalismus, Migrationen, Soziale Kämpfe. Vorbemerkungen zu einer Theorie der Autonomie der Migration, in: Atzert, Thomas u.a. (Hg.): Empire und die biopolitische Wende. Frankfurt am Main/New York: Campus, 179–193.
Mirzoeff, Nicholas (2008): Empire der Lager, in: Linda Hentschel (Hg.): Bilderpolitik in Zeiten von Krieg und Terror: Medien, Macht und Geschlechterverhältnisse. Berlin: Merve, 303–323.
Muhle, Maria (2008): Eine Genealogie der Bio-Politik. Zum Begriff des Lebens bei Foucault und Canguilhem. Bielefeld: transcript.
Negri, Antonio: Politische Subjekte. Multitude und konstituierende Macht. Vorlesung, in: Atzert, Thomas und Jost Müller (Hg.): Immaterielle Arbeit und imperiale Souveränität. Analysen und Diskussionen zu Empire. Münster: Westfälisches Dampfboot, 15–28.
Neocleous, Mark (2008): Critique of Security. Montreal: McGill-Queen's University Press.

Noiriel, Gérard (1994): Die Tyrannei des Nationalen. Sozialgeschichte des Asylrechts in Europa. Lüneburg: zu Klampen.

Opitz, Sven (2011): Widerstreitende Temporalitäten. Recht in Zeiten des Risikos, in: behemoth. A Journal on Civilization, Vol. 4/1.

Rawls, John (1999): The Law of Peoples. Cambridge, MA: Harvard University Press.

Sarasin, Philipp (2003): Agamben – oder doch Foucault? In: Deutsche Zeitschrift für Philosophie, Band 51 (2003) 2, 348–353.

Schmitt, Carl (1974): Der Nomos der Erde im Völkerrecht des Jus Publicum Europaeum. Berlin: Duncker & Humblot.

Schwarz, Richard/Heister, Michael (2004): Kritik der Biopolitik – Kritik der Souveränität. Zur politischen Philosophie Giorgio Agambens und Antonio Negris, http://www.episteme.de/download/Heister-Schwarz-Agamben-Negri.pdf.

Spreen, Dirk (2010): Was bedeutet die Rede von Machtdispositiven? Zum Verhältnis von Macht und Recht nach Michel Foucault, in: Ästhetik und Kommunikation, Heft 151, 41. Jg, 97–103.

Steinfeld, Robert J. (2001): Coercion, Contract, and Free Labor in the Nineteenth Century. Cambridge: Cambridge University Press.

Torpey, John (2000): The Invention of the Passport. Surveillance, Citizenship and the State. Cambridge: Cambridge University Press.

Walzer, Michael (1977): Just and Unjust Wars: A Moral Argument with Historical Illustrations. Harmondsworth: Penguin.

Walzer, Michael (2004): Arguing About War. New Haven: Yale University Press.

Weizman, Eyal (2008): Sperrzonen: Israels Architektur der Besatzung. Hamburg: Edition Nautilus.

Ernesto Laclau

Nacktes Leben oder soziale Unbestimmtheit?*

Ich bewundere die Arbeit Giorgio Agambens sehr. Vor allem schätze ich seine umwerfende klassische Gelehrsamkeit, sein ebenso intuitives wie analytisches Geschick im Umgang mit theoretischen Kategorien und seine Fähigkeit, Gedankensysteme aufeinander zu beziehen, deren Verbindungen nicht unmittelbar offensichtlich sind. Allerdings ist meine Wertschätzung nicht frei von tiefgreifenden Vorbehalten gegenüber seinen theoretischen Schlussfolgerungen, und eben diesen Vorbehalten möchte ich mich hier widmen. Müsste ich sie zusammenfassen, so würde ich in Umkehrung des Sprichworts sagen, Agamben macht aus seinen Tugenden eine Not. Wenn man seine Texte liest, so hat man häufig den Eindruck, dass er zu schnell von der herausgearbeiteten Genealogie eines Ausdrucks, eines Begriffes oder einer Institution zur Bestimmung dessen aktueller Funktionsweise in der Gegenwart übergeht. Dadurch wird dem *Ursprung* eine geheimnisvolle determinierende Priorität gegenüber allem, was aus ihm folgt, zugesprochen. Damit will ich freilich nicht behaupten, dass Agamben den naiven Fehler begeht anzunehmen, dass die Etymologie des Rätsels Lösung für das aus ihr Ableitbare bereithält, aber ich würde behaupten, dass sein Diskurs einige Male unentschieden zwischen genealogischer und struktureller Erklärung schwankt. Ziehen wir ein Beispiel aus der Saussure'schen Linguistik heran: Vom lateinischen Ausdruck *necare* (töten) leitet sich das moderne französische *noyer* (ertrinken) ab, und wir können diese diachrone Transformation in der Beziehung von Signifikant und Signifikat so lange untersuchen, wie wir wollen, wir werden keine Erklärung für die Bedeutung der letzten Artikulation finden – die Bedeutung hängt nämlich gänzlich von einem *Wert*kontext ab, der grundsätzlich singulär ist und den keine diachrone Genealogie zu fassen bekommt. Aus dieser Perspektive wollen wir Agambens theoretischen Ansatz hinterfragen: Seine Genealogie ist zu unsensibel gegenüber struktureller Diversität und läuft letztlich Gefahr, in reine Teleologie zu münden.

Beginnen wir mit der Betrachtung der drei Thesen, mit denen Agamben seine Argumentation am Ende von *Homo sacer* zusammenfasst:

---

* Dieser Beitrag erschien zunächst auf Englisch in Matthew Calarco und Steven DeCaroli (Hg.) (2007): Giorgio Agamben: Sovereignty and Life. Stanford: Stanford University Press, 11–23. Mit freundlicher Genehmigung von Stanford University Press.

»1. Die originäre politische Beziehung ist der Bann (der Ausnahmezustand als Zone der Ununterscheidbarkeit zwischen Außen und Innen, Ausschließung und Einschließung).
2. Die fundamentale Leistung der souveränen Macht ist die Produktion des nackten Lebens als ursprüngliches politisches Element und als Schwelle der Verbindung zwischen Natur und Kultur, *zoé* und *bíos*.
3. Das Lager und nicht der Staat ist das biopolitische Paradigma des Abendlandes.« (Agamben 2002: 190)

Ich beginne mit der ersten These. Agamben zufolge – der hier Cavalca zitiert – heißt »[j]emanden zu verbannen [...], dass ihm jeder Gewalt antun kann« (ebd.: 114). Deshalb kann der *homo sacer* getötet, nicht jedoch geopfert werden – schließlich ist das Opfer eine Figur, die innerhalb der legalen Ordnung der Stadt repräsentierbar ist. Das Leben des Verbannten zeigt deutlich die Exteriorität, die auch dem *homo sacer* eigen ist: »Das Leben des Verbannten ist – wie dasjenige des *homo sacer* [*uomo sacro*] – kein Stück wilder Natur ohne jede Beziehung zum Recht und zum Staat; es ist die Schwelle der Ununterscheidbarkeit und des Übergangs zwischen Tier und Mensch, zwischen *phýsis und nómos*, Ausschließung und Einschließung. Es ist das Leben des *loup garou*, des Werwolfs, der *weder Mensch noch Bestie* ist, eine Kreatur, die paradoxerweise in beiden Welten wohnt, ohne der einen oder der anderen anzugehören.« (ebd.: 115) Die Souveränität befindet sich an der Quelle des Banns, aber sie benötigt eine Ausdehnung des Territoriums, innerhalb dessen der Bann Gültigkeit besitzt, denn hätten wir es nur mit der Exteriorität des *loup garou* in Bezug auf das Gesetz zu tun, könnten wir immer noch eine klare Trennlinie zwischen dem »Innen« und dem »Außen« der Gemeinschaft ziehen. Agamben ist sich der Komplexität der Beziehung zwischen Außen und Innen vollauf bewusst. Aus diesem Grund weist er auch darauf hin, dass Hobbes' »Naturzustand« kein ursprünglicher Zustand ist, der überwunden ist, sobald der Gesellschaftsvertrag die Souveränität an den Leviathan übertragen hat, sondern eine ständige Möglichkeit innerhalb der gemeinschaftlichen Ordnung, die sich immer dann einstellt, wenn die Stadt als *tanquam dissoluta* angesehen wird. Insofern haben wir es nicht mit einer reinen, prä-sozialen Natur, sondern mit einer »Naturalisierung« zu tun, die ihre Beziehung zur Sozialordnung aufrechterhält, soweit letztere aufhört zu funktionieren. Das erklärt, wie der Ausnahmezustand auftritt. Carl Schmitt hatte festgestellt, dass es keine Regel gibt, die auf Chaos anwendbar ist, und dass der Ausnahmezustand immer dann notwendig wird, wenn das Einvernehmen zwischen Rechtsordnung und der breiteren gemeinschaftlichen Ordnung gebrochen wurde.

»Hobbes' Naturzustand ist kein vorrechtlicher, dem Recht des Staates gleichgültiger Zustand, sondern die Ausnahme und Schwelle, die ihn konstituiert und bewohnt; er ist nicht so sehr Krieg aller gegen alle als vielmehr eine Lage, in der jeder für den anderen nacktes Leben und *homo sacer* ist, das heißt *wargus, gerit caput lupinum*. Und die Verwolfung des

Menschen und Vermenschlichung des Wolfes ist in jedem Augenblick des Ausnahmezustands, der *dissolutio civitatis*, möglich. Nur diese Schwelle, die weder das einfache natürliche Leben noch das soziale Leben ist, sondern das nackte oder heilige Leben, ist die stets gegenwärtige und tätige Voraussetzung der Souveränität.« (ebd.: 116)

Das erklärt, warum die souveräne Macht keinen kontraktuellen Ursprung haben kann: »Deswegen muss bei Hobbes das Fundament der souveränen Macht nicht in der freiwilligen Abtretung des Naturrechts von seiten der Untertanen gesucht werden, sondern darin, dass der Souverän sein Naturrecht bewahrt, gegenüber jedem alles zu tun, was sich dann als Recht zu strafen darstellt.« (ebd.). Der Bann verbindet somit das nackte Leben und die souveräne Macht. Dabei ist es Agamben wichtig deutlich zu machen, dass der Bann nicht einfach eine Sanktion darstellt – als solche wäre sie nämlich immer noch innerhalb der Stadt repräsentierbar – sondern eine Verbannung zur Folge hat: Der *homo sacer* und die übrigen Figuren, die Agamben mit diesem in Verbindung bringt, werden schlicht außerhalb jeder gemeinschaftlichen Ordnung gehalten. Deswegen kann er getötet, aber nicht geopfert werden. In diesem Sinne ist der Bann nicht-relational: Seine Opfer werden ihrer eigenen Abgesondertheit überlassen. Dies ist für Agamben die ursprüngliche politische Beziehung, die an die Souveränität gekoppelt ist: eine noch ursprünglichere Fremdartigkeit als die des Fremden, der immerhin einen zugeteilten Platz in der Rechtsordnung hat. »Diese Struktur des Banns müssen wir in den politischen Beziehungen und den öffentlichen Räumen, in denen wir auch heute noch leben, zu erkennen lernen. *Die Bannung des heiligen Lebens ist im Staat innerlicher als jede Interiorität und äußerlicher als alle Exteraneität.*« (ebd.: 121) Der Bann liegt damit am Ursprung der souveränen Macht. Der Ausnahmezustand, der die Bürger auf ihr nacktes Leben reduziert (hier denkt Agamben an Foucaults Biopolitik), hat die Moderne von ihrem Beginn an bestimmt.

Mit dieser Kategorie des Banns hat Agamben zweifellos etwas berührt, dass von entscheidender Bedeutung für das Politische ist. Sicherlich gibt es im Politischen ein Moment der Negativität, der die Errichtung einer Innen/Außen-Beziehung ebenso erfordert wie die zweideutige Beziehung der Souveränität zur Rechtsordnung. Allerdings besteht folgendes Problem: Ist durch die Artikulation der Dimensionen, die für Agamben für die Struktur des Banns kennzeichnend sind, das System der Möglichkeiten erschöpft, welche eine solche Struktur eröffnet? Anders formuliert: hat Agamben nicht lediglich eine dieser strukturellen Möglichkeiten ausgewählt und diese so hypostasiert, dass sie einen einzigartigen Charakter bekommen hat? Schauen wir uns die Sache genauer an. Das Wesen des Banns ergibt sich durch dessen Effekte – also jemanden außerhalb des Systems der Differenzen zu platzieren konstituiert die Rechtsordnung. Um jedoch *alle* Situationen, außerhalb des Rechts zu sein, jener des *homo sacer* anzunähern, so wie Agamben das tut, müssten zusätzliche Vorbedingungen erfüllt sein. Zunächst müsste die bloße Absonderung – also die Beziehungslosigkeit – des Außen auch beinhalten, dass der/die Abgesonderte eine nackte Individualität darstellt, enteignet von jeglicher Form kollektiver Identität. Aber zweitens müsste auch gegeben sein, dass der/die Ausgeschlossene radikal schutzlos ist, also der Gewalt derer im Inneren der Stadt gänzlich ausgeliefert. Nur so könnte die souveräne Macht absolut sein. Aber sind diese beiden Vorbedingungen erfüllt? Folgen sie logisch aus der bloßen Kategorie des »Außerhalb-des-Gesetzes-seins«? Offensichtlich nicht. Der Außenseiter muss nicht außerhalb *jeglichen* Gesetzes stehen. Was diese Kategorie lediglich beinhaltet, ist die Tatsache außerhalb des Gesetzes *dieser Stadt* zu sein. Nur aus hieraus ergibt sich die Verlassenheit. Schauen wir uns eine Stelle von Frantz Fanon an, mit der ich mich in einem anderen Zusammenhang befasst habe:

> »Das Lumpenproletariat, das mit allen seinen Kräften auf die ›Sicherheit‹ der Stadt drückt, ist die uneindämmbare Fäulnis, der Krebsschaden mitten in der Kolonialherrschaft. Die Zuhälter, die Herumlungerer, die Arbeitslosen, die Vorbestraften werfen sich [...] auf den Appell hin wie robuste Arbeiter in den Befreiungskampf. Diese Beschäftigungslosen und Deklassierten werden durch die militante und entschlossene Aktion auf den Weg der Nation zurückfinden. [...] Auch die Prostituierten, die 2000-Franc-Mädchen, die Verzweifelten, alle jene Männer und Frauen, die sich zwischen Wahnsinn und Selbstmord bewegen, werden ihr Gleichgewicht wiederfinden, sich auf den Marsch machen und entschlossen an der großen Prozession der erwachten Nation teilnehmen.« (Fanon 1966: 111)

Hier haben wir es mit Akteuren zu tun, die komplett außerhalb des Gesetzes der Stadt stehen, die sich in keine ihrer Kategorien einschreiben lassen, aber gerade diese Exteriorität ist der Ausgangspunkt für eine neue kollektive Identifikation *gegen* das Gesetz der Stadt. Hier steht nicht Gesetzlosigkeit gegen das Gesetz, sondern zwei Gesetze, die sich wechselseitig nicht anerkennen. In einem anderen Werk bespricht Agamben das Konzept der »Notwendigkeit«, wie es von dem italienischen Juristen Santi Romano ausgearbeitet wurde, und macht deutlich, dass für Romano revolutionäre Kräfte – im strengen Sinne, d.h. entsprechend der staatlichen Rechtsordnung, außerhalb des Gesetzes – ihr eigenes Gesetz erschaffen. Der Absatz von Romano, den Agamben zitiert, ist überaus aufschlussreich:

> »Die Revolution ist sicherlich ein Tatbestand, der ›in seinem Voranschreiten nicht von derselben Staatsgewalt geregelt werden kann, die er gerade umstürzen oder zerstören will‹, und in diesem Sinne ist die Revolution per definitionem ›antirechtlich, auch wenn sie gerecht ist‹ (Romano); jedoch kann sie so nur erscheinen ›im Hinblick auf das positive Recht des Staates, gegen den sie vorgeht, was aber nichts daran ändert, dass sie sie von dem ziemlich anderen Standpunkt aus, von dem aus sie sich selbst beurteilt, eine – von ihrem eigenen Recht – geordnete und geregelte Bewegung ist. Was auch heißt, dass sie eine Ordnung ist, die sich einordnen lassen muss in die Kategorie der ursprünglichen rechtlichen

Ordnungen, im nun schon wohlbekannten Sinn, der diesem Ausdruck zukommt. In diesem Sinn, und beschränkt auf die Sphäre die hier gestreift wurde, kann man folglich von einem Revolutionsrecht sprechen.‹« (Agamben 2004: 38)

Hier gibt es also zwei inkompatible Gesetze. Zwar bleibt am Konzept des Banns, wie es Agamben definiert, die Idee eines uneinschreibbaren Außen gültig, aber die Palette an Situationen, auf die diese Idee bezogen werden kann, ist wesentlich breiter und umfasst nicht nur die Fälle, die unter die Kategorie des *homo sacer* subsumiert werden können. Ich glaube, Agamben hat die wahre Universalität des Problems von Einschreibbarkeit/Uneinschreibbarkeit, von Innen/Außen nicht gesehen. Was der wechselseitige Bann zwischen entgegengesetzten Rechten tatsächlich beschreibt, ist die konstitutive Natur von jeglichem radikalen Antagonismus – radikal in dem Sinne, dass dessen beide Pole nicht auf eine Art übergeordnetes Sprachspiel zurückgeführt werden können, das von ihnen als objektive Bedeutung anerkannt werden könnte, dem beide verschrieben sind.

Ich würde nun behaupten, dass nur bei einem solchen wechselseitigem Bann eine *politische* Beziehung im strengen Sinne vorliegt, denn nur in diesem Fall gibt es eine radikale Opposition zwischen sozialen Kräften und dadurch eine ständige Neuverhandlung und Neugründung des sozialen Bandes. Dies wird am deutlichsten, wenn wir für einen Moment auf Agambens Analyse von Hobbes zurückkommen. Wie wir gesehen haben behauptet er im Gegensatz zur kontraktualistischen Sichtweise, dass der Souverän der einzige ist, der das natürliche Recht, allen alles antun zu können, für sich bewahrt – das heißt, die Untertanen werden zu nacktem Leben. Dieser Gegensatz hält einer genaueren Prüfung jedoch nicht stand. Damit der Souverän sein natürliches Recht bewahren kann, braucht er ein *Recht*, um von den Subjekten anerkannt zu werden, und diese Anerkennung, wie Agamben selbst feststellt, hat Grenzen:

> »Diesem besonderen Status des *ius puniendi*, in dem der Naturzustand als Herzstück des Staates überlebt, entspricht das Vermögen der Untertanen, wenn nicht den Gehorsam zu verweigern, so doch der Gewalt gegen die eigene Person Widerstand zu leisten, denn es ›kann von niemandem angenommen werden, dass er vertraglich verpflichtet sei, der Gewalt keinen Widerstand zu leisten, und folglich kann man auch nicht sagen er habe einem anderen das Recht gegeben, ihm Gewalt anzutun‹. Die souveräne Gewalt gründet in Wahrheit nicht auf einem Vertrag, sie gründet in der ausschließenden Einschließung des nackten Lebens in den Staat.« (Agamben 2002: 116 f.)

Agamben sieht in diesem Gedanken eines Widerstandsrechts im Falle der Gewalt gegen die eigene Person einen weiteren Beleg seiner These von der Verbindung zwischen nacktem Leben, Souveränität und modernem Staat. Zwar lädt die Hobbes'sche Sichtweise tatsächlich zu einer solchen Lesart ein, aber nur wenn eine weitere Schlussfolgerung gezogen wird: dass dadurch eine radikale Auslöschung des Politischen erfolgt. Wenn der höchste Wille innerhalb einer Gemeinschaft von nichts und niemandem angegriffen wird, verschwindet notwendigerweise das Politische. Aus dieser Perspektive kann das Hobbes'sche Projekt mit einem anderen verglichen werden, das zwar in Opposition zu diesem steht, aber in seinen antipolitischen Effekten mit ihm identisch ist: das Marx'sche Konzept des Absterbens des Staates. Laut Hobbes ist die Gesellschaft nicht in der Lage, sich ihr eigenes Gesetz zu geben, weshalb die totale Machtkonzentration in den Händen des Souveräns Vorbedingung jeder gemeinschaftlichen Ordnung ist. Laut Marx hat eine klassenlose Gesellschaft die volle Universalität erreicht, die die Politik überflüssig werden lässt. Aber schon wenn wir nur ein wenig *souplesse* in Hobbes' Schema einführen, also wenn wir akzeptieren, dass die Gesellschaft zumindest *teilweise* zur Selbstregulation in der Lage ist, dann wird sofort deutlich, dass gesellschaftliche Ansprüche weiter reichen als diejenigen, die sich aus dem nackten Leben ergeben, und so vielfältig und spezifisch sind, dass sie von keiner souveränen Macht einfach ignoriert werden könnten. An diesem Punkt angekommen, beginnt aber das Konzept der »Souveränität« von dem der »Hegemonie« überblendet zu werden. Das heißt, so denke ich, dass Agamben die ganze Angelegenheit verdunkelt hat, weil er als politischen Moment hinstellt, was eigentlich auf eine radikale Auslöschung der Politik hinausläuft: eine souveräne Macht, die das soziale Band auf das nackte Leben reduziert.

Ich habe von einer teilweisen sozialen Selbstregulation gesprochen. Damit meine ich, dass soziale und politische Ansprüche aus einer Vielzahl von Orten hervortreten und nicht alle in die gleiche Richtung gehen. Das bedeutet, dass die Gesellschaft der fortwährenden Anstrengung zur Neugründung bedarf. Wie wir gesehen haben, behauptete Schmitt, dass die Funktion des Souveräns im Ausnahmezustand darin bestehe, die Kohärenz zwischen Gesetz und der weiteren gemeinschaftlichen Ordnung herzustellen (man kann das Gesetz nicht auf Chaos anwenden). Wenn dem so ist, und wenn ferner die Pluralität der Forderungen einen fortwährenden Prozess rechtlicher Transformation und Revision erfordert, dann hört der Ausnahmezustand auf, eine Ausnahme zu sein, und wird zum integralen Bestandteil der politischen Konstruktion des sozialen Bandes. Wittgenstein zufolge benötigt man zur Anwendung einer Regel eine zweite Regel, die spezifiziert, wie die erste anzuwenden ist, eine dritte, die erklärt, wie die zweite anzuwenden ist, und so weiter. Daraus folgert er, dass der Anwendungsfall selbst Teil der Regel ist. In den Begriffen Kants – wie Agamben bemerkt – heißt dies, dass wir es bei der Konstruktion des sozialen Bandes mit einem reflexiven statt mit einem bestimmenden Urteil zu tun haben. Vicos Bemerkungen – auch von Agamben zitiert – bzgl. der Überlegenheit der Ausnahme über die Regel sind in diesem Zusammenhang ebenfalls höchst einschlägig. Deshalb betrachte ich die Geschichte des Ausnahmezustands durch ein anderes Raster. Während Agamben ein Bild zeichnet, in dem das Zur-Regel-werden der Ausnahme das unvermeidbare Fortschreiten in Richtung einer totalitären Gesellschaft anzeigt, versuche ich zu bestimmen, wie mit der Generalisierung des »Exzeptionellen« auch Gegentendenzen einhergehen, die es möglich machen, die Zukunft optimistischer zu denken. Wir haben bereits erörtert, was Santi Romano über revolutionäre Gesetze gesagt hat. Nun kann dies nicht nur auf Phasen radikaler revolutionärer Einschnitte – was Gramsci »organische Krisen« genannt hat – angewendet werden, sondern auch auf eine Vielzahl von Situationen, in denen soziale Bewegungen partikulare politische Orte konstituieren und sich ihr eigenes »Gesetz« geben (das teilweise in einer internen und teilweise in einer externen Beziehung zum Rechtssystem des Staates steht). Hier ereignet sich ein molekularer Vorgang von partiellen Transformationen, der absolut entscheidend ist für die Ansammlung von Kräften, deren Potential sichtbar wird, wenn eine radikalere Transformation einer gesamten hegemonialen Formation möglich wird.

Durch das bisher Ausgeführte ist bereits angedeutet, dass aus unserer Perspektive auch die zweite These Agambens über das nackte Leben als Ergebnis der Aktivität der souveränen Macht nicht wesentlich besser wegkommen wird. Zunächst kann die Unterscheidung von *zoé* und *bíos* nicht die zentrale Rolle für die historische Erklärung spielen, für die sie von Agamben mobilisiert wird. Wie er selbst zu Beginn von *Homo sacer* ausführt, verwendeten die Griechen zwei Begriffe, um sich auf das Leben zu beziehen: »*zoé* meinte die einfache Tatsache des Lebens, die allen Lebewesen gemeinsam ist (Tieren, Menschen und Göttern), *bíos* dagegen bezeichnete die Form oder Art und Weise des Lebens, die einem einzelnen oder einer Gruppe eigen ist.« (Agamben 2002: 11) Das heißt, dass Lebewesen nicht in zwei Gruppen eingeteilt werden können – solche die ausschließlich *bíos* haben und solche die ausschließlich *zoé* haben – denn diejenigen, die *bíos* haben, haben offensichtlich ebenfalls *zoé*. *Zoé* ist also in erster Linie eine Abstraktion. Selbst der *oikos*, der lediglich die Erhaltung des reproduktiven Lebens zum Ziel hatte, hat seine eigene interne Struktur, die auf einer hierarchischen Verteilung von Funktionen basiert. Obwohl also die Ziele des *oikos* nicht politisch sind, ist er weit entfernt davon, nur das nackte Leben zu sein, weil er einen eigenständigen Aufbau und ein eigenes Regelsystem hat. Wenn Agambens These haltbar ist, dann müsste er nachweisen können, dass das nackte Leben unter gewissen Umständen aufhört, eine Abstraktion zu sein, und zu einem konkreten Referenten wird.

An diesem Punkt bringt Agamben Foucaults Biopolitik ins Spiel. »Foucault zufolge liegt die ›biologische Modernitätsschwelle einer Gesellschaft‹ dort, wo die Gattung und das Individuum als einfacher lebender Körper zum Einsatz ihrer politischen Strategie werden.« (ebd.: 13) Es ist überaus aufschlussreich, dass Agamben Foucaults Biopolitik-Hypothese mit dem früheren Werk von Hannah Arendt in Verbindung bringt. »Auf der anderen Seite hat Hannah Arendt in *The Human Condition* bereits Ende der fünfziger Jahre [...] den Prozess analysiert, der den *homo laborans* und mit ihm das biologische Leben zunehmend ins Zentrum der politischen Bühne der Moderne rückt. Sogar die Veränderung und den Niedergang des öffentlichen Raumes hat Hannah Arendt auf diesen Vorrang des natürlichen Lebens vor dem politischen Handeln zurückgeführt.« (ebd.: 13) Natürlich ist die Darstellung des Arguments mit diesen Begriffen in grotesker Weise verzerrt. Es wäre wesentlich plausibler, auf entgegengesetzte Weise zu argumentieren; also nicht, dass in der Moderne eine Vorrangstellung des natürlichen Lebens gegenüber der politischen Handlung besteht, sondern die Politisierung eines Terrains stattfindet, das zuvor vom »natürlichen« Leben besetzt war (wobei schon einzugestehen, dass das Leben nur »natürlich« gewesen sei, im Grunde schon zu weitgehend wäre). Was aber an dieser strikten Gegenüberstellung von politischer Souveränität und nacktem Leben einfach falsch ist, ist die Annahme, dass damit notwendig eine gesteigerte Kontrolle durch einen allmächtigen Staat einhergeht. Was die These von einer Politisierung des »natürlichen« Lebens lediglich impliziert, ist, dass immer mehr Felder des sozialen Lebens Prozessen der menschlichen Kontrolle und Regulierung unterworfen werden, aber daraus folgt nicht, dass sich diese Kontrollformen um eine tendenziell totalitäre Instanz herum kristallisieren müssen.

Auf Grundlage von Agambens These, dass eine strikte Korrelation zwischen Bann und Souveränität besteht, war die Behauptung, dass alles auf den Totalitarismus hinausläuft, freilich zu erwarten. Das führt wiederum dazu, dass er verschiedene menschliche Situation gleichsetzt, die in sich vollkommen verschieden sind. Um den Tatbestand des »nackten Lebens« zu erfüllen muss, wie wir gesehen haben, der oder die Verbannte vollkommen schutzlos und damit der vom Souverän befohlenen Verbannung komplett ausgeliefert sein. Einige der von Agamben beschriebenen Situationen zeigen ein nacktes Leben, das ein bloßes Objekt einer politischen Intervention ist. So bezieht er sich auf die Figur des *Muselmann*, ein Insasse der Konzentrationslager, »ein Wesen, in dem die Demütigung, der Schrecken und die Angst jedes Bewusstsein und jede Persönlichkeit abgeschnitten haben, bis zur totalen Apathie« (ebd.: 194). Oder ein Biochemiker, der an Leukämie leidend sich entscheidet, sein Körper in ein Labor zu verwandeln: »Sein Körper ist nicht mehr privat, da er in ein Labor transformiert wurde; er ist auch nicht mehr öffentlich, denn nur als eigener Körper kann er die Grenzen übertreten, welche die Moral und das Gesetz dem Experimentieren setzt. [...] Es ist leicht zu erkennen, dass das *experimental life* ein *bíos* ist, der sich in einem sehr spezifischen Sinn so weit auf die eigene *zoé* konzentriert hat, dass er von ihr nicht mehr zu unterscheiden ist.« (ebd.: 195). Oder Karen Quinlan, eine ultra-komatöse Person, deren Organe transplantiert werden sollen: »Das biologische Leben, das die Maschinen durch Luftzufuhr in die Lungen, Blut in die Arterien pumpend und durch die Regulation der Körpertemperatur erhalten, ist hier von der Lebensform, die den Namen Karen Quinlan trug, völlig abgetrennt: Es ist (oder scheint es zumindest zu sein) reine *zoé*.« (ebd.)

Bis zu diesem Punkt ist Agambens Argumentation über das »nackte Leben« durchaus plausibel, obwohl man an dessen politischer Relevanz zweifeln mag. Aber später versucht er diese Argumentation auf gänzlich verschiedene Situationen auszudehnen. Von der Komatösen geht er über zum Verbannten:

»Darüber hinaus, da jeder ihn erschlagen kann, ohne einen Mord zu begehen, ist seine ganze Existenz auf ein nacktes, aller Rechte entkleidetes Leben reduziert, das er nur auf der endlosen Flucht oder in der Zuflucht eines fremden Landes retten kann. Er ist reine *zoé*, doch seine *zoé* steht als solche im souveränen Bann, und er muss in jedem Moment mit ihm rechnen und Wege finden, ihm auszuweichen und ihn zu täuschen. In diesem Sinn, das wissen die Verbannten und Geächteten, ist kein Leben ›politischer‹ als das seine.« (ebd.: 192 f.)

Das Leben des Verbannten oder Exilierten kann vollkommen politisch sein, aber in einem ganz anderen Sinn als das von Karen Quinlan, denn sie können, im Gegensatz zu Quinlan, sich an antagonistischen sozialen Praktiken beteiligen. In diesem Sinne haben sie ihr eigenes Gesetz und ihr Konflikt mit dem Gesetz der Stadt ist ein Konflikt zwischen Gesetzen, und nicht zwischen Gesetz und nacktem Leben. Agamben ist sich bewusst darüber, dass seine ebenso extremen wie randständigen Beispiele für das nackte Leben Kritik auf sich ziehen können und versucht daher antizipierend mit »nicht weniger extremen und dennoch nunmehr vertrauten« (ebd.: 196) Beispielen aufzuwarten. »Da wäre der Körper der bosnischen Frau von Omarska, ein perfektes Beispiel für die Schwelle der Ununterscheidbarkeit zwischen Biologie und Politik; oder, in einem scheinbar entgegengesetzten, aber eigentlich analogen Sinn, die militärischen Interventionen aus humanitären Gründen, bei denen kriegerische Operationen mit biologischen Zielen wie Ernährung oder Seuchenbekämpfung unternommen werden« (ebd.: 196). Hier wissen wir aber überhaupt nicht mehr, was eigentlich zur Diskussion steht: die Sorge um das biologische Überleben von Bevölkerungen oder die Reduzierung der Menschen auf *zoé*, von jeglichem *bíos* beraubt? In seiner Argumentation bringt Agamben diese beiden Ebenen andauernd durcheinander.

Schon das Beispiel des Verbannten zeigt die Verschiebung der Logik der Exklusion in Richtung von Sachverhalten, die klarerweise über das Konzept des »nackten Lebens« hinausgehen; sogar noch offensichtlicher wird dieser Exzess, wenn Agamben versucht, die Logik der Souveränität/des nackten Lebens zu einer generellen Theorie der Moderne aufzuspannen. Zunächst weist er auf eine unbestreitbare

Tatsache hin: In den meisten Sprachen ist die Rede von »dem Volk« zweideutig: einerseits bezieht sie sich auf die Gemeinschaft als ganzer (*populus*); andererseits auf die Unterdrückten (*plebs*). Seine Lesart dieser Ambiguität ist aber, dass die Gemeinschaft klar geteilt ist und dass die totalitäre Logik der Moderne ein Versuch ist, diese Teilung zu überwinden:

> »Aus dieser Perspektive betrachtet ist unsere Zeit nichts anderes als der – unerbittliche und methodische – Versuch, die Spaltung, die das Volk teilt, durch die radikale Eliminierung des ›volks‹ der Ausgeschlossenen zu schließen. Dieser Versuch verbindet, nach verschiedenen Modalitäten und Horizonten, die Rechte und die Linke, kapitalistische und sozialistische Länder; sie finden sich vereint im – letzten Endes vergeblichen, aber in allen industrialisierten Ländern teilweise realisierten – Projekt, ein einiges und ungeteiltes Volk herzustellen.« (ebd.: 188)

Etwas Grundsätzliches ist falsch an dieser Analyse. Zunächst einmal sind Teilungen überaus kompatibel mit dem *status quo*, solange es sich um Unterschiede handelt, die ihren Grund in der sozialen Vielfältigkeit haben und nicht in antagonistischer Weise zugespitzt werden. Hierarchie bedeutet nämlich nichts anderes als soziale Differenzierung, so dass die Auslöschung der Teilung, verstanden als Vielfältigkeit, nichts ist, was die herrschenden Gruppen systematisch vorantreiben. Wenn wir hingegen von einer antagonistischen Teilung auszugehen haben, in der »das Volk« als unterdrücktes konstruiert wird, wird der *plebs*, der durch diese Teilung hervorgebracht wurde, die ursprüngliche Teilung nicht verewigen, sondern versuchen, diese überflüssig zu machen. Wir haben es also mit einem Teil zu tun, der das Ganze zu verkörpern versucht, mit einer Heterogenität, die wieder in eine neue Homogenität integriert zu werden strebt. Die Dialektik zwischen Teil und Ganzem, zwischen Homogenität und Heterogenität, ist also wesentlich komplexer als Agambens simplifizierende Alternative zwischen entweder »Teilung« oder »ungeteiltes Volk« es zu denken gestattet. Gramscis Unterscheidung zwischen »korporativer« und »hegemonialer« Klasse erlaubt wesentlich komplexere strategische Bewegungen als Agambens mechanische Teleologie. Unterschiede können Parteiungen innerhalb des Ganzen sein – wie der *plebs* aus der Sicht der Patrizier – oder sie können Name einer alternativen Totalität sein (was wiederum die Besetzung des Ganzen innerhalb der Teile voraussetzt, wie in Lacans *objet a*). Homogenisierende Logiken können, *reductio ad absurdum*, durch und durch totalitär sein, aber sie können gleichermaßen emanzipatorisch sein, etwa wenn sie in einer Äquivalenzkette eine Vielzahl unbefriedigter Ansprüche verknüpfen. Schließlich kann in extremen Fällen, in denen es zu einer *totalen* Konzentration der Macht kommt, auch die Souveränität totalitär sein; aber sie kann auch höchst demokratisch sein, wenn sie als artikulierende anstatt als determinierende Macht fungiert, wenn sie demnach die

Unterdrückten ermächtigt. Wie wir bereits bemerkt haben, sollte in diesem Fall die Souveränität als Hegemonie verstanden werden.

Es erscheint geradezu überflüssig zu betonen, dass wir auch Agambens dritte These vollständig zurückweisen müssen, nach der das Konzentrationslager der *nómos* bzw. das grundsätzliche biopolitische Paradigma des Westens ist. Er behauptet:

> »Die Geburt des Lagers in unserer Zeit erscheint aus dieser Sicht wie ein Ereignis, das den politischen Raum der Moderne als solchen in entscheidender Weise prägt. Es taucht zu einem Zeitpunkt auf, da das politische System des modernen Nationalstaates, das auf dem funktionalen Nexus zwischen einer bestimmten Lokalisierung (dem Territorium) und einer bestimmten Rechtsordnung (dem Staat) gründete und von automatischen Regeln der Einschreibung des Lebens (der Nativität oder Nationalität) gesteuert wurde, in eine fortdauernde Krise gerät und der Staat beschließt, die Sorge um das biologische Leben zu einer direkten Aufgabe zu machen. […] Etwas funktioniert nicht mehr an den traditionellen Mechanismen, die diese Einschreibung regelten, und das Lager ist der neue verborgene Regulator der Einschreibung des Lebens in die Ordnung – oder vielmehr das Zeichen der Unmöglichkeit, dass das System funktioniert, ohne sich in eine tödliche Maschine zu verwandeln.« (ebd.: 184)

Diese Serie wilder Aussagen könnte nur dann eine gewisse Gültigkeit beanspruchen, wenn die folgenden mehr oder weniger zweifelhaften Prämissen akzeptiert würden:

1. Dass die Krise des funktionalen Nexus zwischen Land, Staat und den automatischen Regeln der Einschreibung des Lebens eine Entität namens »biologisches – oder nacktes – Leben« erschlossen hat.
2. Dass die Regulierung der so erschlossenen Entität von einer einzigen und einheitlichen Entität namens »der Staat« übernommen wurde.
3. Dass die innere Logik dieser Entität notwendiger Weise dazu führt, die erschlossenen Entitäten wie ganz und gar formbare Objekte zu behandeln, wobei der Bann die archetypische Form einer solchen Behandlung wäre.

Es erscheint wiederum unnötig zu betonen, dass keine dieser Voraussetzungen gegeben ist. Agamben, der für seine fesselnden Analysen über die ontologische Struktur der Potentialität bekannt ist, beendet seine Argumentation mit einer naiven Teleologie, bei der es scheint, als sei die Potentialität einer vorgegebenen Aktualität komplett untergeordnet. Dieser Teleologismus ist das symmetrische *pendant* des Etymologismus, auf den wir zu Beginn dieses Essays eingegangen sind. Zusammengenommen führt das dazu, Agambens Aufmerksamkeit von der wirklich wichtigen Frage abzuwenden, wie das System der strukturellen Möglichkeiten beschaffen ist, das jede *neue* Situation eröffnet. Die Untersuchung dieser Frage hätte – kurz zusammengefasst – folgendes ergeben: (1.) Die Krise der »automatischen Regeln der Einschreibung des Lebens« hat mehr Entitäten erschlossen als nur das »nackte Leben«. Die Reduktion dieser Entitäten auf »nacktes Leben« findet nur dann statt, wenn zusätzliche Randbedingungen erfüllt sind, die keineswegs als geheimes Muster der Moderne angesehen werden können; (2.) Die sozialen Regulationsmechanismen, die in Folge der Auflösung der automatischen Einschreiberegeln eingesetzt wurden, funktionieren in und durch eine Vielzahl von Instanzen, die ganz und gar nicht durch einen monolithischen »Staat« vereinheitlicht werden. (3.) Die Prozesse der Staatenbildung in der Moderne zeichnen sich durch eine wesentlich komplexere Dialektik zwischen Homogenität und Heterogenität aus als mit Hilfe von Agambens »Lager-Paradigma« sichtbar werden kann. Indem Agamben den gesamten Prozess moderner, politischer Konstruktionen auf das ebenso extreme wie absurde Paradigma des Konzentrationslagers bezieht, liefert er nicht nur eine verzerrte Geschichtsschreibung, sondern versperrt jeglichen Untersuchungen der emanzipatorischen Möglichkeiten, die sich in unserer Tradition der Moderne eröffnet haben, den Weg.

* * *

Ich möchte schließen mit einer Bemerkung zur Frage nach der Zukunft, wie sie im Anschluss an Agamben gedacht werden kann. Er behauptet: »[N]ur wenn es gelingt, das Sein der Verlassenheit jenseits jeder Idee von Gesetz (auch in der leeren Form einer Geltung ohne Bedeutung) zu denken, werden wir aus dem Paradox der Souveränität hinaustreten in Richtung einer von jeglichem Bann losgelösten Politik. Eine reine Gesetzesform ist lediglich die leere Form der Beziehung; doch die leere Form der Beziehung ist kein Gesetz mehr, sondern eine Zone der Ununterscheidbarkeit zwischen Gesetz und Leben, ein Ausnahmezustand.« (ebd.: 70) Agamben liefert uns keine Hinweise dafür, was die Bewegung aus dem Paradox der Souveränität und »in Richtung einer von jeglichem Bann losgelösten Politik« implizieren würde. Aber das ist auch gar nicht nötig: Schon die Formulierung des Problems enthält ihre eigene Antwort. Jenseits jeglichen Bannes und jeglicher Souveränität zu sein, heißt einfach jenseits der Politik zu sein. Der Mythos einer vollauf versöhnten Gesellschaft leitet Agambens (nicht-) politischen Diskurs an. Das ist es auch, was es ihm erlaubt, alle politischen Möglichkeiten unserer Gesellschaft abzutun und ihr geheimes Schicksal unterschiedslos im Konzentrationslager zu verorten. Anstatt die Logik politischer Institutionen zu dekonstruieren, um Felder aufzuzeigen, in denen politische Kämpfe und Widerstände möglich sind, blockiert Agamben derartige

Überlegungen durch eine essentialistische Vereinheitlichung. Zurück bleibt die Botschaft des politischen Nihilismus.

Aus dem Englischen von Andreas Folkers

Literatur

Agamben, Giorgio (2002): Homo sacer. Die souveräne Macht und das nackte Leben. Frankfurt am Main: Suhrkamp.
Agamben, Giorgio (2004): Ausnahmezustand (Homo sacer II.1). Frankfurt am Main: Suhrkamp.
Fanon, Frantz (1966): Die Verdammten dieser Erde. Frankfurt am Main: Suhrkamp.

Micha Brumlik

Zwischen Schmitt und Benjamin – Giorgio Agambens Kommentar zum Römerbrief

I. Das Jetzt der Lesbarkeit

»Alle prägnanten Begriffe der modernen Staatslehre sind säkularisierte theologische Begriffe.« So Agambens nicht ganz korrekte Wiedergabe einer berühmten Formulierung Carl Schmitts (vgl. Schmitt 1996: 43). Kein anderer gegenwärtiger Autor ist dieser Bemerkung Schmitts so eindringlich nachgegangen wie Giorgio Agamben. Von seinem ersten Werk über die eigentümliche Gestalt der römischen Antike des »homo sacer« (Agamben 2002) über präzise Überlegungen zu Schmitts Theorie des »Ausnahmezustandes« und Walter Benjamins Messianismus (Agamben 2004) bis hin zur politischen Ökonomie der altkirchlichen Lehre von den Engeln (Agamben 2010) ist es Agamben immer wieder gelungen, Schmitts Annahme sachhaltig in ihrer Richtigkeit zu bestätigen. Dabei hat sich allerdings gezeigt, dass Agamben, Schmitt gegen Schmitt weiterdenkend, die Richtung der Reflexion umgedreht hat. Tatsächlich hat Agamben nämlich den politischen Gehalt theologischer Begriffe freigelegt. Dieses Unterfangen wird umso anspruchsvoller, je weniger die untersuchten Theorien und Begriffe an ihrer Oberfläche politische Markierungen tragen – so auch bei den zentralen Begriffen der christlichen Religion, wie sie in den Briefen des hellenistischen Juden Paulus enthalten sind. Dass Paulus und die in seinen Spuren entfaltete Theorie der »Erbsünde«, des Gegensatzes von »Gesetz und Evangelium« und damit der Rechtfertigungslehre tiefe Spuren im politischen Denken des Abendlandes hinterlassen hat, bedarf keiner eingehenden Erörterung: Von Augustinus' *Civitas Dei* über Martin Luthers Lehre von den zwei Reichen bis hin zu der wesentlich von Karl Barth geschriebenen *Barmer Erklärung*, in der sich die »Bekennende Kirche« gegen die nationalsozialistischen »Deutschen Christen« stellte, sind die Stationen bekannt. Giorgio Agamben erhebt somit einen hohen Anspruch, wenn er in seinem erstmals 2000 auf Italienisch, 2006 auf Deutsch unter dem Titel *Die Zeit, die bleibt* erschienenen Kommentar zum Römerbrief direkt mit Karl Barth, dem bedeutendsten protestantischen Kirchenlehrer des 20. Jahrhunderts, konkurriert. Barths Kommentar (Barth 1954) erschien in zwei Auflagen und machte schon in seiner ersten Fassung von 1919, als Reaktion auf den Zusammenbruch der bürgerlichen

Welt der Vorkriegszeit, als deutlichster Ausdruck einer christlichen Theologie der Krise und der beginnenden Dialektischen Theologie, Furore.

Sich in der gegenwärtigen Situation, einer – jedenfalls in der »westlichen« Welt – politischen Lage, die sinnvoll als »Postdemokratie« (Crouch 2008) bezeichnet werden kann, sowie einer politologischen Debatte, in der es um »Postfundamentalismus« (Marchart 2010) geht, erneut mit Fundamenten der abendländischen Kultur, zu denen – wenn überhaupt etwas – die paulinischen Briefe gehören, ist somit auf alle Fälle angemessen. Nach Maßgabe der bis zu Gadamer reichenden romantischen Tradition der Hermeneutik erweist sich die Klassizität von Texten genau daran, dass unterschiedliche Zeiten unterschiedliche Sinngehalte freilegen und mithin zu jeder Zeit eine neue Horizontverschmelzung von Text und Zeit erwirken. Anders eine nicht mehr historistische, sondern aktualisierende Hermeneutik – sie kennt ein »Jetzt der Lesbarkeit«, einen gleichsam idealen Zeitpunkt, an dem sich der volle Gehalt eines Textes entbirgt. Der von Walter Benjamin geprägte Ausdruck eines »Jetzt der Lesbarkeit« (Agamben 2006: 162) wird für Agamben zum abschließenden Motto seines Textes. Für ihn, der seinen Kommentar zum Römerbrief unter dem Titel *Die Zeit, die bleibt* vorgelegt hat, scheint dieses »Jetzt« die Wende vom 20. zum 21. Jahrhundert zu sein, das Zeitalter der Globalisierung.

In der Tat: es ist mehr als ein Zufall, dass sich ausgerechnet die postmoderne Philosophie einer Thematik zuwendet, welche die akademische Philosophie des 20. Jahrhunderts mit einigen wenigen peripheren und einer bedeutenden Ausnahme (vgl. Heidegger 1995) vernachlässigt hat – dabei geht es nicht um die ansonsten randständige Philosophie der Religion im Allgemeinen, sondern um die Problematik einer eng an den überlieferten Texten arbeitenden philosophischen Theologie. Für das neue Interesse der postmodernen Philosophie an der Religion lassen sich mindestens vier verschiedene Motive benennen:

- Als allgemeiner Hintergrund für dieses Interesse, das wir nicht nur mit den Namen von Emmanuel Lévinas, Jacques Derrida und Gianni Vattimo verbinden, kann erstens der Umstand gelten, dass zumal die Philosophie der Dekonstruktion die von der klassischen philosophischen Tradition stets sorgsam eingehaltene Trennung zwischen Glauben und Wissen als haltlos zu erweisen suchte und daher ihre Aufmerksamkeit dem zuzuwenden begann, was sich zwar als gehaltvolles Wissen, Denken und Schreiben erwies, aber qua Voraussetzung strenger Argumentation und Beweisbarkeit nicht zugänglich war. Das galt zwar – spätestens nach Kants *Kritik der Urteilskraft* bzw. Schleiermachers *Reden* – allemal auch für die Ästhetik, mit dem Unterschied, dass wir es in einer Philosophie der Theologie von Anfang an mit der Idee einer wenn auch nicht beweisbaren, so doch umso massiveren soteriologischen Wahrheit zu tun haben. Diese Soteriologie tritt in der Philosophie der Kritischen Theorie in sich zurückgenommen spätestens seit Walter Benjamins geschichtsphilosophischen Thesen (Benjamin 1980) bzw. Theodor W. Adornos Hinweisen in den *Minima Moralia* (Adorno 1950) und der *Negativen Dialektik* (Adorno 1966) als »Messianismus« – ein im Folgenden noch näher zu klärender Begriff – auf.

- Es ist zweitens nur schlüssig, dass dieser philosophische Messianismus früher oder später nicht mehr darum herum kam, sich an dem abzuarbeiten, was – jedenfalls in der westlichen Tradition – als Inbegriff einer messianischen Kultur gelten muss: dem Christentum.
- Dass sich dieses philosophische Interesse am Christentum – heute wie zu Zeiten des deutschen Idealismus – drittens mehr den christlichen Urschriften, also den Evangelien und vor allem den paulinischen Briefen, zugewendet hat, liegt nicht nur daran, dass es stets ein Gestus der Philosophie war, Gedanken und Ideen genealogisch, d.h. auf den Ort und die Umstände ihres Ursprungs hin zu überprüfen, sondern auch daran, dass Theologie- und Kirchengeschichte nun wirklich erst seit Neuestem nachweisen konnten, dass das Christentum tatsächlich aus der griechischen Aneignung jüdisch-hebräischer Texte entstanden ist und dort – wo es sich systematisch artikuliert hat – als eine von Anfang an »denkende Religion« aufgetreten ist.
- Als kontingente, vierte Ursache mögen schließlich die sozialen und politischen Verhältnisse der späten Moderne – ich umschreibe sie in aller Kürze mit »Globalisierung« – hinzugetreten sein. Ähnlichkeiten liegen auf der Hand: Die christliche Religion entstand in einem Zeitraum, der von der Regierungszeit des Augustus im ersten Jahrhundert bis zum Zerfall des Römischen Reiches währte; wem an Namen gelegen ist, mag diese Epoche mit dem Apostel Paulus beginnen und mit dem Kirchenvater Augustinus enden lassen. Auf jeden Fall: wie auch heute waren die gebildeten Bewohner der damals um das Mittelmeer herum existierenden Ökumene mit dem Phänomen eines ihre ganze Welt umfassenden politischen, ökonomischen, rechtlichen, kulturellen und rechtlichen Raums konfrontiert, mit einem Phänomen, dessen sie denkend Herr zu werden versuchten und das sie in dieser Hinsicht zu unseren Zeitgenossen werden lässt. Und wiederum ist es kein Zufall, dass sich das philosophische Interesse bei Autoren wie Alain Badiou, Slavoj Žižek und eben Giorgio Agamben ausgerechnet auf Paulus aus Tarsus richtet, der als griechischsprachiger, hel-

lenistischer Jude die damalige Ökumene bereiste, um sie von der Wahrheit seiner Lesart des jüdischen Glaubens zu überzeugen, einer Lesart, die im von Gott auferweckten Moschiach Jeschua (von Nazareth) – im Griechischen »Christos Jesus« – die Erfüllung der Tora sah. Im paulinischen Werk geht es um die Unterwerfung des politischen, ökonomischen und rechtlichen Raums der Ökumene unter den (end-) zeitlichen Einbruch des Messianischen mit dem besonderen Problem des Verhältnisses einer universalen Heilsbotschaft zu partikularen Verheißungen. Aber was heißt »Messianismus«, was »Messianität«?

II. Koordinaten der Messianität

Messianität, das sind – auch und zumal nach Maßgabe der prophetischen Schriften der Hebräischen Bibel – Zustände, die sich auf Raum und Zeit beziehen, die eine bessere, eine erlöste Zukunft verheißen – auch und gerade dann, wenn der Titel »Moschiach« (also der »Gesalbte«) in der hebräischen Bibel ebenso wie in der Septuaginta nie einen kommenden, erlösenden König benennt, sondern Menschen, die zum König gesalbt worden sind – am Prominentesten – so der Prophet Jesaja – den persischen König Kyros, der es den nach Babylon verschleppten judäischen Eliten gestattete, nach Jerusalem zurückzukehren und den Tempel wieder aufzubauen (vgl. Encyclopedia Judaica: 1407–1471). Das wird sich im rabbinischen Judentum, nicht zuletzt als Reaktion auf die christusgläubigen Gemeinden, vom 2. Jahrhundert der Zeitrechnung an ändern (vgl. Schäfer 2010).

Dabei scheinen sich messianische Zustände nach Überzeugung des Paulus in erster Linie dadurch auszuzeichnen, dass in ihnen der Primat der Tora nicht mehr gilt, während das rabbinische Judentum bis zu Maimonides in dieser Frage mindestens gespalten war – auch in einer erlösten Welt würden die Menschen nicht ohne göttliche Weisung leben können. Messianität, die es allemal mit Zuständen einer grundsätzlich erlösten Welt zu tun hat, kann sich erstens an der räumlichen Ausbreitung messianischen Glaubens oder messianischer Zustände bemessen. Von Messianität ist diesem Konzept gemäß sinnvoll nur zu sprechen, wenn entweder alle Menschen an einen Messias glauben oder wenn die ganze Welt tatsächlich erlöst ist. Die Vorstellung einer räumlich nur teilweise erlösten Welt widerspricht dem. In diesem Verständnis von Messianität scheint es der religiöse und/oder moralische Universalismus zu sein, der ihre vornehmste Eigenschaft dieser Lehre darstellt.

Messianität kann sich aber auch auf die Zeitkoordinate beziehen: In diesem Sinn kann sie dann entweder – mit Walter Benjamin, Martin Heidegger, Alain Badiou und Giorgio Agamben – als jäher Einbruch ins zeitliche Kontinuum, als damit eng verbundener qualitativer Prozess, also als Zeitpunkt, als Ereignis, als qualitativ neuer Zeitraum oder als Ende der verbleibenden, ablaufenden Zeit vor der Erlösung, als Frist verstanden werden. Während Alain Badiou sich mit Heidegger vor allem für den einmaligen Einbruch ins Kontinuum, also fürs Neue, d.h. fürs »Ereignis« interessiert (Badiou 2002), geht es Slavoj Žižek vor allem um den Gegensatz von Norm und Befreiung (Žižek 2001), während es Agamben, der sich als einziger intensiv mit den historischen, theologischen und vor allem auch philologischen Aspekten des paulinischen Corpus befasst hat, um das Verhältnis von Zeit und Zeitpunkt, Chronos und Kairos, Situation und Zeitspanne in einer auch politischen Perspektive zu tun ist. Auf jeden Fall: bei der paulinischen Frage, so wie sie der Apostel selbst gestellt hat, geht es um die Aus- und Verbreitung eines Lebens jenseits der Tora, bzw. um Zeitpunkt und Qualität der Zeiten vor und nach dem Einbruch jenes Ereignisses, das nach paulinischem Glauben die Tora durch Erfüllung und Überbietung obsolet machte. Es geht damit um unterschiedliche Stellungen zu Raum, Zeit und Bedeutung des Gesetzes (vgl. Wischmeyer 2006).

III. Die Erlösung von der Festlegung und die Zweideutigkeit des Moments

Giorgio Agamben, der sich in seinem ganzen Werk den Überlegungen Carl Schmitts und Walter Benjamins verpflichtet sieht, hat in seinem Kommentar zur ersten Zeile des Römerbriefs die ursprüngliche, jüdische Bedeutung des Moschiach wieder einzuholen versucht. Diese Zeile lautet in deutscher Übersetzung: »Paulus, Sklave des Jesus Messias, berufen zum Apostel, ausgesondert für das Evangelium Gottes.« In dieser an Benjamin angelehnten Übersetzung ist bereits das ganze Programm des Kommentars in der Nussschale enthalten. Agamben behauptet, dass das Thema des Paulus die messianische Zeit und – so seine Lesart des Römerbriefs – eine Theorie über jene Menschen ist, die das Eintreten der messianischen Zeit noch nicht akzeptiert haben: der Juden. Indem er konsequent überall dort, wo »Christos« steht, »Messias« übersetzt, gewinnt er den jüdisch-biblischen Bedeutungshorizont der paulinischen Schriften zurück. Mit 1. Kor 7,31 erläutert Agamben das Messianische: »Indem das Messianische im *Als-ob-nicht* alles auf sich selbst bezieht, löscht es dieses nicht einfach aus, sondern lässt es vorübergehen, bereitet sein Ende vor. Es ist nicht eine andere Gestalt, eine andere Welt, sondern das Vorbeigehen dieser Welt.« (Agamben 2006: 36) Damit wird auch das auf Gottes Wort hörende Subjekt – wie Agamben sagt – berufen und zugleich widerrufen – sagt doch Paulus in Gal 2,20 schließlich: »nicht mehr lebe ich, sondern der Messias lebt in mir.« Zeit und Subjektivität sind im Zeitraum des Messianischen ihrer Eindeutigkeit beraubt und existieren in Unschärfe und nur noch unter Vorbehalt. Die Zeit des Moschiach wäre demnach – und auch nicht wenige Rabbinen waren davon überzeugt – im Grundsatz bereits eingetreten, sie wollten den Gedanken des Messias entdramatisieren. An die Stelle einer materiellen Erlösung trat freilich bei Paulus eine Erlösung von jenen Existenzweisen, die mit der Schöpfung gegeben wurden. Das ist durchaus eine mögliche Lesart der paulinischen Briefe, und auch der philologische Hinweis paulinischer Einflüsse im Werk Benjamins überzeugt.

Freilich: die neuen Interpreten des Paulus – vor allem Badiou und Žižek – lesen ihn nicht zu Unrecht mit den Augen Kierkegaards; ob man freilich Walter Benjamin, der doch mit Gründen einem wenn auch paradoxen Materialismus das Wort sprach, dieser Lesart zurechnen kann, wird man bestreiten müssen. Benjamin glaubte, wenn auch wider alle Hoffnung, an die Revolution – nicht anders als Badiou und Žižek. Gleichwohl wäre es ein Missverständnis, Agambens eindringliche Lektüre als eine, wenn auch sachgerechte, existenzphilosophische Deutung des Paulus in der Linie etwa Rudolf Bultmanns (ebd.: 86) zu verstehen, auch und gerade die teilweise sehr fachlich und esoterisch wirkenden Reflexionen enthalten einen deutlichen philosophisch-politischen Kern, der im Folgenden herauszupräparieren ist. Tatsächlich scheint es Agamben auch bei seinen philologischen und sprachphilosophischen Untersuchungen zu Paulus letztlich um eine Theorie des Politischen zu gehen.

IV. Politischer Messianismus – messianische Politik?

In seinem Kommentar zum Römerbrief präsentiert Agamben – wenn auch an oftmals peripherer, vermeintlich nebensächlicher Stelle – nicht weniger als drei politische Theorieskizzen: eine erneuerte Theorie der Klasse und des Klassenkampfes in der Tradition von Karl Marx, eine Theorie der Demokratie sowie eine überzeugende Widerlegung von Carl Schmitts Theorie des Ausnahmezustandes und der Diktatur mit dessen eigenen begrifflichen Mitteln. Diese Theorien entfaltet er auf der Basis der genauen, philologisch, theologisch und wirkungsgeschichtlich informierten Analyse dreier griechischer Begriffe, von denen sich zwei im Präskript des Römerbriefes finden und ein Begriff im zweiten Brief an die Korinther.

Das Präskript zum Römerbrief lautet: »PAULOS DOULOS CHRISTOU IESOU KLETOS APOSTOLOS APHORISMENOS EIS EUANGELION THEOU («»Paulus, Sklave des Messias Jesus, berufen zum Apostel, ausgesondert für das Evangelium Gottes«, Rö 1,1), während eine typische Passage im zweiten Brief an die Korinther (2. Kor 3, 12-13) lautet: »TELOS TOU KATARGOUMENOU«. Während das passivische Perfekt »KLETOS« soviel wie »gerufen« oder auch »berufen« bedeuten kann, bedeutet das im Aorist, also der vollendeten Vergangenheit stehende

»APHORISMENOS« soviel wie »abgesondert« oder »ausgesondert.« »KATARGOUMENOS« schließlich, eine ebenfalls im Aorist stehende Partizipialkonstruktion, bedeutet soviel wie »aufgehört haben« oder eben auch »unterbrochen sein«. Während die Analyse von »KLETOS« auf eine Theorie des (kollektiven) politischen Subjekts und damit auf eine Theorie politischer Veränderung in der Marx'schen Tradition zielt, geht es bei der Untersuchung des Bedeutungsfeldes von »ausgesondert« weniger um die Aussonderung der Person des Paulus selbst, sondern um die Sonderungen, denen Menschen und ihre Gruppen unterliegen; in diesem Fall die Sonderung von Juden und Nichtjuden. Anhand dieses Begriffs will Agamben die Tatsächlichkeit einer durch ungewollte soziale Dynamiken aufgespaltenen Gemeinschaft der Menschen beschreiben. Mit der Analyse von »KATARGOUMENOS« gewinnt Agamben schließlich einen Begriff, der es ihm ermöglicht, Paulus unmittelbar an Walter Benjamin und dessen letzte geschichtsphilosophischen Thesen anzuschließen; Thesen, in denen das Messianische als die prinzipiell jederzeit mögliche Unterbrechung eines heillosen Fortschritts bestimmt wird. Messianität heißt dann auch und gerade im Bereich des Politischen die unterbrechende Aufhebung der Spaltungen. Von der Logik der Sache ist es daher geboten, sich zunächst mit Agambens Deutung des Verständnisses der »Spaltung«, der »Aussonderung« zu befassen.

V. APHORISMENOS

Agamben erörtert hier zwei Probleme: zum ersten die dem Apostel Paulus immer wieder (so zuletzt bei Alain Badiou) zugeschriebene Begründung des Universalismus, die in der Überwindung der basalen Unterscheidung von Juden und Nichtjuden in der jüdischen Religion des augustäischen Zeitalters bestehe. Die Unterscheidung von IOUDAIOI und ETHNE werde von Paulus dadurch unterlaufen, dass er etwa in Rö 9,6 feststellt, dass nicht alle »aus Israel« auch »Israel« seien, bzw. dass nicht alle, die in einem exoterischen Sinne keine Juden sind, deshalb nicht »inwendig« Juden sind. Anders aber als Badiou, der über diese Argumentation Differenzen überwinden will, besteht Agamben darauf, dass die paulinische Argumentation eine grundsätzlich andere als die des modernen Universalismus darstellt:

> »Für Paulus geht es nicht darum, die Differenzen zu ›tolerieren‹ oder sie zu überschreiten, um jenseits von ihnen das Selbe und das Universale zu finden. Das Universale ist für ihn kein transzendentes Prinzip, von dem aus er auf die Differenzen schauen könnte – er verfügt nicht über einen solchen Standpunkt – sondern ein Verfahren, das die Teilungen des Gesetzes selbst teilt und unwirksam macht, ohne einen letzten Grund zu finden.« (Agamben 2006: 65)

Agamben begründet diese Annahme eines rekursiven Verfahrens durch den wiederholten Verweis auf eine eigentümliche, so fast nur bei Paulus vorfindliche Redewendung, die Redewendung: »als ob nicht« (HOS ME), wie sie sich prägnant im zweiten Brief an die Korinther (7,29-32) findet, wo es heißt:

> »Dies aber sage ich, Brüder, die Zeit zusammengedrängt ist; der Rest, damit auch die Habenden Frauen als ob nicht Habende seien, und die Weinenden als ob nicht Weinende, und die sich Freuenden als ob nicht sich Freuende, und die Kaufenden als ob nicht Behaltende, und die Welt als ob nicht Verbrauchende: Es vergeht nämlich die Gestalt der Welt dieser.«

Die Zeit des Messias, die messianische Zeit, ist demnach zusammengedrängte Zeit, eine Zeitzone zwischen Dauer und Augenblick, sie ist anderes als die ausgedehnte Spanne eines Lebens und anderes auch als der gelingende, der geglückte Moment – obwohl Paulus hier von »KAIROS« schreibt. In dieser Zone der Unbestimmtheit stehen alle sozialen Fixierungen zur Disposition und können so betrachtet und behandelt werden, als ob sie nicht gelten, als ob sie außer Kraft gesetzt seien. Ist die messianische Zeit daher dadurch gekennzeichnet, dass sie die Einsicht und die Möglichkeit des »Andersseins« aufleuchten lässt – ohne dass doch schon alles tatsächlich anders wird? Die Möglichkeit, die sozialen Trennungen so zu betrachten, als ob sie nicht bestünden, überwindet sie (noch) nicht, führt aber nach Agamben dazu, dass die Teilungen und ihre Ergebnisse selbst noch einmal geteilt werden, so dass auch innerhalb der geteilten Welt, der eine Teil, in diesem Falle die Juden, einer Teilung unterliegen und – wie alle anderen Gruppen auch – einen Rest übrig lassen. »Dieser Rest ist also weder das Ganze noch ein Teil von ihm, sondern bedeutet die Unmöglichkeit für das Ganze und für den Teil, mit sich selbst und untereinander identisch zu sein.« (Agamben 2006: 67) Die beiden Unterscheidungsoperationen: Gruppen auswendig oder inwendig zuzugehören, hier bzw. einer Gruppe faktisch anzugehören bzw. so zu sein, als ob man ihr nicht angehöre, dort, führt zum diametralen Gegenteil eines advokatorischen Universalismus, in dem sich ein Teil als Vertreter des Ganzen aufwerfen kann. Im Gegenteil: der so verbleibende Rest, die so verbleibenden Reste lassen sich nicht mehr für einen stellvertretend zu exekutierenden Universalismus nutzen. Das hat für eine Theorie des Politischen erhebliche Konsequenzen. Agamben entnimmt Paulus Theorie des Rests ein »unmittelbar politisches Vermächtnis« (ebd.: 70), indem er die »antiquierten Begriffe von Volk und Demokratie« neu bedenkt.

In Reaktion und in Übereinstimmung vor allem auf Jacques Rancières Theorie des »Unvernehmens« (Rancière 2002) stellt er fest, dass das Volk der Demokratie weder Ganzes noch Teil, weder Mehrheit noch Minderheit sei, sondern eine Größe, die nie mit sich identisch sein könne, »das, was unendlich bleibt oder was jeder Teilung widersteht und das – im Frieden mit jenen, die uns regieren – nie auf eine

Mehrheit oder Minderheit reduziert werden kann« (Agamben 2006: 70). Gegen Rancières Übernahme von Foucaults Lehre von der Plebs, des Volkes als des Anteils der Anteillosen, als Trägerin eines Unrechts, das die Demokratie als Gemeinschaft des Streits errichtet, beharrt Agamben allerdings darauf, dass es sich beim institutionalisierten Streit, der da »Demokratie« heißt, nur um eine Form des stillgestellten Bürgerkriegs handeln kann. Er widerspricht Rancière, wenn dieser zu meinen scheint, dass dieser Streit »verhandelbar« sei. Agamben ist der Aufassung, dass die Annahme grundsätzlich verhandelbaren Unrechts die Grenzen von Demokratie und Postdemokratie verwischt. Agambens Theorie der Demokratie als eines stillgestellten Bürgerkriegs impliziert dann allerdings die Frage nach den beteiligten Parteien, im Marx'schen Verständnis der Klassen, und damit die Frage nach dem (kollektiven) Subjekt gesellschaftlicher Veränderung. Auch hier soll der Apostel Paulus die Motive für eine angemessene Theorie des Klassenkampfes geliefert haben.

VI. KLETOS, KLESIS

Die passivische Partizipialkonstruktion »KLETOS« bedeutet soviel wie »herausgerufen« bzw. »berufen« und es gelingt Agamben in einem funkelnden Exkurs sowohl zu Max Webers Theorie der »Protestantischen Ethik«, zu Luthers Übersetzung des paulinischen Begriffs bis hin zu etymologischen Spekulationen zum Marx'schen Begriff der »Klasse« von Paulus her die Fehlentwicklung der Marx'schen Revolutionstheorie seit dem Ende des 19. Jahrhunderts richtigzustellen. Unter Bezug auf einen antiken Autor, Dionysios von Halikarnassos, der den lateinischen Begriff »classis«, also die zu den Waffen gerufene Bürgerabteilung, vom griechischen »KLESIS« herleitet, setzt sich Agamben mit dem Umstand auseinander, dass Marx – anders als seine gesellschaftlich interessierten philosophischen Vorgänger, vor allem Hegel – als erster den Begriff »Stand« durch den Begriff der »Klasse« ersetzt habe. Indem Marx die Bourgeoisie als »Klasse«, nicht mehr als »Stand« bezeichnet hat, habe er zugleich deutlich gemacht, wie sehr faktisch Persönlichkeit und soziale Lage auseinandertreten und gegeneinander kontingent sind. Das Proletariat ist dann jene Klasse, die diesen Bruch in sich verkörpert und alleine deshalb in der Lage ist, die Trennung der Gesellschaft in Klassen aufzuheben, also die Gesellschaft zu erlösen, zu emanzipieren. Liest man Marx mit den Augen des Paulus, versteht man »Klasse« als sozialen Ort einer »KLESIS«, die unter dem messianischen Einspruch des »HOS ME«, des »Als ob nicht«, steht, so zielt dies auf die »Aushöhlung und die Ungültigkeit aller juristisch-faktischen Trennungen« (Agamben 2006: 42), weshalb es theoretisch und politisch ein schwerer Fehler gewesen sei, das Proletariat als Arbeiterklasse zu bestimmen:

> »Dass das Proletariat im Laufe der Zeit mit einer bestimmten sozialen Klasse gleichgesetzt worden ist – nämlich der Arbeiterklasse, die für sich Vorrechte und Rechte einforderte – ist aus dieser Perspektive das schlimmste Missverständnis des Marx'schen Denkens.« (ebd.: 42)

Dem wäre freilich entgegenzuhalten, dass dies nicht weniger heißt, als dass Marx sich selbst auf das Schlimmste missverstanden hat: hatte er doch auf der Basis seiner Analyse des Kapitals als eines gesellschaftlichen Verhältnisses, zu dem nicht zuletzt die juridisch erzwungene Aneignung des durch die Ware Arbeitskraft geschaffenen Mehrwerts gehört, durchaus bewusst die systematische Grundlage für dieses »Missverständnis« gelegt. In der paulinischen Auflösung dieses Missverständnisses kann Agamben dann in einem Zug und mit leichter Hand den leninistischen Kurzschluss von revolutionärer Klasse und revolutionärer Partei, wie er von Georg Lukács in *Geschichte und Klassenbewusstsein* (Lukács 1967) mit den Mitteln idealistischer Philosophie geadelt wurde, dementieren. Politischer Messianismus kann dann nurmehr heißen, alle bestehenden Verhältnisse unter Vorbehalt zu stellen, ohne sich doch der Hoffnung hinzugeben, durch Akte kollektiver Befreiung und Umorganisation gesellschaftlicher Verhältnisse zu Verhältnissen zu kommen, in denen die Subjekte bei sich sind:

> »Die Paulinische klesis ist vielmehr eine Theorie über die Beziehung zwischen dem Messianischen und dem Subjekt, die ein für allemal mit dessen Ansprüchen auf Identität und Eigentum abrechnet.« (Agamben 2006: 53)

VII. KATARGESIS

In 2. Korinther 3, 12/13 schreibt Paulus, dass Moses und Israel sich dem Ende, also der Zukunft, verstockt verschließen und dass diese Verstockung solange anhält, bis sie sich wie Paulus und seine Gemeinde dem Herrn, also dem Messias öffnen. Agamben fällt auf, dass Luther »katargeisthai« mit »Aufheben« übersetzt und experimentiert mit dem Gedanken, dass Hegels Begriff der »Aufhebung«, wie er vor allem in der *Wissenschaft der Logik* verwendet wird, dort ihre Wurzel hat:

> »Ein genuin messianischer Begriff, der die Verwandlung des Gesetzes durch die Potenz des Glaubens und der Verheißung ausdrückt, wird so zum Schlüsselbegriff der Dialektik.« (ebd.: 113)

Dabei weiß Agamben, dass der auch politisch-gesellschaftlich verwendete Begriff der »Aufhebung« mit dem Gedanken des Messianischen nicht unmittelbar kurzzuschließen ist: Die messianische Zeit, die »in die repräsentierte Zeit einen Bruch oder eine Verspätung« (ebd.) einführe, also jenes, was Paulus als »Katargesis« bezeichnet, ist eine Leerstelle, die in diesem Bruch ihre ganze Fülle, ihr Pleromas findet. Hegel habe demnach in seiner geschichtlichen Dialektik eine genuin messianische Forderung wieder auftauchen lassen und zwar so, dass das Pleroma das letzte Ergebnis »eines Gesamtprozesses« (ebd.) sei. Einer Lehre vom Messianischen im Sinne Walter Benjamins, als einer Unterbrechung des Laufs der Welt, widerspricht diese Lesart. Vollendung kann ein Zustand, eine Situation – bleibt man Paulus treu – nur heißen, wenn sie ihre eigene Gründung wiederaufnimmt und zugleich widerruft, »mit ihr also abrechnet« (ebd.).

Das scheint die Lehre von der Unterbrechung in unmittelbare Nähe der von Carl Schmitt ebenfalls unter Berufung auf Paulus entwickelten Lehre vom Ausnahmezustand und dem »Katechon«, dem Aufhalter des Antichrist, zu rücken. Bekanntlich hatte Schmitt unter Berufung auf 2. Thessalonicher 2,3-9 in seiner Schrift über den *Nomos der Erde* (Schmitt 1950) den »Katechon« als jene weltliche Kraft bestimmt, die das Erscheinen des Antichrist aufzuhalten vermöge und von daher den starken, autoritären Staat nicht nur zu rechtfertigen, sondern theologisch zu begründen versucht. Der Katechon wehrt nach Schmitts Paulus der jederzeit möglichen Anomie. Agamben jedoch hält Schmitt mit Paulus entgegen, dass die zitierte Stelle aus dem Brief an die Thessalonicher keine positive Wertung des Katechon bedeute, vielmehr gelte mit den Versen 7-9, dass es gerade der Katechon sei, der »aus dem Wege geräumt werden« (Agamben 2006: 124) müsse, damit die Anomie, das Satanische sichtbar und dann aufgehoben werden könne. Sollte sich diese Deutung bewähren, wäre Carl Schmitts theologische Begründung einer politischen Staatsdoktrin bereits im Ansatz falsch.

VIII. Fazit

Mit dieser biblisch fundierten Widerlegung der Schmitt'schen Staatsdoktrin kann Agamben eine von der Theologie gestützte Widerlegung politischer Theorie vorweisen. Zu fragen ist indes, ob dieser Kritik einer bestimmten politischen Theorie darüber hinaus auch eine – wenngleich nur verborgene – »positive« Theorie des Politischen entspricht. Immerhin hatte Agamben ja im Dialog mit Rancière eine Art Theorie der Demokratie als stillgestellten Bürgerkriegs skizziert. Ziel seiner Ausarbeitungen war es nicht nur, das machen die letzten Seiten seines Kommentars deutlich, durch eine extensive Auslegung der paulinischen Briefe die abbreviatorische Theorie des Messianischen, wie er sie in Benjamins geschichtsphilosophischen Thesen vorfand, eine systematische Begründung zu geben. Vielmehr ging es ihm darum, mindestens durch Indizienbeweise (dazu gehören Teile des Briefwechsels von Benjamin und Scholem, vgl. Benjamin 1966) plausibel zu machen, dass Benjamin tatsächlich bewusst und kenntnisreich von paulinischen Argumentationen Gebrauch machte (Agamben 2006: 155–162). Im Wissen, dass diese indiziengestützte Hypothese wenn überhaupt nur durch erneute und vertiefte biographische Forschung zu erhärten wäre, glaubt Agamben dennoch ein systematisches Fazit ziehen zu können:

> »Ich glaube, dass die *Thesen* und die Briefe, diese beiden höchsten messianischen Texte unserer Tradition, die zweitausend Jahre voneinander trennen und die beide in einer radikal krisenhaften Situation niedergeschrieben wurden, eine Konstellation bilden, die aus einigen Gründen [...] gerade heute das Jetzt ihrer Lesbarkeit erfährt.« (ebd.: 162)

Man mag abschließend fragen, in welcher Hinsicht das Jahr 2000, in dem dieser Text entstanden ist, als ebenso krisenhaft gelten kann wie das augustäische Zeitalter (das so krisenhaft nicht war) bzw. die Jahre des Zweiten Weltkrieges und des Holocaust. Auf jeden Fall: fragt man, in welcher Hinsicht Agambens Kommentar zum Römerbrief eine ebenso treffende Zeitansage enthält wie Barths 1919 erstmals erschienener Kommentar, so wird man sie kaum als Aussage über reales politisches Geschehen werten können. Nimmt man nämlich seine zentralen Interpretamente »Aphorismenos«, »Kletos« und »Katargesis« zusammen, so enthält man eine »Theorie«, die zwar einerseits bestätigt, dass das gesellschaftliche und politische Zusammenleben der Menschen durch systemisch verursachte Trennungen geprägt ist, dass diese kontingent sind, dass sie zwar von den reflektierenden Subjekten unter den Vorbehalt gestellt werden können, dass aber all jene Bemühungen, sie praktisch aufzuheben, stets unter dem selben Vorbehalt stehen, unter denen schon die kritisierten Verhältnisse selbst standen. Wo ein Ernst Bloch – ebenfalls in gewisser Weise ein Denker des Messianischen – einem »Prinzip Hoffnung« das Wort redete (Bloch 1966), plädiert Agamben mit Paulus für ein messianisches »Prinzip Vorbehalt«, das tatsächlich immer und jederzeit gilt, ein Prinzip, das jederzeit die Hinfälligkeit und Verderbtheit der Verhältnisse bloßstellt, aber gleichwohl keinen Ausblick auf eine Befreiung oder gar Erlösung verheißt.

Agambens Kommentar enthält also keine positive politische Theorie, eine affirmative ohnehin nicht, aber eben auch keine Kritische Theorie des Politischen. Wenn überhaupt, so wäre sie in der Spur des Adorno der *Minima Moralia* oder der *Negativen Dialektik* als eine negative Theorie des Politischen zu bezeichnen; eine Theorie also, die gemäß dem rekursiven Prinzip der Unterbrechung, der »Katargesis«, zuallererst auf sich selbst anzuwenden wäre. Soll heißen: Insoweit Agambens Kommentar zum Römerbrief überhaupt in Beziehung zu einer Theorie des Politischen steht, dann doch so, dass sie alles in allem genommen eine Unterbrechung jeder, aber auch jeder politischen Theoriebildung darstellt. Nicht weniger, aber eben auch nicht mehr.

Literatur

Adorno, Theodor W. (1950): Minima Moralia. Reflexionen aus dem beschädigten Leben. Frankfurt am Main: Suhrkamp.
Adorno, Theodor W. (1966): Negative Dialektik. Frankfurt am Main: Suhrkamp.
Agamben, Giorgio (2002): Homo sacer. Die souveräne Macht und das nackte Leben. Frankfurt am Main: Suhrkamp.
Agamben, Giorgio (2004): Ausnahmezustand. Frankfurt am Main: Suhrkamp.
Agamben, Giorgio (2006): Die Zeit, die bleibt. Ein Kommentar zum Römerbrief. Frankfurt am Main: Suhrkamp.
Agamben, Giorgio (2010): Herrschaft und Herrlichkeit. Zur theologischen Genealogie von Ökonomie und Regierung. Berlin: Suhrkamp.
Badiou, Alain (2002): Paulus. Die Begründung des Universalismus. München: Fink. Barth, Karl (1954): Der Römerbrief. Zürich: Zollikon.
Barth, Karl (1954): Der Römerbrief. München: Ch. Kaiser.
Benjamin, Walter (1980): Über den Begriff der Geschichte, in: Gesammelte Schriften, Bd. I.2. Frankfurt am Main: Suhrkamp, 691–704.
Benjamin, Walter (1966): Briefe, Bd. 2, hg. und mit Anmerkungen versehen von Gershom Scholem und Theodor W. Adorno. Frankfurt am Main: Suhrkamp.
Bloch, Ernst (1966): Das Prinzip Hoffnung, Bde. 1-3. Frankfurt am Main: Suhrkamp.
Crouch, Colin (2008): Postdemokratie. Frankfurt am Main: Suhrkamp.
Encyclopedia Judaica (o.J.): Messiah, in Encyclopedia Judaica Bd. 11. Jerusalem/New York: Macmillan, 1407–1417.
Heidegger, Martin (1995): Phänomenologie des religiösen Lebens. Frankfurt am Main: Klostermann.
Lukács, Georg (1967): Geschichte und Klassenbewusstsein. Neuwied: Luchterhand.
Marchart, Oliver (2010): Die politische Differenz. Frankfurt am Main: Suhrkamp.
Rancière, Jacques (2002): Das Unvernehmen. Politik und Philosophie. Frankfurt am Main: Suhrkamp.
Schäfer, Peter (2010). Die Geburt des Judentums aus dem Geist des Christentums. Tübingen: Mohr Siebeck.
Schmitt, Carl (1950): Der Nomos der Erde im Völkerrecht des Jus Publicum Europaeum. Köln: Greven.
Schmitt, Carl (1996): Politische Theologie. Vier Kapitel zur Lehre von der Souveränität. Berlin: Duncker & Humblot.
Wischmeyer, Oda (Hg.) (2006): Paulus. Leben – Umwelt – Werk – Briefe, Tübingen/Basel: UTB.
Žižek, Slavoj (2001): Die gnadenlose Liebe. Frankfurt am Main: Suhrkamp.

ANSCHLÜSSE

Susanne Schultz

Paradoxien des (Bio-) Politischen und der Fluchtpunkt der Vernichtung
Demografiekritische Anschlüsse an Agamben?

Gesellschaftswissenschaftliche Arbeiten zu »Biopolitik« haben sich in den letzten Jahren mit vielfältigen Implikationen biotechnologischer Entwicklungen rund um Humangenetik, Stammzellforschung und Reproduktionstechnologien beschäftigt. Ein gemeinsamer Bezugsrahmen waren hier zunächst die Gouvernementalitätsstudien, die unter Rekurs auf die Arbeiten Michel Foucaults das Verhältnis zwischen Selbsttechnologien und Machtverhältnissen ins Zentrum der Analyse stellten (vgl. etwa Bröckling u.a. 2000; Rose 2001; Rose/Novas 2002). In den letzten Jahren konzentrierten sich weitere Forschungen darauf, welche bioökonomischen Entwicklungen sich vor diesen Hintergründen abzeichnen (z.B. Sunder Rajan 2008; Waldby/Cooper 2009). Ein gemeinsamer Fokus dieser Debatten ist die Analyse einer biopolitischen Produktivität, der »lebensfördernden« Dimensionen biotechnologischer Entwicklungen und die Analyse, wie diese in neoliberale Selbsttechnologien eingehen, wie sie in Wert gesetzt und angeeignet werden.

Eine demgegenüber eher weniger theoretisierte Dimension aktueller »Biopolitik« ist die staatliche Verwaltung von Bevölkerungen im Kontext demografischer Problematisierungen und bevölkerungspolitischer Programme. Eine solche Analyse stand im Zentrum feministisch-antirassistischer Bewegungen in den 1980er und 1990er Jahren. Sie kritisierten Programme eines antinatalistischen Ausschlusses bestimmter Bevölkerungsgruppen aus der Fortpflanzung, wie sie unter dem Stichwort Bekämpfung des Weltbevölkerungswachstums auf internationaler Ebene nach dem Zweiten Weltkrieg institutionalisiert wurden. Die Kritik richtete sich dabei sowohl gegen die demografischen, rassistisch-utilitaristisch begründeten Konstruktionen von »Überbevölkerungen« im Süden als auch gegen Menschenrechtsverletzungen im Rahmen von Verhütungs- und Sterilisationsprogrammen (vgl. Schultz 2006b; Heim/Schaz 1996; Nair 1989; Nair u.a. 2006). Im deutschen Kontext gewinnt diese Dimension aktueller Biopolitik derzeit durch die Rehabilitation demografischer Problemformulierungen wieder an Bedeutung. Denn die Kehrseite einer (selektiv) pronatalistischen Programmatik zur Bekämpfung von »Überalterung« und des »Aussterbens der Deutschen« sind »dis-reproduktive« Elemente aktueller

Familien- und Sozialpolitik, wie sie etwa in der Politik des Elterngeldes deutlich werden (vgl. Kahlert 2007; Baureithel 2007).[1]

Sind Giorgio Agambens Thesen zu Biopolitik, wie er sie insbesondere in *Homo sacer* (2002), aber auch in *Ausnahmezustand* (2004) formuliert, anschlussfähig für eine Kritik an der Demografisierung des Sozialen und an antinatalistischen Dimensionen moderner Bevölkerungspolitik? Auf den ersten Blick bietet Giorgio Agambens Theorie-Programm aus zwei Gründen Anknüpfungspunkte für eine kritische Analyse an. Zum einen geht er die Frage der Biopolitik von der Seite des Ausschlusses der als nicht existenzberechtigtes Leben konstituierten Bevölkerungsgruppen an – und setzt damit einen anderen Ausgangspunkt und einen anderen Akzent als der derzeit am meisten rezipierte Gesellschaftstheoretiker der Biopolitik, Michel Foucault. Zum anderen stellt er die Frage des Staates und damit eine fundamentale Staatskritik ins Zentrum der Überlegungen. Damit mögen Agambens Einsichten bessere Anschlüsse an einer Kritik des demografischen Denkens und der darin implizierten zentralen Staatlichkeit bieten, als es Foucaults Denken ermöglicht, das sich ausgehend von der Ablehnung einer allgemeinen Theorie des Staates auf heterogene Praktiken und Effekte von »Verstaatlichungen« konzentrierte (Foucault 2000b: 69).

Die Frage dieser Anschlüsse an Agamben soll in folgenden Schritten untersucht werden: Nach einer kurzen Einführung in die Kritik einer »dis-reproduktiven« Demografie- und Bevölkerungspolitik gehe ich der Frage des Ausschlusses mit dem Fluchtpunkt der Vernichtung in den Erklärungsansätzen von Agamben nach und vergleiche sie mit den Perspektiven von Foucault und dessen Rassismuskonzept. Daraufhin untersuche ich, welchen Blick Agambens fundamentale Staatskritik auf bevölkerungspolitische Staatlichkeit ermöglicht – wiederum im Vergleich mit Foucault'schen Analysen zum Verhältnis von Biopolitik und Souveränität. In einem letzten Schritt weise ich dann auf eine Leerstelle hin, die sowohl für Agamben als auch für Foucault gilt, die aber für eine Kritik einer Politik des »Lebens« zentral ist, nämlich die Abwesenheit der Frage der Fortpflanzung und der Geschlechterverhältnisse als systematische Dimension der Organisation moderner biopolitischer Staatlichkeit.

---

1   Den Begriff »dis-reproduktiv« übernehme ich von der postkolonialen Theoretikerin Ella Shohat: »Whereas the white ›female body‹ might undergo surveillance by the reproductive machine, the dark ›female body‹ is subjected to a dis-reproductive apparatus within a hidden, racially coded demografic agenda.« (1997: 185)

Zur Demografisierung des Sozialen

Bevölkerungspolitik ist ein umfangreiches Konzept zur Analyse derjenigen staatlichen Politiken, die sich auf die Anzahl, Zusammensetzung und Verteilung der auf einem staatlichen Territorium lebenden Menschen beziehen und die dabei an den Variablen Geburtenzahlen, Sterblichkeit und Migration auf der Grundlage demografischer Wissensproduktion und Problemformulierungen ansetzen können. Die Politiken, die ich im Folgenden weiter thematisieren werde, beziehen sich auf die Regulation von Geburten durch staatliche Eingriffe in Familien-, Gesundheits- und Sozialpolitik. Im internationalen Kontext bildete sich ein bevölkerungspolitisches Dispositiv in der Zeit nach dem Zweiten Weltkrieg heraus, dessen strategische Ausrichtung die Eindämmung des Bevölkerungswachstums in Ländern des Südens ist (Mass 1976; Donaldson 1990; Heim/Schaz 2006). Programmatische Grundstruktur ist es weiterhin (trotz einer Artikulation mit frauenrechtlichen und individualisierenden Konzepten mit der UN-Weltbevölkerungskonferenz von Kairo), komplexe Probleme weltweiter sozialer Ungleichheit und gesellschaftlicher Naturaneignung als Effekte eines Zuviels bestimmter Bevölkerungen zu formulieren und an diese Problemformulierung vielfältige Programme zur Beeinflussung des »reproduktiven Verhaltens« im Kontext von »Entwicklungspolitik« anzuknüpfen (Schultz 2011a).

Aber auch auf europäischer Ebene und in der deutschen Politik sind demografische Problemformulierungen und Lösungskonzepte im Laufe des letzten Jahrzehnts rehabilitiert worden – Stichworte sind im deutschen Kontext die Demografisierung der Rentendiskussion, die damit nicht mehr als soziale Frage der Verteilung, sondern als Frage der »Überalterung« gerahmt wurde, weiterhin die Einwände gegen eine Liberalisierung von Migrationspolitik als Frage der »Belastbarkeit« der deutschen Gesellschaft und zudem die Debatten um eine Förderung »qualitativ hochwertigen« Nachwuchses bei gleichzeitiger Erhaltung der Erwerbstätigkeit und damit sozusagen der Inwertsetzung akademisch gebildeter Frauen (vgl. Butterwege 2006; Schwärzer 2007). Im Vordergrund der öffentlichen Aufmerksamkeit stehen hier Elemente einer pronatalistischen Politik, die auf die Förderung von Nachwuchs bei den weißen, akademischen Mittel- und Oberschichten abzielen. Diese Politik ist aber selektiv und hat eine antinatalistische Kehrseite, die mit der Abwertung und geringeren Förderung von Geburten bei migrantischen, armen und sozial deklassierten Bevölkerungsgruppen einhergeht. Sehr deutlich wurde dies in Deutschland mit der Abschaffung des zweijährigen Erziehungsgeldes und dessen Ersetzung durch ein nur vierzehnmonatiges Elterngeld und dann in einem nächsten Schritt durch die Streichung des Elterngeldes für Hartz-4-EmpfängerInnen, während Besserverdienende durch das Elterngeld erstmalig systematisch privilegiert wurden (Kahlert 2007; Schultz 2011b). Im Folgenden können diese Politiken nicht weiter ausbuchstabiert werden. Vielmehr gehe ich auf die generelle Anordnung des demografischen Dispositivs ein, da dies für ein Verständnis für Anschlussmöglichkeiten und Grenzen der Agamben'schen Perspektive für diese zentrale Frage biopolitischer Staatlichkeit wichtig ist.[2]

Die beschriebenen antinatalistischen Politiken lassen sich auf eine spezifische demografische Anordnung zurückführen, die an einer quantitativen Problematisierung von Bevölkerungszahlen ansetzt, in der Logik der Argumentation aber in sozialdarwinistische, rassistische Perspektiven umschlägt und dann auf einer körperpolitischen Ebene an Politiken von Sexualität und Fortpflanzung ansetzt. Diese Anordnung lässt sich analytisch in drei zusammenhängende Rationalitäten dieser Politik unterteilen: In einem ersten Schritt basiert sie auf der wissenschaftlichen Praxis der Demografie, die Bevölkerung als von der Gesellschaft und den Individuen getrennte Einheit zu konstruieren. Eine abstrakte, sozusagen entgesellschaftlichte Biomasse Mensch auf der einen Seite wird einer bestimmten Anzahl von »Ressourcen« (sei es die landwirtschaftliche Produktion, die Zahl der Arbeitsplätze oder das Bruttoinlandsprodukt) gegenübergestellt, deren Abhängigkeit von gesellschaftlichen Formen der Naturaneignung und Produktionsverhältnissen hier unsichtbar wird. Beides wird in ein quantitatives Verhältnis zueinander gesetzt, um Gleichgewichte oder Ungleichgewichte zwischen beidem zu analysieren. In der Logik bevölkerungspolitischer Interventionen können diese Ungleichgewichte dann der Variable Bevölkerung zugeschrieben werden – also etwa: Es gibt zu viele Menschen für die existierende Menge an Nahrungsmitteln. Diese Dimension kann auch als die menschenökonomische Dimension der Bevölkerungspolitik bezeichnet werden, denn hier geht es darum, wie im utilitaristischen Sinne ein Bevölkerungsoptimum und dementsprechend ein Zuviel über die Vorstellung von ökonomischen oder ökologischen Gleichgewichtsmodellen errechnet wird.

Um dieses Wissen über die Variable Bevölkerung für staatliches Eingreifen auch operationalisierbar zu machen, bekommen die zunächst abstrakt quantitativ errechneten »Überschüsse« in einem zweiten Schritt der Argumentation dann aber doch ein je spezifisches Gesicht; d.h. es wird festgelegt, welche Bevölkerungsgruppe als überschüssige gedacht und selektiert wird. Dies ist zwar insofern ein logischer Bruch, als die Selektion der Überbevölkerung nicht von den abstrakten quantitativen Berechnungen, die ja auf Durchschnittswerten basieren, abgeleitet werden kann. Dieser Argumentationsschritt ist aber auch nicht einfach ein beliebig zu den demografischen Korrelationen hinzuaddiertes Element, sondern systematisch in der bevölkerungspolitischen Wissensproduktion verankert: Denn die Identifizierung spezifischer Bevölkerungsgruppen als überschüssige ist zwar einerseits auf histo-

---

2   Siehe zur Wissenschaftskritik der Demografie auch Heim/Schaz 1996; Furedi 1997; Hummel 2000.

risch kontingente Artikulationen mit kolonialen, rassistischen oder auch klassistischen Menschenbildern zurückzuführen. Diese zweite Rationalität beruht aber andererseits auch auf einem systematischen Kern, den ich »sozialdarwinistisch« nenne und der grundsätzlich im demografischen Denken verankert ist.[3] Denn die Zuschreibung der abstrakt berechneten Bevölkerungsmenge an eine bestimmte Bevölkerungsgruppe leitet sich auch aus der Perspektive der Erhaltung des Status quo ab, die in der Demografie mitproduziert wird. Die von den Ressourcen historisch ausgeschlossenen Menschen gelten darin gleichzeitig auch als diejenigen, die als überschüssige identifiziert werden, seien es Arme, Arbeitslose, Flüchtlinge oder in ökologisch sensiblen Gebieten lebende Bevölkerungen. Diese Perspektive wird von der statistischen Erfassung von Bevölkerungsgruppen entlang bestimmter sozialer, ökonomischer (oder auch ethnisierender) Charakteristika selbst nahe gelegt; denn diese blendet die historische Gewordenheit und strukturelle Bedingtheit dieser Zuschreibungen aus und heftet sie den Betroffenen sozusagen fest an ihre Körper. Als Kampf gegen die Armen statt gegen die Armut kann die antinatalistische Seite aktueller Bevölkerungspolitik also weiterhin treffend auf den Begriff gebracht werden. Denn der demografische Blick ist auf die Konstruktion und Erfassung von Problembevölkerungen statt von problematischen gesellschaftlichen Verhältnissen fokussiert. Die argumentative Vorgehensweise ist somit die eines Zirkelschlusses, einer tautologischen Anordnung, die im Übrigen auch das unmittelbar Einleuchtende, Eingängige des demografischen Diskurses ausmacht.

Bis hierhin habe ich die demografische Anordnung in eine abstrakt menschenökonomische und eine selektiv rassistische Rationalität unterteilt, die beide auf die Beeinflussung kollektiver »Bevölkerungskörper« abzielen. Ein dritter Schritt der demografischen Projekte, die an der Geburtenpolitik ansetzen, ist es, die Bevölkerungszusammensetzung und -größe über die Beeinflussung der Fortpflanzung und des »reproduktiven Verhaltens« zu beeinflussen. Aus den genannten Rationalitäten wird also eine Politik der Fortpflanzung abgeleitet, ihnen zu- und untergeordnet, welche sich auf der Ebene der Körper und des individuellen Verhaltens bewegt und in der die Wissensproduktion über Geschlechterverhältnisse im Mittelpunkt steht. Die verschiedenen biopolitischen Rationalitäten des Bevölkerungsdispositivs stehen sich somit nicht einfach gegenüber oder verschränken sich »intersektional« auf einer

---

3 Mit »sozialdarwinistisch« bezeichne ich hier nicht politische Forderungen zur Unterstützung einer evolutionären »Qualitäts«-Verbesserung der Bevölkerung, sondern lediglich die Perspektive, dass die von den Ressourcen Ausgeschlossenen auch diejenigen sind, die als weniger fortpflanzungswürdig gelten, da gefolgert wird, sie seien im gegebenen bzw. politisch (wieder-) herzustellenden Naturzustand auch weniger überlebensfähig. Und der Begriff verweist auf die Dimension des modernen Rassismus, die Selektion der Anderen als nicht lebenswert als funktional für das biologische Überleben der eigenen Nation, Gruppe, oder (im Fall des Bevölkerungsdiskurses) der Menschheit zu verstehen (vgl. Sarasin 2003: 65).

Ebene, sondern betreffen auf unterschiedliche Weise die Ebene der Verwaltung von Bevölkerungen (als rassistisch-utilitaristische gefasste und bearbeitete) und die Ebene der damit artikulierten Körperpolitik, für die spezifische Politiken der Sexualität, der Geschlechterverhältnisse und des »reproduktiven Verhaltens« zentral sind. Eine Analyse und Kritik moderner Politiken der »stratified reproduction« müssen insofern die Ebenen Bevölkerungsverwaltung und Körperpolitik als asymmetrisch unterscheiden.[4]

Die Unterscheidung verschiedener Ebenen der demografischen Anordnung zeigt zudem: Auf der Ebene der Körperpolitik ist es offensichtlich, dass der indirekte Ausschluss aus der Existenzberechtigung über Fortpflanzungspolitik[5] oder der radikale Ausschluss über Vernichtungspolitik selbstverständlich zwei extrem unterschiedliche Politiken sind. Demografisch angeleitete Programme der Geburtenkontrolle zur Verhinderung zukünftiger Generationen bei bestimmten Bevölkerungsgruppen oder der Ausschluss heute lebender Menschen durch Genozid und Vernichtung lassen sich nicht auf eine gleiche Stufe stellen. Problematisch ist aber, dass sich die menschenökonomischen und sozialdarwinistischen Rationalitäten der demografischen Anordnung in beiden Fällen gleichen.

Der Fluchtpunkt Vernichtung: juridische Ausnahme oder rassistischer Einschnitt?

Welche Anschlüsse bietet Giorgio Agambens Philosophie für eine radikale Demografiekritik? Seine bekannten zentralen Thesen zur (Bio-) Politik als paradoxe Bewegung eines einschließenden Ausschlusses in *Homo sacer* und *Ausnahmezustand* lauten: Erstens wird »nacktes« oder »bloßes« Leben[6], also der Mensch als

---

4 Mit dem Konzept »stratified reproduction« haben Fayne Ginsburg und Rayna Rapp (unter Rückgriff auf Arbeiten Shellee Colens) Machtverhältnisse zusammengefasst, »by which some categories of people are empowered to nurture and reproduce, while others are disempowered. This idea frames our research questions in particular ways: who is normatively entitled to refuse child-bearing, to be a parent, to be a caretaker, to have other caretakers for their children, to give nurture or to give culture (or both)? [...] More broadly, who defines the body of the nation into which the next generation is recruited? Who is considered to that national body, who is out of it« (Ginsburg/Rapp 1995: 3)?

5 Fortpflanzung ist insofern ein problematischer Begriff, als er selbstverständlich voraussetzt, Kinder in die Welt zu setzen garantiere deren Zugehörigkeit zum Selbst, wenn nicht gar eine biologische Selbstverdoppelung. Mangels anderer Begriffe möchte ich ihn hier aber als Zusammenfassung der gesellschaftlichen Praktiken rund um Verhütung/Abtreibung/Schwangerschaft/Geburt verstehen.

6 Im Folgenden verwende ich, anders als der deutsche Übersetzer Agambens (siehe Agamben 2002: 199) im Anschluss an Walter Benjamin, von dem Agamben den Begriff entlehnte, die Übersetzung »bloßes Leben«, da er meines Erachtens die generelle Dimension einer Biopolitik-Kritik Agambens besser fasst.

Biomasse, als Lebewesen (griechisch *zoé*), im Akt des Ausschlusses aus dem Politischen erst als solches in der Trennung von der politischen Existenz (griechisch *bíos*) hervorgebracht; zweitens kann Menschen, die auf bloßes Leben reduziert sind, in letzter Konsequenz die Existenzberechtigung entzogen und sie können straflos getötet werden; und drittens rückt dabei paradoxerweise gleichzeitig das bloße Leben als solches ins Zentrum des Politischen. Die Ausgeschlossenen geraten somit in dem Maße außerhalb des Schutzes des Gesetzes und dürfen in letzter Konsequenz auch getötet werden, wie sie in ihrer Eigenschaft als Lebewesen, als Biomasse oder als Bevölkerung ins Zentrum politischer Begründungen geraten bzw. die Verbesserung der Lebens- und Bevölkerungsqualität selbst zum letzten Zweck des Politischen wird.

Diese Analyse entspricht der angesprochen Perspektive einer radikalen Demografiekritik, die nicht nur die Zuschreibung der »Überbevölkerung« an bestimmte Bevölkerungsgruppen kritisiert, sondern bereits die Rationalität der Konstitution einer Biomasse Bevölkerung als Variable politischen Handelns jenseits des Gesellschaftlichen selbst in Frage stellt. Das Denken vom Extrem der Vernichtung her entspricht auch insofern der oben angesprochenen Kritik an einer demografischen Anordnung, als wie gezeigt auch hier Vernichtung im Sinne einer Absprache von Existenzberechtigung den Fluchtpunkt des demografischen Denkens markiert. Denn »Bevölkerung« wird hier, indem sie als vom Gesellschaftlichen getrennte »Biomasse« konstituiert wird, zur manipulierbaren Variable, die dem staatlichen Zugriff ausgesetzt werden kann. Mit der Errechnung der Überschüssigen entstehen Bevölkerungsgruppen, deren Existenz problematisiert und – allerdings im Fall der Fortpflanzungspolitik vermittelt über Reproduktion für die Zukunft – verhindert werden soll.

Dass der Vernichtungsgedanke staatlicher Bevölkerungsverwaltung inhärent ist, dass Vernichtungspolitik so etwas wie ein Fluchtpunkt demografischen Denkens ist, ist so auch eine Kernaussage radikaler Demografiekritik, ohne damit – ebenso wenig wie das für Agamben gilt – in diesem Denkschritt die extrem unterschiedlichen Formen und Praktiken staatlicher Bevölkerungspolitik zu nivellieren. Auch bei Agamben bedeutet dieses Denken vom Extrem her nicht eine Strategie der Nivellierung, so argumentiert auch Thomas Lemke (2008: 94 f.), sondern es geht ihm darum, eine »verborgene Matrix, als *nómos* des politischen Raums« zu analysieren (Agamben 2002: 175). In der Kritik aktueller Bevölkerungspolitik wird dieser Fluchtpunkt etwa im Rückblick auf historische Kontinuitäten deutlich; in Deutschland knüpfte die Bevölkerungswissenschaft nach dem Zweiten Weltkrieg an die wissenschaftlichen Kader und Disziplinen der »Vordenker der Vernichtung« an, welche die nationalsozialistische Vernichtungspolitik von der Statistik bis zur Rassenhygiene unterstützt hatten (vgl. Aly/Heim 1991; Heim/Schaz 1996).

In der internationalen Geschichte der Bekämpfung des Bevölkerungswachstums scheint der Vernichtungsgedanke nicht nur in der Brutalität repressiver Sterilisationsprogramme auf (vgl. Mass 1976; Schultz 2000), sondern auch in menschenrechtlichen und gesundheitspolitischen Argumentationslinien, die gerade darauf ausgerichtet sind, die Logik der Vernichtung argumentativ wieder zu bannen. So musste etwa auf Wissenschaftler wie Maurice King reagiert werden, der als Direktor des Public Health Department der Universität von Leeds 1990 im renommierten Journal *The Lancet* ein »ethisches Dilemma« zwischen einer Reduktion der Kindersterblichkeit und der Reduktion des Bevölkerungswachstums feststellte (1990: 666). Der bevölkerungspolitische Mainstream konzipierte demgegenüber die Reduktion von Kindersterblichkeit umgekehrt als wichtige Bedingung für einen Rückgang von Fruchtbarkeitsraten. Ähnlich lavierten bevölkerungspolitische Think Tanks zum Thema HIV/AIDS zwischen der Berechnung (angestrebter) demografischer Effekte von HIV/AIDS und der Hauptstrategie, den Kampf gegen HIV/AIDS in das Bevölkerungsdispositiv zu integrieren, hin und her (vgl. Schultz 2006b: 337 f.).

Welchen Charakter aber hat der Ausschluss aus dem Politischen mit dem Fluchtpunkt der Vernichtung bei Agamben? Agamben fasst in Anschluss an Carl Schmitt diesen Ausschluss letztendlich zentral über das Recht; er analysiert den paradoxen Fluch des Gesetzes damit, dass der Souverän, im selben Akt des Setzens von Recht, auch den Ausnahmezustand begründet (2004).

In der Geschichte der Bevölkerungspolitik gibt es durchaus eine Geschichte des Ausschlusses aus dem Gesetz durch das Gesetz, angefangen von dem »Gesetz zur Verhütung erbkranken Nachwuchses« von 1933, das bestimmte Bevölkerungsgruppen aus der Möglichkeit, Kinder zu bekommen, ausschloss. Penelope Deutscher (2008) hat am Beispiel der Analyse von Abtreibungsgesetzgebungen zudem argumentiert, dass hier zwar nicht eine radikale Aussetzung der gesamten Rechtsordnung wie im allgemeinen Ausnahmezustand bei Agamben vorzufinden ist, wohl aber spezifische, durch das Gesetz organisierte Ausnahmen von eben diesem Gesetz (in diesem Fall vom Abtreibungsverbot). Diese spezifischen Momente könnten eine Perspektive eröffnen, um die gesetzliche Willkür der Ausnahme als Charakter von Rechtsprechung zu untersuchen. Es handle sich, so Deutscher, um eine »inverted form of an Ausnahmezustand: a particular law, within a legal regime that takes the relation to itself of setting itself aside, sometimes in certain specified conditions, and sometimes through the subsequent blanket or close to blanket exception to itself.« (Ebd.: 64) Dies entspreche auch dem Beispiel des Außerkraftsetzens spezifischer Gesetze, die Agamben etwa im Fall von Guantánamo untersuchte (2004: 9 f.). Allerdings betont sie, dass die Arbeiten von Agamben keine Grundlage dafür bieten, den in diesen Ausnahmeregeln aufgehobenen staatlichen Schutz des Embryos mit dem Ausschluss von Menschen aus dem *bíos*, der politischen Existenz, gleichzusetzen, da es hier nicht um einen Entzug dieses Status und die Reduktion auf bloßes Leben geht, sondern um etwas anderes, einen Ausschluss »prior to human life« (2008: 59), mit dem sich Agamben nie beschäftigt habe. Sie verwehrt sich insofern gegen eine lebenschützerische Indienstnahme Agambens. Die Geschichte der Kriterien aber, nach denen bestimmte Eigenschaften von Menschen Bedingung für die Aussetzung des Abtreibungsverbotes wurden, können meines Erachtens durchaus als Kriterien verstanden werden, die nicht einen abstrakten Status des Embryo (»prior to human life«) betreffen, sondern Grenzziehungen beinhalten, über die heute lebende Bevölkerungsgruppen indirekt als weniger existenzberechtigt, als nicht lebenswert via Gesetz markiert und ausgeschlossen werden. Dies gilt insbesondere für die Geschichte der eugenischen Ausnahmeregelungen wie die embryopathische Indikation, die bis 1995 im deutschen Paragraphen 218 verankert war, bleibt aber auch virulent im aktuellen Gendiagnostikgesetz von 2009, das eine Unterscheidung zwischen pränataldiagnostisch zu testenden »medizinischen« Eigenschaften (als Vorbedingung für selektive Abtreibungspraktiken) und nicht zu testenden »nicht-medizinischen« Eigenschaften etabliert (vgl. Volz 2003; Schultz 2011b).

Trotz dieser Anschlüsse an Momente der Verrechtlichung im Sinne eines entrechtlichenden Ausschlusses mag dies als zentrale Perspektive für die Analyse der Programme, in denen die demografische Konstruktion der Überflüssigen umgesetzt wurde, nicht überzeugen. Die entscheidende Dynamik aktueller Bevölkerungsprogramme besteht darin, und dies ist eine entscheidende Grenze der Agamben'schen Perspektive, dass die Praktiken des antinatalistischen Ausschlusses sich als Dispositiv heterogener ökonomischer, technologischer, repressiver und auch gouvernementaler Praktiken zusammenfügen, die eben gerade nicht über das Recht bzw. den Ausschluss daraus einfach zu fassen sind. So funktioniert die Neuregelung des Elterngeldes formal über eine Gleichbehandlung aller Eltern (unter einem bestimmten Höchstverdienstsatz – wenn, dann wäre dies eine juristische Ausnahme). Der Effekt ist aber eben eine Ökonomisierung des Zugangs zu staatlichen Transferleistungen über eine Ungleichbehandlung unterschiedlich Verdienender. In der internationalen Bevölkerungspolitik wurden medizin- und technologiepolitische Momente für eine Ungleichbehandlung zentral – so wurden für die Regionen des Südens, wo das Bevölkerungswachstum eingedämmt werden sollte, spezifische, langfristig wirksame und von den Nutzerinnen möglichst wenig kontrollierbare Verhütungsmethoden – wie Hormonspritzen und -implantate – entwickelt und hier besonders massiv verbreitet. Eine Kritik an individuellen Menschenrechtsverletzungen und an einem Ausschluss aus dem Recht konnte hier gerade nicht greifen, solange diese technologischen »Angebote« nicht – wie es allerdings auch häufig geschah – mit explizit repressiven Maßnahmen kombiniert waren. Die Suspension der Norm und der Bann des Rechts sind also Perspektiven, mit denen die komplexe, dezentrale, normalisierende und produktive Machtentfaltung auch dis-reproduktive bevölkerungspolitischer Programme nicht adäquat erfassen kann.

Grundsätzlicher verfehlt eine letztendlich auf das Juridische als paradoxe Grenzziehung fixierte Demografiekritik aber auch die Dimension der Ökonomisierung als zentralen Mechanismus des demografischen Denkens selbst, wie ich sie als menschenökonomische Rationalität der demografischen Anordnung beschrieben habe. Schließlich funktionieren die Ausschlüsse über ein im weitesten Sinne als ökonomisch begründetes, nach utilitaristischen Kriterien bemessenes Zuviel (im Verhältnis zu Ressourcenverbrauch, Arbeitsplätzen, Sozialausgaben), das dann in einem zweiten Schritt bestimmten Bevölkerungsgruppen über rassistische oder klassistische Stigmatisierungen zugeschrieben wird. Agambens Verfehlung, die staatliche Bevölkerungverwaltung als Teil einer politischen (Menschen-) Ökonomie zu verstehen, hängt eng mit der überhistorischen Anlage seiner Kritik zusammen. Indem er Biopolitik als Problem des Politischen schlechthin versteht, kann er nicht die von Foucault analysierte spezifische historische Konstellation begreifen, innerhalb derer das Problem der Regierung der Bevölkerung im Zusammenhang mit dem Entstehen der kapitalistischen Produktionsweise aufkam. Erst in dieser Konstellation entstanden ein spezifisches Wissen einerseits über das »Leben« im Zuge moderner Biowissenschaften und Medizin im 17. und 18. Jahrhundert und dann im 18. und 19. Jahrhundert ein Wissen über »das Problem der Bevölkerung« als Gesamtheit durchschnittlicher Lebensprozesse (vgl. Foucault 2001: 285 f.).

Zwar etabliert auch Agamben insofern eine Schwelle der biopolitischen Modernität, als er erklärt, die biopolitische Moderne drücke sich darin aus, dass sich das bloße Leben von exzeptionellen Fällen an den Rändern politischer Existenz in den Mittelpunkt politischer Strategien schiebe (2002: 19). Diese sich zunächst quantitativ anhörende Argumentation einer graduellen Zunahme des Einzugs des »Lebens« ins Politische wird bei Agamben insofern zu einem qualitativen Sprung, als er davon spricht, dass Biopolitik immer mehr mit dem politischen Raum zusammenfalle und auf diesem Wege eine »Zone irreduzibler Ununterscheidbarkeit« entstehe (ebd.). Die Grenze zwischen politisch relevanter Existenz und bloßem Leben verlaufe heute »notwendigerweise durch das Innere jedes menschlichen Lebens und jedes Bürgers« (ebd.: 148). Hier wird deutlich, dass Agamben sich nicht für gesellschaftliche Hierarchien des Ausschlusses, sondern letztendlich nur noch für eine abstrakte Grenze zwischen Leben und Tod und die Tötungsfunktion als »begründende Instanz von Politik« interessiert (vgl. Muhle 2008).

Meines Erachtens hängt dieses Problem systematischer damit zusammen, dass in Agambens Analyse von moderner Biopolitik eine klare Unterscheidung zwischen einer auf die Körper und einer auf die Bevölkerung orientierten Biopolitik fehlt. Auf einer körperpolitischen Ebene kann heute tatsächlich – so hat es etwa auch Regina Brunnett in ihrer Analyse postfordistischer Gesundheitspolitik deutlich gemacht – von einem sich verallgemeinernden Lebens- und Gesundheitsbegriff als politischem Bezugsrahmen für das gute Leben schlechthin gesprochen werden und insofern von einer Ununterscheidbarkeit von *zoé* und *bíos*, wenn es um Vorstellungen von Lebensqualität, Wohlbefinden und Glück geht (2009). Hier erscheint dann auch die Kehrseite als alle betreffend, nämlich als Politisierung dieser Grenzziehung in Form der Frage, in welchen Momenten des Lebens, unter welchen Bedingungen etwa im Rahmen der Diskussion um Sterbehilfe, die Grenze zwischen Leben und Tod politisch/ethisch/juristisch gezogen werden soll.

Schon auf dieser körperpolitischen Ebene aktueller Biopolitik kann allerdings Agambens These der »Ununterscheidbarkeit« nicht erklären, wie sich diese Grenzziehung zwischen Leben und Tod nicht zuletzt im Rahmen einer Ökonomisierung und Privatisierung von Gesundheitssystemen und Daseinsvorsorge doch sehr unterschiedlich auf verschiedene soziale Gruppen auswirkt. Schichtweg in die Irre führt aber die These der Ununterscheidbarkeit, wenn es um Grenzziehungen auf der Ebene der Verwaltung von Bevölkerungen geht. Schließlich geht es hier – und dies ist ja auch zentral für das Denken Agambens vom Extrem des Lagers her – gerade um die Identifikation von Bevölkerungsgruppen, deren Existenzberechtigung oder deren Lebenswert prinzipiell in Frage gestellt wird. Hier ist die Analyse utilitaristischer, rassistischer oder eugenischer Grenzziehungen zentral, um diese Ausschlussmechanismen zu verstehen.

Die Differenzierung zwischen Biopolitik als Bevölkerungs- und als Körperpolitik und deren asymmetrisches Verhältnis zueinander hat Foucault in seinen Arbeiten dagegen deutlich herausgearbeitet (1983: 166 f.; 2001: 286 f.). Zudem passt seine Perspektive, unter welchen Bedingungen Vernichtung und Ausschluss in moderner Biopolitik möglich ist, für eine relationale Figur, die auch für die Demografiekritik zentral ist: Foucault erklärt die Möglichkeit, die Existenzberechtigung bestimmter Bevölkerungsgruppen in Frage zu stellen und damit das Recht zu töten, unter den Bedingungen des Liberalismus aus der biopolitischen Begründung mit dem Wohle aller. Biopolitik besteht hier darin, Trennungslinien in den Bevölkerungskörper einzuziehen, die das Verhältnis zwischen dem, was optimiert werden soll, und dem, was für dessen Optimierung ausgegrenzt bzw. eliminiert werden soll, bestimmen (2001: 305). Biopolitik meint hier also nicht vorrangig die potenzierenden, auf das freie Individuum gerichteten diskursiven Praktiken des Liberalismus, sondern diejenigen, welche Ausgrenzungsmechanismen unter Bedingungen des Liberalismus ermöglichen: also nicht nur dessen individualisierende, sondern auch und vorrangig dessen »spezifizierende« Dimensionen (1983: 166).[7] Dieses Verhältnis zwischen dem staatlichen Recht zu töten und der Förderung des Lebens als biopolitischer Einschnitt ist somit für Foucault das zentrale Moment, um den modernen Rassismus zu verstehen. Und dies ist eine Perspektive, die den Kern einer Kritik demografischer Problemformulierungen trifft, insofern sie den Ausschluss aus der Fortpflanzung bestimmter Gruppen mit dem Bevölkerungsoptimum, einer guten Bevölkerungsverwaltung für alle, oder mit der Zukunft des Planeten etc. begründen. Foucaults Rassismusanalyse trifft insofern weitaus genauer auf demografische Rationalitäten zu als die Reduktion dieser Rationalitäten auf die Gleichzeitigkeit von Inklusion und Exklusion, *bíos* und *zoé* durch die Paradoxie des einschließenden Ausschlusses bei Agamben.

Auch wenn Foucault im Unterschied zu Agamben Biopolitik also von den lebensfördernden produktiven Dimensionen her denkt (vgl. Muhle 2008), zieht bei ihm die Dimension der Vernichtung und des Ausschlusses mit der Frage des Rassismus an zentraler Stelle in die Konzeption moderner Biopolitik ein. Für eine Kritik der Demografisierung des Sozialen und antinatalistischer Dimensionen aktueller Bevölkerungspolitik kann hier an Foucault angeschlossen werden und Konzepten moderner Biopolitik, die sich im Anschluss an Foucault allein auf die produktiven, lebensfördernden Dimensionen aktueller Politiken beziehen, auch mit Foucault entgegengetreten werden.

Zwischen Ontologie und Verästelungen der Macht: Ko-konstitutive Staatlichkeit

Als eine weitere Dimension von Agambens Perspektive auf moderne Biopolitik stellt sich seine radikale Staatskritik dar, die die totalisierenden Effekte moderner Staatlichkeit in den Vordergrund stellt. Diese Perspektive auf die Konstitution des modernen Staates als nicht trennbar vom Zugriff auf die Bevölkerung ist eine wichtige Problematik für eine radikale Kritik des Bevölkerungsdispositivs. Schließlich basiert das demografische Wissen auf der Konstruktion einer einheitlichen nationalen staatlichen Bevölkerung als statistische (wenn auch selbstverständlich beliebig auszudifferenzierende) Einheit; und demografische Problemstellungen gründen letztendlich darauf, dass eine nationale Bevölkerungsstatistik Verhältnisse zwischen als national konstituierten ökonomischen Daten über Ressourcen, Migrati-

---

7 In seinem Vortrag zur Geburt der Biopolitik stellt Foucault dieses Verhältnis der Biopolitik zum Liberalismus klar. Biopolitik lasse sich nicht trennen von dem Raum, in dem sie aufgetreten sei, dem Liberalismus, ermögliche aber Antworten auf folgende Frage: »*Wie kann dieses Phänomen der ›Population‹ mit seinen spezifischen Wirkungen und Problemen in einem System Berücksichtigung finden, das auf die Respektierung des Rechtssubjekts und der Entscheidungsfreiheit bedacht ist*« (Foucault: 2003a :1020)?

onsbewegungen, Altersgruppen, Geburtenraten etc. überhaupt berechenbar, quantifizierbar und auch ausdifferenzierbar macht. Die auf den Nationalstaat bezogene statistische Konstruktion nationaler Bevölkerungen ist auch für eine internationale Wissensproduktion über das »Weltbevölkerungsproblem« konstitutive Voraussetzung. So entstand zwar internationale Bevölkerungspolitik nach dem Zweiten Weltkrieg einerseits als internationalisiertes Regime, als Netzwerk internationaler Privatstiftungen, multilateraler Organisationen und staatlicher Entwicklungsbürokratien der USA und westlicher Industrieländer. Diese setzten jedoch Prozesse der Nationalisierung in Gang, insofern sie für den Aufbau nationalstaatlicher bevölkerungspolitischer Institutionen in den subalternen Staaten Afrikas, Asiens und Lateinamerikas sorgten, die mit dem Aufbau statistischer Behörden überhaupt erst die Erfassung und Problematisierung nationaler Bevölkerungsentwicklungen und darauf aufbauende Bevölkerungsprogramme ermöglichten. Die Konstruktion demografischer Fehlentwicklungen macht auch hier nur Sinn, wenn eine nationale Bevölkerung ins Verhältnis zu nationalstaatlich zu erhebenden volkswirtschaftlichen, sozialen oder anderen Indikatoren gesetzt werden kann (vgl. Jain 1998). Und nur auf dieser Grundlage können dann auch aggregierte Weltbevölkerungsdaten erhoben und Weltbevölkerungsprobleme konstruiert werden.

Agambens Perspektive auf eine totalitäre Struktur des Politischen im Sinne einer totalitären Konstruktion und Verwaltung der Bevölkerung als Biomasse macht deutlich, dass der staatliche Zugriff auf Menschen als Lebewesen in der Konstitution von Staats-Nation und Staats-Volk bereits angelegt ist – und damit auch der Ausnahmezustand als Möglichkeit eines repressiven, entrechtenden und potenziell tötenden Zugriffs auf die zu bloßem Leben degradierten Bevölkerungen im modernen Politischen immer wieder neu hervorgebracht wird (vgl. Graefe 2002). Dabei zeigt Agamben, dass der einschließende Ausschluss in der Doppeldeutigkeit des Begriff des Volkes deutlich wird – einerseits als gemeines Volk, welches das aus dem Politischen als Manövriermasse ausgeschlossene Objekt ist, anderseits als Staatsvolk, das zum Souverän und letztendlichen Zweck des Politischen ernannt wird (2002: 186 f). Die radikale Perspektive auf moderne Staatlichkeit als Gleichzeitigkeit von Homogenisierung und Ausschluss macht auch klar, dass die Gefahren einer Demografisierung des Sozialen nicht nur auf repressive diktatorische Regime und auch nicht nur auf die kapitalistischen ökonomisierenden Dimensionen der Bevölkerungsverwertung zu reduzieren sind. Auch in sozialistischen Staatsprojekten bleibt der Fluchtpunkt der Vernichtung akut, insofern Staatlichkeit auch hier darauf ausgerichtet ist, ein einheitliches Volk hervorzubringen, zu verwalten und dementsprechend Grenzziehungen und Ausschlüsse zu produzieren. Das Problem in dem Zugang Agambens besteht allerdings einmal mehr darin, dass er Biopolitik als Politik des Abendlandes an sich ontologisiert und damit keinen Zugang zu den historischen Entstehungsbedingungen nicht nur moderner Bevölkerungsverwaltung, sondern auch deren Zusammenhang mit der Entstehung moderner Staatlichkeit bieten kann – und damit auch kein Analysekriterium zur Verfügung stellt, wie sich das Verhältnis zwischen Staatlichkeit und Bevölkerungsverwaltung verschieben und ausdifferenzieren kann.

Die Bedeutung der Konstitution eines Objektes Bevölkerung für gemeinschaftsbildende Prozesse und die Konstitution der Nationform hat auch Étienne Balibar als zentral für die Konstitution der modernen Staatlichkeit herausgearbeitet (Balibar 1992). Nach Balibar ist Bevölkerungspolitik aber das Ergebnis eines spezifischen historischen Prozesses, innerhalb dessen sich die Vorstellung von Genealogie im Sinne von Verwandtschaftsbeziehungen von den direkten familiären Bezügen loslöste und auf die Bevölkerung eines Nationalstaates als imaginäre Gemeinschaft übertragen wurde – ein Vergemeinschaftungsprozess, innerhalb dessen rassistische und sprachliche Zuschreibungen im Begriff der Nation artikuliert wurden, um geschlossene Zuordnungen von Bevölkerungen zu ermöglichen. Damit entstehe eine »fiktive Ethnizität«, »die implizit in der Bevölkerungspolitik vorhanden ist« (1992: 126). Balibar versteht damit die Entstehung des bevölkerungsverwaltenden Nationalstaats als mit der Herausbildung der kapitalistischen Produktionsweise ko-konstitutiven Prozess, innerhalb dessen sich die Ökonomie aus den Haushalten löste und sich die moderne Binarität von Privatheit und Öffentlichkeit herausbildete. Feministisch-marxistische staatstheoretische Arbeiten haben diese Entwicklung genauer herausgearbeitet und gezeigt, dass die Herausbildung moderner Staatlichkeit als mit der Herausbildung der kapitalistischen Produktionsweise und der modernen Geschlechterordnung zu ko-konstitutiver Prozess verstehen ist (vgl. Brown 1995; Demirovic/Pühl 1997; Sauer 2001). Zudem haben kolonialismuskritische Arbeiten gezeigt, dass in die biopolitische Genealogie der europäischen Nationalstaaten auch die Konstruktion der anderen, kolonial verwalteten Bevölkerungen eingeschrieben ist (vgl. Stoler 2002: 319).

Die Perspektive auf moderne Staatlichkeit als ko-konstitutiven Prozess einer Herausbildung des modernen bevölkerungsverwaltenden kolonialen Nationalstaates, der kapitalistischen Produktionsweise und des modernen Geschlechterregimes erlaubt es dabei auch, Bevölkerungsverwaltung als zentrales Element moderner Staatlichkeit nicht funktionalistisch aus den Erfordernissen der kapitalistischen Produktionsweise zur Bevölkerungsverwertung abzuleiten, eine Tendenz mancher marxistischer und auch marxistisch-feministischer Analysen, wenn sie die Genealogie moderner Bevölkerungspolitik auf die mit dem Kapitalismus problematisch gewordene Frage der Reproduktion der Arbeitskraft reduzierten (vgl. Hirsch 1980: 73 f.; Beer 1990). Eine solche Perspektive kann insofern auch mit Agamben, aber ohne dessen ontologisierende Perspektive auf Staatlichkeit, den Blick dafür offen halten, dass die Gefahr des Ausschlusses mit dem Fluchtpunkt der Vernichtung auch in der modernen Nationform und der Bevölkerungsverwaltung sozialistischer Staatsprojekte virulent bleibt.

Auch Foucault hat, wie bereits angesprochen, das Aufkommen des »neuen Problems« der Bevölkerung mit der Entstehung der kapitalistischen Produktionsweise in Zusammenhang gebracht, und zwar nicht als von ihr abgeleitet, sondern als deren kontingente historische Bedingung. Die »Abstimmung der Menschenakkumulation mit der Kapitalakkumulation« sei durch »die Ausübung der Bio-Macht in ihren vielfältigen Formen und Verfahren« ermöglicht worden (1983:168). Wie jedoch in diesem historischen Zusammenhang die Entstehung moderner Staatlichkeit als strukturelle Verflechtung von Biopolitik und Souveränität theoretisch zu fassen sein könnte, dies erklärte er zu einem weiter offenen und: neuralgischen Punkt seiner Theoriebildung (2001: 311; vgl. Muhle 2008). Foucault beschrieb so den Nationalsozialismus als besonders extreme Form des Zusammentreffens beider Machttypen (2001: 308 f.), gab aber keine generellen Antworten auf Bedingungen ihrer Verschränkung. Allerdings bot er mit seinen genannten Hinweisen auf den modernen Rassismus einen wichtigen staatstheoretischen Anknüpfungspunkt. Schließlich hob er wie gezeigt hervor, dass Bevölkerungspolitik mit der Entstehung einer neuen politischen Rationalität des Liberalismus zusammenhängt, innerhalb welcher die Optimierung und Regulierung der Bevölkerung nicht nur das zentrale Objekt politischen Handelns, sondern auch das oberste Ziel, den Selbstzweck moderner Souveränität konstituiere. Auf diese Weise ziehe »der Rassismus in die Mechanismen des Staates« ein (2001:301). Eine Perspektive auf das einheitsstiftende Moment des modernen Politischen, das für Demografie und Bevölkerungspolitik zentral ist, fehlt allerdings bei Foucault, insofern er eine Theorie des Staates als Nation-Form ablehnte. Diese Perspektive kann Agambens radikale Kritik moderner Staatlichkeit zwar eher anbieten; sie muss aber um das Verständnis einer politische (Menschen-)Ökonomie und der Herausbildung von moderner Staatlichkeit als ko-konstitutivem Prozess erweitert, konkretisiert und historisiert werden.

An zentralerer Stelle taucht bei Foucault die Frage des Staates in seinen Arbeiten zum Verhältnis von Selbst- und Fremdregierung und in seinen Analysen einer neuen liberalen Gouvernementalität auf (2000a). Hier haben die anfangs genannten Forschungen der Gouvernementalitätsstudien zu aktueller Biopolitik angeknüpft. Sie verweisen insofern auf eine weitere, bereits häufig an der Biopolitik-Konzeption von Agamben als Leerstelle kritisierte Dimension moderner Biopolitik, nämlich die Frage nach dem Verhältnis zwischen Subjektbildung und Staatlichkeit – und die Frage nach der Transformation dieses Verhältnisses unter Bedingungen von gesellschaftlichen Konflikten und Widerständen einerseits und einer neoliberalen Ökonomisierung des Sozialen andererseits. Veränderungen in Subjektivierungsprozessen und ihr spannungsreiches Verhältnis zu biopolitischen Machtverhältnisse können in den Blick geraten, für deren Analyse Agambens totalisierende Perspektive auf Biopolitik keine Anknüpfungspunkte bietet. Allerdings tendieren manche dieser Arbeiten, wie bereits angesprochen, zu dem anderen Extrem, nämlich die weiter virulente und in der Demografisierung des Sozialen offensichtlich werdende totalisierende Dimension moderner Staatlichkeit ganz aus den Augen zu verlieren oder zumindest zu unterschätzen und individualisierende sowie ökonomisierende Dimensionen moderner Biopolitik zu verabsolutieren.

Eine »staatssensible« Analyse neoliberaler Transformationen internationaler Bevölkerungspolitik zeigt aber, dass sich beide Dimensionen aktueller Biopolitik nicht ablösen, sondern auf spezifische Weise verschränken. Mit der Weltbevölkerungskonferenz von Kairo 1994 wurden etwa individualisierende Konzepte reproduktiver Rechte und Gesundheit als Ergebnis der Kämpfe der Frauengesundheitsbewegungen zentral, ohne dass demografische Zielsetzungen einer Reduktion des Weltbevölkerungswachstums an Bedeutung verloren (Schultz 2006a). Vielmehr bildete sich ein neues hegemoniales Regime heraus, das besonders diejenigen Elemente feministischer Politik förderte und einband, die sich als funktional für antinatalistische Ziele herausstellten. Im Rahmen spezifischer Formen der Medikalisierung und Verrechtlichung entwickelte sich so ein postkoloniales Regime heraus, das die Individuen zu einer Vermeidung »reproduktiver Risiken«, zu einem spezifischen Konzept weiblichen »empowerments« (via weniger Kinder) und zur spezifischen »verantwortlichen« Wahrnehmung reproduktiver Rechte anhält, bzw. erziehen soll. Eine postkoloniale antinatalistische Politik des »reproduktiven Verhaltens« ist hier mit staatlichen demografischen Zielen artikuliert (ebd.).

Die Leerstellen Geschlechterordnung und Fortpflanzungspolitik

Wie aber lässt sich die spezifische Dimension des Zugriffs auf die »Fortpflanzung« als körperpolitische Rationalität einer Demografisierung des Sozialen mit Agambens und Foucaults Biopolitik-Konzepten theoretisieren? Dieser Zugriff zeichnet sich, wie gezeigt, einerseits dadurch aus, dass das »reproduktive Verhalten« von Frauen ins Zentrum staatlicher Maßnahmen gerät, die es normieren und regulieren sollen. Gleichzeitig ist es aber auch der Effekt der modernen Geschlechterordnung, dass gesellschaftliche Praktiken rund um das Kinderbekommen, Kinderversorgen und Kindererziehen im Rahmen der modernen Geschlechterordnung als »biologische« und »familiär-private« Praktiken entpolitisiert, also außerhalb des Politischen verortet werden. In dieser Doppelbewegung sind die moderne Geschlechterordnung und an sie gekoppelte Politiken der Fortpflanzung als »Produktion des Lebens«

zentral für das Verständnis moderner Biopolitik. Umso erstaunlicher ist es, dass diese Fragen weder bei Foucault noch bei Agamben einen systematischen Ort in der Theoretisierung von Biopolitik einnehmen, sondern bei beiden eine gesellschaftstheoretisch höchst problematische Leerstelle darstellen.

Foucault beschäftigte sich in seinen Arbeiten zwar intensiv mit der Analyse des Sexualitätsdispositvs als Scharnier zwischen einer Politik der Bevölkerungsverwaltung und der Disziplinierung von Körpern (2001: 297; 1983: 168). Die Frage nach den diskursiven Praktiken rund um die Fortpflanzung selbst als gegenüber der Sexualität expliziterem Moment des Zusammenhangs zwischen Körperpolitik und Bevölkerungsregulierung – auch unter Bedingungen der technologisch vermittelten Möglichkeiten zur Trennung von Sexualität und Fortpflanzung – blieb aber eher sekundär. Noch weniger berücksichtigte er im Zusammenhang der Biopolitik die zentrale Frage, wie Fortpflanzungspolitik über die Geschlechterordnung vermittelt ist, womit nicht nur Praktiken rund um Schwangerschaft, Verhütung, Abtreibung und Geburt, sondern auch rund um Kinderbetreuung und die geschlechtliche Arbeitsteilung aufgerufen sind (vgl. Quinby/Diamond 1988). Bei Agamben fehlt, so bemängelt auch Deuber-Mankowsky, die Politik der Geschlechterdifferenz und -hierarchisierung gar völlig. Es werde schließlich im *Homo sacer* mit dem zentralen Thema des »nackten Lebens« »weder Gebürtigkeit, noch Geschlechtlichkeit, weder Sexualität, noch das Verhältnis der Geschlechter, weder die heterosexuelle Prägung der symbolischen Ordnung und politischen Kultur noch der Anteil der Frauen an der Reproduktion des Lebens thematisiert« (2002: 103).

Penelope Deutscher spekuliert, dass »Agambens mangelndes Interesse an der Biopolitik weiblicher Reproduktivität« (2008: 58) eine strategische Option sein könne, insofern Agamben ja gerade nicht an der Schwelle zum menschlichen Leben interessiert sei, sondern an der »Schwelle der Entpolitisierung und Entmenschlichung vorher politisierten menschlichen Lebens« (ebd.). Nicht das Menschwerden, sondern der Entzug des Status des Menschseins als gesellschaftliches Wesen, als *bíos*, und damit die Politik des Sterbens und Tötens, der Thanatopolitik, machten schließlich den neuralgischen Punkt der Biopolitikkonzeption bei Agamben aus. Eine solche Interpretation basiert jedoch auf der Unterstellung, dass es bei Fortpflanzungspolitik lediglich um das »werdende Leben« geht. Damit wäre aber Fortpflanzungspolitik letztendlich auf eine im Grunde vitalistisch gedachte biopolitische Produktivität reduziert, die dem Politischen dann vorgängig wäre. Agamben lässt damit aber nicht nur, wie bereits argumentiert, aus, dass die Biopolitik der Reproduktion eben auch eng mit ausschließenden Bevölkerungspolitiken – also mit dem für ihn zentralen Fluchtpunkt der Vernichtung – verknüpft ist. Grundsätzlicher ist zu betonen, dass es auch in feministischen staatskritischen Analysen gerade nicht darum geht, die »Produktion von Leben« als biologische Frage vorgängig und außerhalb des Politischen zu stellen, sondern gerade dies – und hier entspricht eine fundamentale (anti-) politikwissenschaftliche feministische Staatskritik der Antipolitik Agambens – in Frage zu stellen (vgl. Sauer 2001). Denn mit Foucault und Agamben stimmen neue, insbesondere poststrukturalistische feministische Theoretisierungen darin überein, dass die Trennung von Leben und Politik, von unpolitischer Privatsphäre und politischer Öffentlichkeit, grundsätzliche Effekte des Politischen in der Moderne sind (vgl. Agamben 2004: 103). Sie zeigen darüber hinaus aber auch, dass diese konstitutive Trennung eben nicht ohne die moderne Geschlechterordnung als Effekt und Grundstruktur des modernen Politischen verständlich ist (z.B. Ludwig 2011). Zu dieser mit moderner Staatlichkeit konstituierten Geschlechterordnung gehört, so argumentiere ich anknüpfend an die Arbeiten von Judith Butler (1991) und Robert Connell (1987), nicht nur die moderne Vorstellung der Zweigeschlechtlichkeit, sondern auch, dass Praktiken rund um das Kinderbekommen und das Kinderaufziehen als »natürliche« und außerhalb und vorgängig zum Politischen erscheinen (Schultz 2006b: 72).

Wichtig für feministische Staats- und Gesellschaftskritik ist damit, dass nicht nur der Bedeutungsgewinn moderner Biowissenschaften wie bei Foucault oder die Grenzziehungen der Thanatopolitik wie bei Agamben, sondern auch die moderne Geschlechterordnung zentral für das Verständnis der modernen biopolitischen Grenze zwischen dem Politischen und dem Natürlichen ist. Feministisch-marxistische Staatstheorien haben dabei den Prozess der Konstitution des Privaten als doppelten Prozess eines einschließenden Ausschlusses theoretisiert und zwar sowohl im Verhältnis zwischen Politischem und Privat-Ökonomischem als auch zwischen Politischem und Privat-Familiärem (Brown 1995: 144). Die Besonderung des Politischen, als Mystifikation einer Sphäre des Allgemeininteresses, ist insofern als ein Prozess zu verstehen, der beide, nicht aufeinander reduzierbare Trennlinien gleichzeitig konstituiert und unsichtbar macht. Der Konstitutionswiderspruch der bürgerlichen Demokratie, auf den Karl Polanyi hingewiesen hat und der über die Trennung des Politischen vom Ökonomischen garantiert, dass die kapitalistische Verfasstheit nicht demokratisch in Frage gestellt werden kann, wird somit aus einer feministischen Perspektive erweitert und rekonzeptualisiert. Denn von einem solchen Konstitutionswiderspruch auszugehen, impliziert nicht nur, dass eine Demokratisierung der Ökonomie, sondern auch eine Demokratisierung der Sphäre der Privatheit und so genannten Reproduktion letztendlich dazu tendiert, die Sphäre des Politischen zu überschreiten, zu dekonstruieren und letztendlich ad absurdum zu führen (vgl. Polanyi 1990). Das Konzept eines Konstitutionswiderspruchs legt dabei nahe, dass die Grenzen zwischen Politischem und Privat-Ökonomischen ebenso wie zwischen Politischem und Privat-Familiärem innerhalb gegebener Grundstrukturen von Staatlichkeit zwar nicht aufgehoben, aber doch permanent verschoben und transformiert werden können – ein Spannungsmoment des Politischen, das in seiner prinzipiellen Anlage den fundamental anti-politischen Paradoxie-Überlegungen bei Agamben entspricht, aber jenseits seiner ontologischen Abstraktheit die Fragen politisch-strategischer Möglichkeiten der Veränderung integriert. Anders als bei Agamben, dessen abstrakte und allumfassende Kritik des Politischen keine Perspektive politischer Praxis zu denken erlaubt, hat eine feministische Geschichte der Kritik an Bevölkerungspolitik sich tatsächlich immer schon innerhalb dieser Paradoxie bewegt. Der feministische Slogan einer »Politisierung des Privaten« meinte hier gleichzeitig eine öffentliche Denunziation des staatlichen Zugriffs aufs Private, wie er das vermeintlich »Private« als bereits staatlich beeinflusst und reguliert dekonstruierte (vgl. Kontos 1998; Sauer 2001:185).

Allerdings konnte eine frauenpolitische Politisierung des Privaten auch leicht hinter diese kritische Doppelbewegung zurückfallen. Die Politisierung der Entscheidung für oder gegen ein Kind wurde so – etwa in der historischen Allianz zwischen eugenischen und feministischen Bewegungen oder auch in der Allianz von Frauen-NGOs mit dem bevölkerungspolitischen Establishment – auch ein Einfallstor für eine frauenpolitische Unterstützung spezifischer staatlicher und bevölkerungspolitischer Eingriffe ins Private werden (vgl. Zimmermann 1988; Schultz 1994). Aus der herrschafts- und staatskritischen Doppelbewegung, also einer Politisierung der Verstaatlichung des Privaten wurde hier ein Einfügen feministischer Forderungen in staatliche Biopolitik. Damit Bevölkerungspolitik in einer solchen kritischen Doppelbewegung politisiert werden kann, braucht es also feministische staatstheoretische Konzepte, die das Paradox selbst in Angriff nehmen, nämlich das Paradox, dass – wie es Carole Pateman in ihrer Kritik des liberalen Geschlechtervertrages analysiert hat – Mutterschaft gleichzeitig zum Argument für den politischen Ausschluss wie zum Hauptmechanismus der politischen Integration von Frauen wurde (Pateman 1992: 56).[8] Sie müssen, wie Kontos mit Bezug auf Jacques Donzelot gezeigt hat, die Familie nicht als Form der Trennung von Öffentlichkeit und Privatheit sondern als Form der Einbindung des Privaten in ein politisches Regime verstehen, »das die Trennung zum Dogma erhebt, mithin als politische Regulierung des Privaten, die sich beständig selbst dementiert« (Kontos 1998: 357).

Eine solche gleichzeitig politisierende, wie das Politische grundsätzlich in Frage stellende Kritik an Bevölkerungspolitik kann sich also in ihrer Grundbewegung an der (bio-) politischen Paradoxie im Agamben'schen Denken orientieren. Für eine herrschaftskritische Perspektive auf zentrale biopolitische Fragen, wie sie eine Demografisierung des Sozialen und die Politik einer »stratified reproduction« heute

---

8   Kontos erklärt das Paradox so, dass Mutterschaft deswegen immer eine sperrige Frage für feministische Staatskritik war, weil sie gleichzeitig als Quelle der Staatsbürgerschaft/Zivilität wie als Quelle der Schwäche/Abhängigkeit staatlich konstruiert ist (1998: 362).

zweifelsohne sind, reicht Agambens abstrakte Denkbewegung und eine auf das Juridische bezogene Analyse eines ontologischen einschließenden Ausschlusses aber nicht aus, auch wenn seine Arbeiten als Stachel gegen vitalistische, affirmative und individualisierende Perspektiven auf aktuelle Biopolitik fungieren können. Hierfür braucht es gleichzeitig mehrere Analyseebenen, mit dem die weiterhin zentrale Bedeutung biopolitischer Staatlichkeit mit dem Fluchtpunkt der Vernichtung konkretisiert werden und in komplexe gesellschaftstheoretische Zusammenhänge gestellt werden kann. Dafür ist, so habe ich argumentiert, Foucaults Verständnis des modernen Rassismus ebenso wichtig wie seine Analyse der asymmetrischen Verschränkung von Bevölkerungs- und Körperpolitik. Eine Kritik utilitaristischer und rassistischer Ausschlussmechanismen auf der Ebene des Bevölkerungskörpers muss hier aber mit einer Kritik geschlechterpolitisch organisierter Normierungen und Regulierungen auf der Ebene von Fortpflanzungspolitik als Familien- Sozial und Gesundheitspolitik kombiniert werden. Schließlich ist die Dimension staatlicher Bevölkerungsverwaltung, wie sie in der Demografisierung des Sozialen aufgerufen ist, im Ineinandergreifen einer Ökonomisierung des Sozialen zu verstehen, wie sie etwa in der aktuellen Politik der Vereinbarkeit von Familie und Beruf vorherrscht. Es gilt dabei auch den Blick darauf zu lenken, wie Prozesse staatlicher Bevölkerungsverwaltung mit einer Individualisierung von Verantwortung und Lebensplanung verknüpft sind. Denn schließlich – und dies bleibt als zentrale Frage aller paradox politisierender antipolitischer Einsätze bestehen – machen es solche Konkretisierungen einer gesellschaftstheoretischen Analyse von Biopolitik erst möglich, Brüche und Verschiebungen innerhalb dieser komplexen Artikulationen zu entdecken und Anknüpfungspunkte für Widerstand gegen eine Demografisierung des Sozialen zu entwickeln.

Literatur

Agamben, Giorgio (2002): Homo sacer. Die souveräne Macht und das nackte Leben. Frankfurt am Main: Suhrkamp.
Agamben, Giorgio (2004): Ausnahmezustand. Frankfurt am Main: Suhrkamp.
Aly, Götz und Susanne Heim (1991): Vordenker der Vernichtung. Auschwitz und die deutschen Pläne für eine neue europäische Ordnung. Hamburg: Hoffmann und Campe.
Balibar, Étienne (1992): Die Nation-Form: Geschichte und Ideologie, in: ders. und Immanuel Wallerstein: Rasse – Klasse – Nation. Ambivalente Identitäten. Hamburg/Berlin: Argument, 107–130.
Baureithel, Ulrike (2007): Baby-Bataillone. Demografisches Aufmarschgebiet: Von Müttern, Kinderlosen und der ›Schuld‹ der Emanzipation, in: Prokla, 146, 25–37.
Beer, Ursula (1990): Geschlecht, Struktur, Geschichte. Soziale Konstituierung des Geschlechterverhältnisses, Frankfurt am Main/New York: Campus.

Bröckling, Ulrich, Susanne Krasmann und Thomas Lemke (Hg.) (2000): Gouvernementalität der Gegenwart. Studien zur Ökonomisierung des Sozialen. Frankfurt am Main: Suhrkamp.

Brown, Wendy (1995): States of Injury. Power and Freedom in Late Modernity. Princeton: Princeton University Press.

Brunnett, Regina (2009): Die Hegemonie symbolischer Gesundheit. Eine Studie zum Mehrwert von Gesundheit im Postfordismus. Bielefeld: transcript.

Butterwege, Christoph (2006): Demographie als Ideologie? Zur Diskussion über Bevölkerungs- und Sozialpolitik in Deutschland, in: Peter A. Berger/Heike Kahlert (Hg.): Der demographische Wandel. Frankfurt am Main/New York: Campus, 53–80.

Butler, Judith (1991): Das Unbehagen der Geschlechter. Frankfurt am Main: Suhrkamp.

Connell, Robert W. (1987): Gender and Power: Society, the Person, and Sexual Politics. Stanford: Stanford University Press.

Demirovic, Alex und Katharina Pühl (1997): Identitätspolitik und die Transformation von Staatlichkeit. Geschlechterverhältnisse und Staat als komplexe materielle Relation, in: Eva Kreisky und Birgit Sauer (Hg.): Geschlechterverhältnisse im Kontext politischer Transformation, Politische Vierteljahreszeitschrift, Sonderband 28. Opladen/Wiesbaden, 220–240.

Deuber-Mankowsky, Astrid (2002): Homo Sacer, das bloße Leben und das Lager, in: Die Philosophin, Nr. 25, 95–114.

Deutscher, Penelope (2008): The Inversion of Exceptionality: Foucault, Agamben and »Reproductive Rights«, in: South Atlantic Quarterly 107: 1, 55–70.

Donaldson, Peter J. (1990): Nature against us: The United States and the world population crisis 1965–1980, Chapel Hill/North Carolina/London: University of North Carolina Press.

Foucault, Michel (1983): Der Wille zum Wissen. Sexualität und Wahrheit 1, Frankfurt am Main: Suhrkamp.

Foucault, Michel (2000a): Die Gouvernementalität in: Bröckling, Ulrich, Susanne Krasmann und Thomas Lemke (Hg.) (2000): Gouvernementalität der Gegenwart. Studien zur Ökonomisierung des Sozialen. Frankfurt am Main: Suhrkamp, 41–67.

Foucault, Michel (2000b): Staatsphobie [1979] in: Bröckling, Ulrich, Susanne Krasmann und Thomas Lemke (Hg.) (2000): Gouvernementalität der Gegenwart. Studien zur Ökonomisierung des Sozialen. Frankfurt am Main: Suhrkamp, 68–71

Foucault, Michel (2001): Vorlesung 17. März 1976, in: ders.: In Verteidigung der Gesellschaft. Frankfurt am Main: Suhrkamp, 282–311.

Foucault, Michel (2003a): Die Geburt der Biopolitik, in: ders.: Dits et Ecrits. Schriften. Dritter Band. Frankfurt am Main: Suhrkamp, 1020–1028.

Furedi, Frank (1997): Population and development. New York: St. Martins Press.

Ginsburg, Faye D. und Rayna Rapp (1995): Introduction, in: dies. (Hg.): Conceiving the New World Order: the Global Politics of Reproduction. Berkeley/Los Angeles: University of California Press, 1–18.

Graefe, Stefanie (2002): Leben, quer gelesen. Giorgio Agambens Analyse biopolitischer Macht, in: analyse & kritik – zeitung für linke Debatte und Praxis / Nr. 462 / 17.5.2002.

Heim, Susanne und Ulrike Schaz (1996): Berechnung und Beschwörung. Überbevölkerung – Kritik einer Debatte. Berlin: Schwarze Risse/Rote Straße-Verlag.

Hirsch, Joachim (1980): Der Sicherheitsstaat. Frankfurt am Main: Europäische Verlagsanstalt.

Hummel, Diana (2000): Der Bevölkerungsdiskurs. Demographisches Wissen und politische Macht. Opladen: Leske + Budrich.

Jain, Anrudh (Hg.) (1998): Do Population Policies Matter? Fertility and Politics in Egypt, India, Kenya and Mexico. New York: Population Council.

Kahlert, Heike (2007): Demographische Frage, »Qualität« der Bevölkerung und pronatalistische Politik – ungleichheitssoziologisch betrachtet, in: Prokla, H. 146 37. Jg., Nr. 1, März 2008, 61–76.

King, Maurice (1990): Health is a Sustainable State, in: The Lancet, Nr. 336, 15. 9. 1990, 664–667.

Kontos, Silvia (1998): Vater Staat und »seine« Mütter? Über Entwicklungen und Verwicklungen in der Mutterschutzpolitik, in: Eva Kreisky und Birgit Sauer (Hg.): Geschlechterverhältnisse im Kontext politischer Transformation. Politische Vierteljahreszeitschrift, Sonderband 28, Opladen/Wiesbaden, 356–377.

Lemke, Thomas (2008): Gouvernementalität und Biopolitik. Wiesbaden: VS Verlag für Sozialwissenschaften.

Ludwig, Gundula (2011): Geschlecht regieren. Zum Verhältnis von Staat, Subjekt und heteronormativer Hegemonie. Frankfurt am Main/New York: Campus.

Mass, Bonnie (1976): Population target. The political economy of population control in Latin America. Toronto: Latin American Working Group.

Muhle, Maria (2008): Eine Genealogie der Biopolitik. Zum Begriff des Lebens bei Foucault und Canguilhem. Bielefeld: transcript.

Nair, Sumati (1989): Imperialism and the Control of Women's Fertility. New Hormonal Contraceptives. Population Control and the WHO. Arnhem: Campaign Against Long-Acting Hormonal Contraceptives.

Nair, Sumati, Preeti Kirbat und Sarah Sexton (2006): A Decade after Cairo. Women's Health in a Free Market Economy, in Indian Journal of Gender Studies, June 2006, vol. 13 no. 2, 171–193.

Pateman, Carole (1992): Gleichheit, Differenz, Unterordnung. Die Mutterschaftspolitik und die Frauen in ihrer Rolle als Staatsbürgerinnen, in: Feministische Studien, Jg. 10, Nr.1, 54–69.

Polanyi, Karl (1990): The Great Transformation. Politische und ökonomische Ursprünge von Gesellschaften und Wirtschaftssystemen. Frankfurt am Main: Suhrkamp.

Quinby, Lee und Irene Diamond (1988): Introduction, in: dies. (Hg.): Feminism and Foucault. Reflections on Resistance. Boston: Northeastern University Press.

Rose, Nikolas (2001): The Politics of Life Itself, in: Theory, Culture and Society, 18 (66), 1–30.

Rose, Nikolas und Carlos Novas (2002): Biological citizenship, in: Ong, Aihwa und Stephen J. Collier (Hg.): Global assemblages: technology, politics, and ethics as anthropological problems. Oxford: Blackwell Publishing, 439–463.

Sarasin, Philipp (2003): Zweierlei Rassismus? Die Selektion des Fremden als Problem in Michel Foucaults Verbindung von Biopolitik und Rassismus, in: Martin Stingelin (Hg.): Biopolitik und Rassismus. Frankfurt am Main: Suhrkamp, 55–79.

Sauer, Birgit (2001): Die Asche des Souveräns. Staat und Demokratie in der Geschlechterdebatte. Frankfurt am Main/New York: Campus.

Schultz, Susanne (1994): Feministische Bevölkerungspolitik? Zur internationalen Debatte um Selbstbestimmung in: Cornelia Eichhorn und Sabine Grimm 1994 (Hg.): Gender Killer. Texte zu Feminismus und Politik, Berlin/Amsterdam: Edition ID, 11–23.

Schultz, Susanne (2000): Leise Diplomatie. Die Politik feministischer Nicht-Regierungsorganisationen zur Sterilisationskampagne in Peru, in: Karin Gabbert u.a. (Hg): Geschlecht und Macht. Lateinamerika Jahrbuch 24, Analysen und Berichte. Münster: Westfälisches Dampfboot, 55–65.

Schultz, Susanne (2006a): Dimensionen der Verrechtlichung in der Geschichte der *reproductive rights*, in: Georgia Schulze, Sabine Berghahn und Frieder Otto Wolf (Hg.): Politisierung und Ent-Politisierung als performative Praxis. Münster: Westfälisches Dampfboot, 90–99.

Schultz, Susanne (2006b): Hegemonie, Gouvernementalität, Biomacht. Reproduktive Risiken und die Transformation internationaler Bevölkerungspolitik. Münster: Westfälisches Dampfboot.

Schultz, Susanne (2011a): Antinatalismus postkolonial. Zur flexiblen Kontinuität internationaler Bevölkerungsprogramme, in: Karl Husa, Christof Parnreiter und Helmut Wohlschlägl (Hg.): Weltbevölkerung. Zu viele, zu wenige, schlecht verteilt? Wien: Promedia.

Schultz, Susanne (2011b): Zur Rehabilitation der Demografie in der deutschen Familienpolitik – ein intersektionaler staatstheoretischer Zugang, in: Eva Sänger und Malaika Rödel (Hg): Biopolitik und Geschlechterverhältnisse, Forum Frauen- und Geschlechterforschung, Band 35. Münster: Westfälisches Dampfboot.

Schwärzer, Constanze (2007): Familienpolitik als Bevölkerungspolitik. Eine Diskursanalyse aktueller familienpolitischer Konzepte im Lichte bevölkerungspolitischer Theorien und Debatten, FU Berlin, unveröffentlichte Hausarbeit am FB Politik- und Sozialwissenschaften.

Shohat, Ella (1997): Post-Third-Worldist Culture. Gender, Nation, and the Cinema, in: Alexander, Nina, M. Jacqui Alexander und Chandra Talpade Mohanty (Hg.): Feminist Genealogies, Colonial Legacies, Democratic Futures. New York/London: Routledge, 183–209.

Stoler, Ann Laura (2002): Foucaults »Geschichte der Sexualität« und die koloniale Ordnung der Dinge, in: Sebastian Conrad und Shalini Randeria (Hg.): Jenseits des Eurozentrismus. Postkoloniale Perspektiven in den Geschichts- und Kulturwissenschaften. Frankfurt am Main/New York: Campus, 313–334.

Sunder Rajan, Kaushik (2009): Biokapitalismus. Werte im postgenomischen Zeitalter. Frankfurt am Main: Suhrkamp.

United Nations (1994): Programme of Action of the International Conference on Population and Development. in: dies.: Report of the International Conference on Population and Development, 5.-13. 9.1994 in Cairo, New York, online: http://www.un.org/popin/icpd/conference/offeng/poa.html (zuletzt aufgerufen am 27.6.2011).

Volz, Sibylle (2003): Diskriminierung von Menschen mit Behinderung im Kontext von Präimplantations- und Pränataldiagnostik, in: Sigrid Graumann und Katrin Grüber (Hg.): Medizin, Ethik und Behinderung. Frankfurt am Main: Mabuse-Verlag.

Waldby, Catherine und Melinda Cooper (2010): From reproductive work to regenerative labour: The female body and the stem cell industries, in: Feminist Theory 11(1), 3–22.

Zimmermann, Susan (1988): Weibliches Selbstbestimmungsrecht und auf »Qualität« abzielende Bevölkerungspolitik, in: Beiträge zur feministischen Theorie und Praxis, Jg. 11, Nr. 21/22, 53–71.

Jeanette Ehrmann

»Jenseits der Linie«
Ausnahmezustand, Sklaverei und Thanatopolitik zwischen Aufklärung und (Post-) Kolonialismus

> »*Sklaven leben als sterbende Menschen und sterben als Lebende.*«
> Alonso de Sandoval (zit. n. Wirz 1984: 158)

> »*... dass niemand leichter zu morden ist als ein Sklave.*«
> Hannah Arendt (1989: 141)

I. Aufklärung und Sklaverei – ein Paradox?

Sklaverei ist eine der ältesten Institutionen der Menschheit. Entgegen der weit verbreiteten Annahme, Sklaverei sei ebenso wie feudale Knechtschaft eine überwundene Form der Wirtschaft, die der ›freien‹ Lohnarbeit im Kapitalismus gewichen sei, existiert sie – ungeachtet verschiedenster völkerrechtlicher Abkommen, die sie zu einem Verbrechen gegen die Menschheit erklären – in Form von Menschenhandel, Schuldknechtschaft sowie Zwangsarbeit und -prostitution von Erwachsenen ebenso wie von Kindern global fort und übersteigt mit rund 27 Millionen Betroffenen rein zahlenmäßig jede andere historische Form von Sklaverei (vgl. Bales 2005: 4; 41 ff.). Sklaverei ist damit kein Relikt aus längst vergangenen Zeiten, sondern vielmehr ein nicht zu vernachlässigender Bestandteil der gegenwärtigen globalen Ökonomie, der genau zu jener Zeit einen ungeahnten Aufschwung erfuhr, als Europas Aufbruch in die Moderne nicht nur die Philosophie der Aufklärung hervorbrachte, sondern im Zuge der transatlantischen Entdeckungsfahrten auch mit der Kolonisierung der Welt begann. Vor allem die Inseln der Karibik und die Küstenregionen Lateinamerikas wurden in lukrative Plantagenökonomien transformiert, die nach der Ausrottung der indigenen Bevölkerung ihren Bedarf an menschlicher Arbeitskraft über den transatlantischen Sklavenhandel deckten und mit den für Europa produzierten Exportgütern einen wesentlichen Beitrag zur ursprünglichen Akkumulation lieferten, welche die industrielle Revolution Europas in Gang setzte.

Aus heutiger Sicht erscheint die Gleichzeitigkeit von Aufklärung, Humanismus und Emanzipation auf der einen Seite und Gewalt, Dehumanisierung und Ausbeutung auf der anderen Seite des Atlantiks als ein Paradox, das nur um den Preis des internen Widerspruchs Bestand haben konnte, wurde Freiheit doch als ein natürlicher Wesenszug des Menschen qua Geburt postuliert. Weit davon entfernt, universell und allgemein für den ›Menschen an sich‹ zu gelten, waren die Ideale der Freiheit, Gleichheit und Brüderlichkeit jedoch allein für den weißen, besitzenden, katholischen Mann der Metropole reserviert. Die *Erklärung der Menschen- und der Bürgerrechte* von 1789 in Paris, zugleich revolutionäres Zentrum und koloniale Metropole, schloss anfänglich nicht nur Frauen, Juden, Protestanten, Besitzlose und Schwarze aus dem Geltungsbereich der als universell proklamierten Rechte aus. Auch die Kolonien wurden 1792 per Dekret zu Zonen erklärt, in denen die für Europa geltenden Normen keine Anwendung finden sollten. In der hemmungslos betriebenen Sklaverei auf den französischen Antillen, die aus Saint-Domingue, dem späteren Haiti, unter dem Namen »Perle der Antillen« die reichste Kolonie machte, welche die Welt je gesehen hat, sah der Großteil der politischen Elite der ersten Französischen Republik eine ökonomische Notwendigkeit zur Sicherung des Wohlstands Frankreichs, die es um jeden Preis zu erhalten galt. Die Unvereinbarkeit von revolutionärer Befreiung bei gleichzeitiger Versklavung eines Teils der Menschheit auf der Grundlage von ›Rasse‹ skandalisierten nur wenige Ausnahmen wie der Jakobinerführer Jean Paul Marat, die für ihre Forderung nach Frauenrechten exekutierte Olympe de Gouges, der Philantrop Abbé Raynal sowie die *Societé des Amis des Noirs*.

Aus der Perspektive einer idealen Theorie kann die Gleichzeitigkeit von Emanzipation in Europa und Sklaverei in den Kolonien allenfalls als eine bedauerliche, dem Zeitgeist geschuldete Abweichung vom moralischen Fortschritt der Aufklärung gedeutet werden, die durch die Abolitionismusbewegungen und letztlich die Abschaffung der Sklaverei durch Europa selbst beseitigt wurde und nach der theoretischen Bereinigung emanzipatorischer Ideale von Rassismus und Sexismus bloß noch ein historisch-kontingentes Problem darstellt. Demgegenüber verfolgt dieser Beitrag das Ziel, tiefer in das unauflösliche Gewebe von Aufklärung, kolonialer Beherrschung und Sklaverei vorzudringen. Das Kompromittieren emanzipatorischer Ideale aus ökonomischem Kalkül, legitimiert durch eine rassistische Philosophie, wird – so die These – erst dann verständlich, wenn eine normative und juridisch-institutionelle Perspektive um eine biopolitische erweitert wird und zentrale Konzepte wie Souveränität, Recht und Naturzustand nicht in einem idealen Sinne begriffen werden, sondern in Form einer Entscheidung über Leben und Tod, Gewalt und Ausnahmezustand.

Im Folgenden werde ich diese Vermutung im Rückgriff auf die politische Philosophie Giorgio Agambens ausarbeiten, wobei insbesondere der Ausnahmezustand, die Figur des *homo sacer* und die Thanatopolitik eine Schlüsselrolle spielen werden. Dazu werde ich zunächst den Diskurs um Freiheit und Sklaverei in der europäischen politischen Ideengeschichte der Neuzeit nachzeichnen, um vor diesem Hintergrund eine Analyse der Kolonie als Ausnahmezustand und der Plantagenökonomie als biopolitischem Experimentierfeld der Moderne anzuschließen. Ein besonderes Augenmerk wird auf der Position der Versklavten zwischen Recht und Unrecht, Leben und Tod sowie auf der Bedeutung der Intersektionalität von ›Rasse‹ und Gender bei der hegemonialen Bestimmung von Un-/Freiheit, aber auch beim Erkennen von Widerstandspotentialen gegen die Sklaverei liegen. Abschließend soll im Lichte der dadurch gewonnenen Einsichten ein kurzer Ausblick auf die postkoloniale Situation angedeutet werden.

II. Freiheit und Sklaverei in der politischen Theorie Europas

Der Topos der Sklaverei als Metapher für politische Unfreiheit erreicht in Europa zu genau jenem Zeitpunkt seinen Höhepunkt, als die durch SklavInnen verrichtete Arbeit in den Kolonien zu einem bestimmenden Faktor der europäischen Wirtschaft wird (vgl. im folgenden Buck-Morss 2009: 21–41). Beginnend mit Thomas Hobbes' *Leviathan* wird der Begriff der Sklaverei in den Vertragstheorien ab dem 17. Jahrhundert aus seiner vorherigen Verklammerung mit der biblischen Geschichte von der Versklavung der IsraelitInnen in Ägypten gelöst und als konzeptuelle Antithese zur Freiheit im politischen Gemeinwesen säkularisiert. Sklaverei spielt sich dabei vor der Folie des Naturzustands ab, wo sie bei Hobbes die unvermeidliche Folge des Krieges aller gegen alle ist und ebenso bei John Locke eine ständig präsente Gefahr darstellt, da unter Abwesenheit eines feststehenden Gesetzes niemand seiner eigenen Person sicher sein kann (vgl. Hobbes 2008: 99; Locke 1977: 213 ff.). Es wurde oft angemerkt, dass der Naturzustand, wenn auch nur hypothetisches Konstrukt, von den Vertragstheoretikern in der ›Neuen Welt‹ angesiedelt wird (vgl. Nederveen Pieterse 1998: 33). Dass der Mensch des Menschen Wolf sei, lokalisiert Hobbes so bei den »wilden Völker[n] verschiedener Gebiete Amerikas« (Hobbes 2008: 97), und die eurozentristische Vorstellung, dass in Amerika weder eine ökonomische noch politische Ordnung existiere, veranlasst auch Locke zur Gleichsetzung des Naturzustands mit Amerika: »So war anfangs […] die ganze Welt ein *Amerika*« (Locke 1977: 230). Tatsächlich schwankte man seit der Eroberung des amerikanischen Kontinents, ob man die UreinwohnerInnen als Menschen anerkennen könne, geschweige denn, ob sie politisch organisiert seien oder vielmehr in der völligen

Anomie eines Naturzustands lebten.[1] Schon Christopher Kolumbus berichtet in seinem ersten Brief an das spanische Königshaus im Jahr 1493, der bald in verschiedene Sprachen übersetzt und in ganz Mittel- und Westeuropa verbreitet wurde, von einer Expedition ins Innere der Insel Juana, dem späteren Kuba: »Die Männer waren drei Tage unterwegs und fanden unzählige Stämme und Siedlungen, doch immer nur kleine und ohne staatliche Verwaltung.« (Kolumbus 2006: 16 f.)[2] Neben Gold und Gewürzen stellt Kolumbus dem spanischen Königshaus weiterhin »heidnische Sklaven« (ebd.: 35) in Aussicht, doch nachdem die karibischen UreinwohnerInnen infolge des 1503 eingeführten Systems der Zwangsarbeit (*encomienda*) und der von den Spaniern eingeschleppten Krankheiten und Seuchen nahezu ausgerottet sind, beginnt systematisch der transatlantische Sklavenhandel, an dem neben den großen Kolonialmächten Portugal, Frankreich, den Niederlanden und England auch Dänemark, Schweden und Brandenburg beteiligt sind. Dass selbst John Locke, Theoretiker der Freiheit, als Teilhaber der *Royal Africa Company* aktiv in den Sklavenhandel verwickelt war, ist jedenfalls kein Widerspruch, wenn man bedenkt, dass die real existierende Sklaverei der Zeit als Privatangelegenheit galt, die in den Bereich der *patria potestas* fiel, der Gewalt des Familienvaters sowohl über Frau und Kinder als auch über SklavInnen als sein Privateigentum. Demgegenüber bezog sich das Schreckgespenst der Sklaverei, das die Vertragstheoretiker zeichneten, exklusiv auf den Bereich des ›Politischen‹, in dem sich niemand sonst als weiße, besitzende Männer Europas als Freie und Gleiche begegnen sollten. Die den Vertragstheorien impliziten Herrschaftsverhältnisse entlang der Dichotomie von Privatem/Öffentlichem und ihrer Entsprechung Eigentum/Freiheit entlarvt bereits Mary Astell, die »erste Feministin Englands«, in einer direkten Polemik gegen Lockes Beschreibung der Sklaverei, die die Willkürherrschaft des Hausherrn unangetastet lässt: »If *all Men are born free*, how is it that all Women are born slaves? as they must be if the being subjected to the *inconstant, uncertain, unknown, arbitrary Will* of Men, be the *perfect Condition of Slavery*? and if the Essence of Freedom consists, as our Masters say it does, in having a *standing Rule to live by*?« (Astell 1996: 18 f.)

Später wird auch Hannah Arendt der Logik der Vertragstheoretiker folgen, koloniale Sklaverei als unpolitisches Phänomen zu verstehen, und die klassisch aristote-

---

1 Für einen Überblick über die spanischen Chronisten der Eroberung Amerikas und ihre jeweiligen Antworten auf die Frage, »[o]b es sich bei den Indios um wirkliche Menschen handelte«, vgl. König 2003: 393 ff.
2 Im spanischen Original: »mas no cosa de regimiento«; dt: »aber keine Spur von einer Regierung«. Bedeutende Gegenstimmen kamen jedoch schon bald aus der spanischen Theologie und Naturrechtslehre: Sowohl Bartolomé de las Casas, Dominikanerpriester auf Hispaniola und später Bischof von Chiapas, als auch Francisco de Vitoria, Theologe an der berühmten Universität von Salamanca, pochten gegen ihre Zeitgenossen auf die Menschlichkeit der amerikanischen UreinwohnerInnen, deren Organisation sie als politische Gemeinwesen verteidigten. Vgl. Las Casas 1996: 33 ff.; Vitoria 1997: 370 ff.

lische Trennung von *oikos* und *pólis* auf die Sklavenhaltergesellschaften im Zeitalter der Revolutionen des 18. Jahrhunderts übertragen. Zwar erkennt Arendt an, dass der Wohlstand der dreizehn Kolonien, aus denen die Vereinigten Staaten von Amerika werden sollten, zu einem Großteil das Resultat der Versklavung von Schwarzen ist, dieses »ursprünglichen Verbrechens, auf dem das Gefüge der amerikanischen Gesellschaft beruhte« (Arendt 1974: 90). In strenger Abgrenzung zu politischer Unfreiheit klassifiziert sie Sklaverei jedoch als »gesellschaftliche Knechtschaft«[3] und damit lediglich als weiteren Bestandteil der sozialen Frage, die in der amerikanischen Revolution, die die Gründung der Freiheit beabsichtigte, keine Rolle spielen konnte, woraus sie folgert, »dass die Finsternis, in der Sklaven leben, noch um einige Grade schwärzer ist als die Finsternis der Armut und des Elends. Nicht der arme Mann [...], sondern der schwarze Sklave war schlechterdings ›unsichtbar‹, wurde immer und von allen übersehen.« (Arendt 1974: 90) Auch wenn Arendt das ›Vergessen‹ der Sklaverei durch die Revolutionsführer als eine »für uns schwer verständliche und schwer erträgliche Gleichgültigkeit« (ebd.) wertet, entschwindet sie durch die ontologische Trennung von Freiheit und Arbeit ebenso aus dem Radius ihrer politischen Theorie und wird abermals unsichtbar gemacht, indem sie in das als unpolitisch verstandene »Dunkel der Notwendigkeit und der Mühsal« des *oikos* entgleitet (Arendt 2007: 140). Dass Sklavenhaltergesellschaften ein politisches Gebilde waren, gestützt auf Sklavengesetzgebungen und die Konzentration politischer Macht in den Händen der PlantagenbesitzerInnen, verschwindet vollständig aus der Arendt'schen Revolutionstheorie. So ist es nur konsequent, dass die Haitianische Revolution als historisch einzige erfolgreiche Selbstbefreiung aus der Sklaverei von Arendt mit keinem Wort erwähnt wird und bis heute keine systematische Bearbeitung innerhalb der politischen Theorie und Ideengeschichte erfahren hat. Der Widerstand der Versklavten gegen die Sklavenhaltergesellschaften und gegen Kolonialismus als umfassenden Herrschaftszusammenhang wird dadurch unkenntlich gemacht, während die europäischen und nordamerikanischen Abolitionismusbewegungen als einzige Akteure der Emanzipation repräsentiert werden, die als eine exklusive Erfolgsgeschichte des aufgeklärten Europa erzählt wird. Gegen diesen impliziten epistemologischen Bias der ›westlichen‹ politischen Theorie soll nun im Folgenden Agambens Begriffsinstrumentarium genutzt werden, um die historische und ideelle Verschränkung von Aufklärung, Kolonialismus und Sklaverei einerseits und die Widerstandspotentiale und -praktiken der SklavInnen andererseits sichtbar zu machen.

---

3 In einem Brief an Karl Jaspers vom 29. Januar 1946, zitiert in Benhabib 2006: 243.

III. Die koloniale Matrix von Souveränität und Ausnahmezustand

In seiner Konzeptualisierung des Ausnahmezustands bezieht sich Agamben insbesondere auf Carl Schmitts 1921 erschienene Schrift *Die Diktatur* sowie die *Politische Theologie* aus dem Jahr 1922. Um die Figur des Ausnahmezustands auf die koloniale Situation anzuwenden, ist es jedoch aufschlussreich, Schmitts von Agamben weniger rezipiertes späteres Werk *Der Nomos der Erde im Völkerrecht des Jus Publicum Europaeum* von 1950 heranzuziehen, in dem Schmitt die völkerrechtliche Bedeutung der kolonialen Eroberungen über den konstitutiven Zusammenhang von ›Raum und Recht‹ sowie ›Ordnung und Ortung‹ analysiert.

1. Kolonialismus, Kartographie und Souveränität

Die Eroberung Amerikas und die durch sie beginnende koloniale Ordnung der Welt generiert, so Schmitt in einem äußerst verklärenden Vokabular, eine neue Phase des Völkerrechts, einen neuen »Nomos der Erde«. »Er war aus der märchenhaften, unerwarteten Entdeckung einer Neuen Welt hervorgegangen, aus einem unwiederholbaren geschichtlichen Ereignis« (Schmitt 1997: 6). Der Nomos kann dabei nicht auf gesetztes Recht eingeführt werden, sondern steht für eine umfassende Ordnung, die notwendigerweise mit einem klar umrissenen Territorium zusammenfällt. »Nomos ist das den Grund und Boden der Erde in einer bestimmten Ordnung einteilende und verortende *Maß* und die damit gegebene Gestalt der politischen, sozialen und religiösen Ordnung.« (Ebd.: 39) Der Nomos entsteht also erst durch einen »konstituierenden Raumordnungsakt« (ebd.). Diesen Zusammenhang betont auch Michel Foucault, wenn er für die Zeit der europäischen Staatenbildung vom ausgehenden Mittelalter bis zum 16. Jahrhundert konstatiert, dass das Territorium »für die juridische Souveränität des Souveräns, wie die Philosophen und die Rechtstheoretiker sie definieren, das Grundelement ist« (Foucault: 2000: 50). Dies gilt jedoch nicht nur innerhalb der Grenzen der europäischen Territorialstaaten, sondern auch für den kolonialen Wettlauf um die Aneignung ›herrenlosen‹ Landes jenseits des Atlantiks.

Die Entdeckungsfahrten des 15. und 16. Jahrhunderts fördern nicht nur die Existenz eines Europa bis dahin unbekannten Kontinents zwischen Europa und Asien zutage, sondern führen durch das Begreifen der Erde als Globus auch zu einem neuen Raumdenken. Das Entstehen dieses »planetarischen Raum-Bewusstseins« (Schmitt 1997: 54) ist elementar für den Beginn des neuzeitlichen europäischen Völkerrechts. Denn die sich an die Eroberungen anschließenden Besitzansprüche der europäischen Kolonialmächte werden erst durch die Kartographierung der

Erdoberfläche auf der Basis eines Koordinatensystems mit Längen- und Breitengraden möglich. Diese globale, geometrische Linienziehung vollzieht sich zunächst 1493 durch die päpstliche Bulle *Inter caetera divinae*, die einen Meridian vom Nord- bis zum Südpol 100 Meilen westlich der Azoren und der Kapverdischen Inseln zieht und Königin Isabella I. von Kastilien die Verfügungsgewalt über alle Gebiete jenseits des Meridians zuspricht, die noch nicht in Besitz eines christlichen Herrschers sind. Nach der damaligen Auffassung in der Tradition des römischen Rechts gelten diese als *terra nullius*, als »Niemandsland«, und damit als »ein *freier Raum*, als ein freies Feld europäischer Okkupation und Expansion« (ebd.: 55). So berichtet Kolumbus über die ersten Inseln, auf die er stößt: »Von allen diesen Inseln habe ich im Namen unseres durchlauchtigsten Königs nach feierlicher Verlautbarung und dem Hissen der Fahne Besitz ergriffen, ohne dass mir irgendjemand widersprochen hätte.« (Kolumbus 2006: 13) Die globale Linienziehung wird in der Folge durch die *Rayas*, die Teilungslinien zwischen Spanien und Portugal, und die *Amity lines*, die englischen ›Freundschaftslinien‹, fortgeführt, die jeweils bestimmte Räume, sowohl zu Land als auch zu Wasser, als »Kampfzonen für den Kampf um die Verteilung der Welt« ausweisen (Schmitt 1997: 66).

Kartographie wird damit zum entscheidenden Herrschaftsmechanismus, denn erst die graphische Darstellung eines eroberten Gebietes ermöglicht es, einen Anspruch darauf zu erheben und es der Verfügungsgewalt des Souveräns zu unterstellen. Dieser Zusammenhang von Territorium, Kartographie, Souveränität und Völkerrecht ist für den Prozess der Kolonisierung grundlegend: »The way to establish sovereignty was to mark a boundary or make a map, a method accepted in international law. [...] Cartography then became a race to imprint the ›scarcely manifested‹ record of sovereignty upon a territory. Preconquest territories, according to this definition, belonged to no one.« (Piper 2002: 8) Dass Kartographie nicht die objektive Abbildung der Welt ist, sondern vielmehr als diskursive Schaffung und Aneignung von Welt zu verstehen ist, bringt Gayatri Chakravorty Spivak treffend im Begriff des »*worlding*« auf den Punkt. Erst das Erschaffen eines Wissens von der Welt ermöglicht Macht und Gewalt über sie. *Worlding* ist demzufolge ein grundlegendes Element der Kolonisierung der Welt durch Europa, »the imperialist project which had to assume that the earth that it territorialised was in fact previously uninscribed. So then a world, on a simple level of cartography, inscribed what was presumed to be uninscribed« (Spivak/Harasym 1990: 1).

2. Koloniale Souveränität und Ausnahmezustand

Aus dem Gebiet, das aufgrund – europäischem Verständnis nach – fehlender Besitzansprüche als Niemandsland gilt, wird in der Folge zwar faktisch europäisch dominiertes und kontrolliertes Territorium. In rechtlicher Hinsicht bleibt es jedoch ein Niemandsland, indem es, geographisch abgegrenzt durch den Null-Meridian, zum rechtsfreien Raum erklärt wird. Der ptolemäische Null-Meridian, der um 150 n. Chr. die kanarische Insel Ferro, heute El Hierro, als Referenzpunkt wählte, markiert bis 1884, als er durch den Greenwich-Meridian als international anerkanntem Null-Meridian abgelöst wird, nicht nur das westliche Ende der Alten Welt. Er definiert auch die Grenze des Geltungsbereichs europäischen Rechts. »Jenseits der Linie beginnt eine ›überseeische‹ Zone, in der [...] nur das Recht des Stärkeren galt«, verbunden mit der Vorstellung, »dass alles, was ›jenseits der Linie‹ geschieht, überhaupt außerhalb der rechtlichen, moralischen und politischen Bewertungen bleibt, die diesseits der Linie anerkannt sind« (Schmitt 1997: 62). So wird die binäre Dichotomie von Europa als Raum des Friedens und der Ordnung und Amerika als »einer vom Recht ausgenommenen Sphäre der Gewaltanwendung« konstruiert, in der jegliche Unterscheidung zwischen Recht und Unrecht aufgehoben ist (ebd.: 66 f.). Die kolonialen Eroberungen schaffen in der Neuen Welt also weder einen Rechtszustand, noch belassen sie den aus einem eurozentristischen Blick wahrgenommenen Naturzustand. Vielmehr wird dort eine Form der Ordnung etabliert, die zwischen Recht- und Unrechtsetzung oszilliert und folglich als die Verhängung eines permanenten Ausnahmezustands verstanden werden kann.

Diese völkerrechtlichen Überlegungen Schmitts zur Kolonisierung werden von Achille Mbembe in einer biopolitischen Analyse kolonialer Souveränität aufgegriffen und weitergeführt. Unter dem französischen Begriff »*Commandement*« (dt.: Befehlsgewalt) definiert Mbembe als die beiden bestimmenden Elemente kolonialer Souveränität Recht und Gewalt (vgl. Mbembe 2001: 25 ff.). Das Recht ist dabei durch seine relative Unwirksamkeit gekennzeichnet, denn im Gegensatz zur liberalen Konzeption von Recht in Europa kommt es in der Kolonie allein in seiner willkürlichen Form sowie als unbegrenztes Recht der EuropäerInnen auf Eroberung zur Anwendung. Demgegenüber nimmt Gewalt die übergeordnete Rolle im Wesen kolonialer Souveränität ein und manifestiert sich in drei Formen, die ich mit folgenden Begriffen zu fassen versuche: (1) Gründungsgewalt, (2) normative Gewalt, (3) physische Gewalt. Die Souveränität bemächtigt sich zunächst des Territoriums, das sie zu beherrschen bezweckt, und schafft dadurch rechtliche Fakten, wobei sie zum Richter in eigener Sache wird (1): »[S]overeignty in the colony derives not from law but from the *fait accompli*. By definition, it does not require the consent of the defeated; it is thus marked, *ab initio*, with the vice of violence.« (Ebd.: 183). Zur ideologischen Legitimation der Eroberung wird das normative Rechtfertigungsnarrativ einer Zivilisierungsmission konstruiert (2). Schließlich durchdringt nackte Gewalt in Form unzähliger Akte und institutionalisierter Praktiken das alltägliche Leben der Kolonisierten (3).

Koloniale Souveränität ist damit die Fähigkeit, den Ausnahmezustand einzusetzen und zur Regel zu machen. Denn: »Souverän ist, wer über den Ausnahmezustand entscheidet« (Schmitt 2004: 13). Weit entfernt vom Idealbild der Volkssouveränität, das für Europa reklamiert wird, nimmt die souveräne Gewalt in der Kolonie vielmehr – in der Formulierung Agambens – »die Form einer Entscheidung über die Ausnahme an. Die Entscheidung ist hier nicht Ausdruck des Willens eines Subjekts, das allen anderen hierarchisch übergeordnet ist, sondern stellt die Einschreibung der Äußerlichkeit in den Körper des *nómos* dar, die ihn beseelt und ihm Sinn verleiht.« (Agamben 2002: 36) Koloniale Souveränität erschafft so die Kolonie als Zone der Unentscheidbarkeit zwischen Recht und Unrecht, wobei sie als Autorität und Moralität zugleich agiert: »First, it eliminated all distinction between ends and means; depending on circumstances, this sovereign violence was its own end and came with its own ›instructions for use‹. Second, it introduced virtually infinite permutations between what was just and what unjust, between right and not-right.« (Mbembe 2001: 26)

Die Bestimmung von *citoyen* und *sujet* verläuft dabei nach rassistischen Kriterien und zeigt sich am drastischsten in der Bestimmung von freien Menschen und SklavInnen. »As for the distinction between ›citizens‹ and ›subjects‹, for a long time – for example, in the colonial system of the *ancien régime* restored by Bonaparte –, the colonizers alone enjoyed what passed for civil and political liberties. Thus, in Martinique, Guadeloupe, and French Guiana, the principles of equality before the law, freedoms, and property rights that emerged from the Revolution of 1789 were thwarted by the continued existence of a slave mode of exploitation. By resorting to racial discrimination, punishments, torture, and cruelty, the planters exercised their rule over the slaves and conceived of right as the guarantee that the laws and naked force owed to their properties. Thus, until 1828, the penal code and the civil and criminal-investigation codes recognized only two categories of humans: free and slaves.« (Ebd.: 29).

IV. Plantokratie und Thanatopolitik

1. Die Trias Kolonialismus, Kapitalismus und Rassismus

Auf der Insel Hispaniola, die sich heute die beiden Staaten Haiti und die Dominikanische Republik teilen, wird nach der Landung Kolumbus' im Oktober 1492 die erste Kolonie Amerikas, »la Navidad«, errichtet, die sich binnen kurzer Zeit zu einer bedeutenden Siedlungs- und Handelskolonie entwickelt. Durch die systematische Deportation von AfrikanerInnen nach Hispaniola und in die anderen karibischen Inseln, denen es nach der Ausrottung der einheimischen Bevölkerungen an menschlicher Arbeitskraft für die Bearbeitung der neu angelegten Plantagen fehlt, bildet sich der Typus der karibischen Siedlungskolonisation heraus (vgl. Osterhammel 2009: 13). Das von den Kanarischen Inseln importierte Zuckerrohr führt aufgrund der klimatischen Bedingungen der Karibik schnell zu einer regelrechten »Zuckerrevolution«, und zwischen 1630 und 1680 bildet sich eine Form der Plantagenökonomie heraus, die als rohstoffliefernde Peripherie in eine im Entstehen begriffene europäisch dominierte Weltwirtschaftsordnung eingebunden wird und im Rahmen einer internationalen Arbeitsteilung Zucker, aber auch Tabak, Kakao, Kaffee und Indigo für den Export nach Europa produziert. Entscheidend ist, dass »zu diesem Zweck Formen *unfreier* Arbeit eingeführt oder perfektioniert wurden« (ebd.: 35). Die quasi-kapitalistische Organisation der Plantage in Verbindung mit einer ›feudalen‹ Verfügungsgewalt der Plantagenbesitzer über Leben und Tod der SklavInnen machte sie zu einer »avanciert kapitalistischen Institution der frühen Neuzeit« (ebd.: 85) und zu einer Herrschaftsformation, die im Englischen sehr treffend im Begriff der *plantocracy* bzw. *sugarocracy* zum Ausdruck kommt und als »hegemonic control of the planter classes over the economic and political institutions« (Henry 2004: 161) definiert wird. Bezeichnenderweise ist die Fabrik, das Sinnbild der industriellen Revolution seit dem Beginn des Manchester-Kapitalismus, bereits etymologisch kolonialen Ursprungs: Sowohl die portugiesische *feitoria*, ein Handelsstützpunkt an der afrikanischen Küste, als auch die englische *factory* als Bezeichnung für koloniale Handelsgesellschaften wie die *East India Company* weist eine erstaunliche Parellele zwischen gewaltbewährter, unfreier Arbeit in den Kolonien und disziplinierter, ›freier‹ Fabrikarbeit in Europa auf (Buck-Morss 2009: 101).

Auf den strukturellen Zusammenhang zwischen Sklaverei in den Kolonien und der Herausbildung der kapitalistischen Produktionsweise in Europa weist als erster Eric Williams in seinem wegweisenden Werk *Capitalism and Slavery* von 1944 hin. Der so genannten Williams-These zufolge, die besonders unter marxistischen Historikern stark umstritten war (vgl. Blackburn 1997: 517 f.), war koloniale Sklaverei ein entscheidender Faktor für die ursprüngliche Akkumulation, produzierte sie doch das Kapital, das für das Ingangsetzen der industriellen Revolution benötigt wurde, in deren Zuge die Sklaverei wiederum ihre ökonomische Bedeutung verlor und sukzessive abgeschafft wurde. Darüber hinaus betont Williams, dass die Versklavung von AfrikanerInnen nicht einer vorgängigen rassistischen Ideologie entsprang, sondern einer ökonomischen Notwendigkeit und erst *nachträglich* durch eine semi-wissenschaftliche Rassentheorie legitimiert wurde. »The features of the man, his hair, color and dentifrice, his ›subhuman‹ characteristics so widely pleaded, were only the later rationalizations to justify a simple economic fact: that the colonies needed labor and resorted to Negro labor because it was cheapest and best. This was not a theory, it was a practical conclusion deduced from the personal experience of the planter.« (Williams 1994: 20)

Eine systematisch ausgearbeitete Rassentheorie findet sich schließlich erstmals in den anthropologischen Schriften Immanuel Kants, der den Rassebegriff in die deutschsprachige Philosophie einführt, auf Menschen anwendet und, auf der Basis klimatischer Bedingungen und einer kruden Typologie erblicher körperlicher Eigenschaften wie der Existenz verschiedenartiger »Säfte«, die Überlegenheit der weißen ›Rasse‹ vor allen anderen postuliert.[4] Wie selbstverständlich geht er dabei von der Notwendigkeit afrikanischer SklavInnen in Amerika aus: »[S]o bedient man sich in Surinam der roten Sklaven (Amerikaner) nur allein zu häuslichen Arbeiten, weil sie zur Feldarbeit zu schwach sind, als wozu man Neger braucht.« (Kant 1977: 22) Eine explizite Kritik Kants an der karibischen Plantagenökonomie findet sich demgegenüber im dritten Definitivartikel des *Ewigen Friedens* aufgrund der Tatsache, »dass die Zuckerinseln, dieser Sitz der allergrausamsten und ausgedachtesten Sklaverei, keinen wahren Ertrag abwerfen, sondern nur mittelbar, und zwar zu einer nicht sehr löblichen Absicht, nämlich zur Bildung von Matrosen für Kriegsflotten, und also wieder zur Führung der Kriege in Europa dienen […].« (Kant 1977: 216) Die Kritik an der Sklaverei folgt also weniger dem Kategorischen Imperativ, sondern vielmehr dem Klugheitsargument der ökonomischen Unrentabilität von Sklaverei gegenüber der wettbewerbsbedingten Lohnarbeit und der Sicherung Europas als Raum des Friedens.

2. Sklaverei, das nackte Leben und Thanatopolitik

Malick Ghachem weist auf den Konflikt hin, der sich im Zuge des Übergangs von Merkantilismus zu Kapitalismus ergab. Indem sich die zuvor geltenden, anerkannten Grenzen von *oikos* und *pólis* durch die Herausbildung einer bürgerlichen Sphäre

---

4   Siehe hierzu insbesondere *Bestimmung eines Begriffs der Menschenrasse* und *Von den verschiedenen Rassen der Menschen* aus dem Jahre 1775 (Kant 1977).

freier wirtschaftlicher Betätigung verschoben, trafen in der Frage der Sklaverei die konkurrierenden Ansprüche der öffentlichen Souveränität des Herrschers und der häuslichen Souveränität des *pater familias* aufeinander (vgl. Ghachem 2004: 14 ff.). Sklaverei galt nun nicht mehr als private Angelegenheit unter dem Dach der *patria potestas*. Vielmehr beanspruchte der König die Hoheit über die Regulierung der Sklaverei, um im freien Handel international wettbewerbsfähig zu bleiben, was den Unmut der SklavenhalterInnen heraufbeschwor, die sich in ihrer Verfügungsgewalt über ihr ›Privateigentum‹ beschnitten sahen.

Je nach kolonialer Gesetzgebung des Mutterlandes war die Plantokratie auf den karibischen Inseln juridisch unterschiedlich institutionalisiert. Während die englischen Kolonien ihrer Krone gegenüber nicht weisungsgebunden waren und daher je eigene Formen der Sklavengesetzgebung etablierten, existierte auf den spanischen Karibikinseln mit dem *Código Negro* von 1789 eine Sklavengesetzgebung, die nur von kurzer Dauer war und nicht zur Anwendung kam. Die französischen Antillen dagegen hatten mit dem *Code Noir* eine einheitliche Sklavengesetzgebung, die in allen französischen Kolonien gleichermaßen galt.[5] Dieses 1685 vom »Sonnenkönig« Ludwig XIV. erlassene Rechtsdokument wurde – bis auf eine kurze Episode zwischen der Abschaffung der Sklaverei im Revolutionsjahr II (1794) und ihrer Wiedereinführung durch Napoléon Bonaparte im Jahr 1802 – erst 1848 endgültig außer Kraft gesetzt, als der Zenit der karibischen Zuckerproduktion bereits überschritten war und Frankreich seine kolonialen Bestrebungen Nordafrika und Asien zuwandte.

Der *Code Noir* regelte in 60 Artikeln verschiedenste Aspekte der Sklaverei, darunter die Religionsausübung, Ernährung und Kleidung, Eheschließung und Geburt, Verbrechen und Strafen sowie die Bedingungen einer Freilassung aus der Sklaverei. Sein Ziel war die Regulierung der Sklaverei in den Kolonien, insbesondere auch durch die Begrenzung der Brutalität der Pflanzer – dies jedoch nicht aus humanitären Motiven, sondern zum Zweck der Kontrolle und Verhinderung der befürchteten Revolten der Versklavten.[6] Im Kern der noch immer nicht eindeutig gelösten rechtstheoretischen Kontroverse um den *Code Noir* steht die Frage, als *was* der Sklave in die Rechtsordnung der Sklavenhaltergesellschaft eingeschrieben war: als Mensch oder als Gegenstand, als Rechtssubjekt oder Rechtsobjekt? Dazu müssen die verschiedenen Facetten des *Code Noir*, insbesondere die religiösen, zivil- und strafrechtlichen Bestimmungen, betrachtet werden. Im Geiste der Zurücknahme des Edikts von Nantes im selben Jahr, das den ProtestantInnen Frankreichs freie Religi-

---

5 Der *Code Noir* liegt bisher nicht in deutscher Übersetzung vor, so dass im Folgenden aus dem französischen Original zitiert wird, das mitsamt einem ausführlichen Kommentar von Louis Sala-Molins (2006) herausgegeben wurde. Eine englische Übersetzung des *Code Noir* findet sich etwa bei Dubois/Garrigus 2006: 49 ff.

6 Die damals gebräuchliche Wendung »*le gouvernement des esclaves*« weist eindeutig auf den Zusammenhang von Regierung und Regulierung hin (vgl. Ghachem 2004: 7).

onsausübung zugesichert hatte, beschließt Artikel 1 zunächst die Vertreibung aller JüdInnen als Feinde des Christentums aus den französischen Karibikinseln und die Durchsetzung der römisch-katholischen Religion, auch durch die Taufe der SklavInnen. Theologisch gilt der Sklave also durchaus als der Mission empfängliches Wesen und damit als vernunftfähiger Mensch. Zivilrechtlich dagegen wird ihm qua Artikel 31 der Status der Person abgesprochen, da er vor Gericht nicht als Partei auftreten kann. Strafrechtlich wiederum werden entsetzliche Strafen für von SklavInnen begangene ›Vergehen‹ festgelegt, was sie eindeutig zu Rechtssubjekten macht, wenngleich sie in Artikel 44 als ›bewegliche Sachen‹ definiert werden (»*Déclarons les esclaves être meubles*«). Diese widersprüchlichen Bestimmungen versucht Louis Sala-Molins dadurch aufzulösen, indem er die Identität des Sklaven in eine soziale und eine individuelle Dimension auffächert. »Socialement: des bêtes, voire des objets. Individuellement: des créatures humaines, susceptible du salut par le baptême.« (Sala-Molins 2006: 27)[7] Die juridische Existenz des Sklaven wird durch seine Bestrafung im Falle des Ungehorsams garantiert: »L'esclave noir existe juridiquement s'il désobéit, et le corps sociale veille à cruellement sanctionner cette existence-là.« (Ebd.: 71)[8] Dennoch wird daraus nicht die Unentscheidbarkeit von Subjekt und Objekt sowie Recht und Unrecht verständlich, auf deren Schwelle sich der Sklave befindet.

Auf den ersten Blick paradox, ist in dieser Hinsicht Artikel 43 aufschlussreich, der ein Tötungsverbot des Sklaven festschreibt, das er im gleichen Atemzug wieder aufhebt: SklavenhalterInnen oder -aufseher, die einen Sklaven in ihrem Geltungsbereich (»*sous leur puissance ou sous leur direction*«) töten, müssen strafrechtlich verfolgt und für den Mord (als eben solcher bezeichnet) gemäß der Grauenhaftigkeit der Umstände bestraft werden (»*punir le meurtre selon l'atrocité des circonstances*«) – es sei denn, dass ein Freispruch angebracht ist (»*en cas qu'il y ait lieu de l'absolution*«), der bewirkt, dass die Beschuldigten ohne einen Gnadenbrief des Königs entlassen werden können (vgl. ebd.: 176). Damit ist die Strafverfolgung der SklavenhalterInnen gänzlich der Willkür des Richters überlassen, und Sala-Molins weist darauf hin, dass die Ermordung von SklavInnen so gut wie nie zu einer Bestrafung geführt hat (ebd.). Weit davon entfernt, auf ein bloßes Produktionsmittel ohne juridische Persönlichkeit degradiert zu sein, erklärt sich die rätselhafte Wendung des Tötungsverbots erst, wenn die juridisch-institutionelle Dimension durch eine biopolitische Perspektive ergänzt wird, welche die Politik des Lebens und des Todes sichtbar macht. Das Tötungsverbot des Sklaven, das gleichzeitig seine schiere

---

7 »Gesellschaftlich: Tiere, ja sogar Gegenstände. Individuell: menschliche Geschöpfe, empfänglich für das Heil durch die Taufe.« (Meine Übersetzung, J.E.).
8 »Der Schwarze Sklave existiert juridisch, wenn er nicht gehorcht, und der Volkskörper ist darauf bedacht, diese Existenz auf grausame Weise zu sanktionieren.« (Meine Übersetzung, J.E.).

Tötbarkeit sanktioniert, weist strukturelle Ähnlichkeit zum *homo sacer*, dem zum Tode geweihten, aber nicht opferbaren Menschen auf, der bei Agamben die paradigmatische Figur innerhalb des Ausnahmezustands ist.

Für eine erste Annäherung an das Agamben'sche Konzept der Thanatopolitik im Kontext von Sklaverei soll zunächst das Werk *Slavery and Social Death* des Soziologen Orlando Patterson aus dem Jahre 1982 herangezogen werden, eine umfassende Studie über Sklaverei in historisch-vergleichender Perspektive. Gegen eine rein juridische Definition der Sklaverei als Eigentumsverhältnis oder ihre ökonomische Engführung auf ein Ausbeutungsverhältnis hebt Patterson vor allem die soziale Dimension der Sklaverei hervor. Das Verhältnis von Herr und Knecht konstituiert einerseits ein Machtverhältnis, das Patterson nach Max Weber als die souveräne Macht des Herrn über den Sklaven skizziert. Andererseits muss aus dem reinen *Gewaltverhältnis* ein *Rechtsverhältnis* werden, was über die Institutionalisierung der Sklaverei durch ihre Integration in eine übergeordnete normative Ordnung erfolgt (Patterson 1982: 36; kursiv gesetzte Ausdrücke im Original Deutsch). Das entscheidende Kriterium, das die Sklaverei von anderen Unterdrückungsverhältnissen unterscheidet, ist, so Patterson, der soziale Tod des Sklaven und seine vollständige Entfremdung von seiner Natalität (*natal alienation*). »Alienated from all ›rights‹ or claims of birth, he ceased to belong in his own right to any legitimate social order.« (Ebd.: 5) Dies zeigt sich schon im römischen Recht, in dem der Versklavte zivilrechtlich nicht mehr als Person galt, sondern als Ding (*res*), und damit keinen eigenständigen gesellschaftlichen Status mehr hatte. Besonders dramatisch zeigt sich der soziale Tod in der kolonialen Sklaverei, wurden die Versklavten doch brutal aus ihrem sozialen Umfeld und ihren Verwandtschaftsbeziehungen, aus ihrer Sprache und Religion herausgerissen. Auf den Plantagen der Karibik bildeten sich zwar soziale Verbindungen zwischen den SklavInnen heraus, darunter sexuelle und Eltern-Kind-Beziehungen. Da diese rechtlich nicht anerkannt waren, konnten sie jedoch jederzeit durch den Weiterkauf der Bezugspersonen zerstört werden. Zu beachten ist jedoch, dass mit dem sozialen Tod kein juristischer Tod einhergeht, wie Patterson betont. Da der Sklave für rechtliche und moralische Vergehen haftbar gemacht werden kann, bleibt er ein Rechtssubjekt (ebd.: 22). SklavInnen werden so zu »the living who are dead« (ebd: 45). Der spezifische Status des Sklaven innerhalb der Rechtsordnung ist also sowohl durch seine Ein- als auch durch seine Ausschließung gekennzeichnet. Es ist exakt diese Grenze zwischen dem Recht und seiner Aufhebung, auf der Agamben den *homo sacer* als »lebenden Toten«, der aus der Gesellschaft der Menschen ausgestoßen und vogelfrei ist, positioniert (Agamben 2002: 140).

»Das Leben, das nicht geopfert werden kann und dennoch getötet werden darf, ist das heilige Leben.« (Ebd.: 92) Und genau hier verläuft die Linie, »die den Punkt bezeichnet, an dem die Entscheidung über das Leben zur Entscheidung über den Tod und die Biopolitik somit zur Thanatopolitik wird« (ebd.: 130). Souveränität definiert sich in der Plantokratie darüber, dass »man töten kann, ohne einen Mord zu begehen« (ebd.: 93), und was den Versklavten bleibt, ist das auf seine Körperlichkeit reduzierte nackte Leben. Ebenso interpretiert Mbembe das sklavische Dasein, das auf das biologische Leben reduziert ist und sich stets auf dem schmalen Grad zwischen Leben und Tod bewegt. »The slave is [...] kept alive but in a *state of injury*, in a phantom-like world of horrors and intense cruelty and profanity. [...] Slave life, in many ways, is a form of death-in-life« (Mbembe 2003: 21). In der Kolonie manifestiert sich Souveränität damit primär als das Recht zu töten, und so prägt Mbembe denn auch den Begriff *necropolitics* für diese Form der Macht, die das koloniale Subjekt dadurch produziert und in die politische Ordnung einschreibt, indem es auf sein bloßes Leben reduziert und in einem Zustand permanenter Tötbarkeit mit nackter Gewalt zugerichtet wird. Auf der Subjektebene erfolgt die Einschreibung des Sklavenstatus in die Person der Versklavten durch die Symbolik der Namensgebung, durch die Kleidung, durch Tätowierungen und Brandmarkungen sowie über die Vorschriften für Haartracht und Kopfbedeckung. Am schlimmsten wurde der Körper der Versklavten jedoch durch die brutalen Bestrafungen wie das gesetzlich vorgesehene Auspeitschen gezeichnet. Ihr Zweck war sowohl die Unterwerfung unter die Souveränität des Plantagenbesitzers als auch die Disziplinierung des Mehrwert produzierenden Körpers. »[W]hatever the forms and quality of the penal rituals, they shared the feature of doing something to the body of the colonized. As a productive agent, he/she was in effect marked, broken in, compelled to provide forced labor, obliged to attend ceremonies, the aim being not only to tame and bring him/her to heel but also to extract from him/her the maximum possible use. The colonial relation, in its relation to subjection, was thus inseparable from the specific forms of punishment and a simultaneous quest for productivity.« (Mbembe 2001: 28) Die Kolonie stellt so nach Mbembe nicht nur eine Terrorformation dar, sondern eine klassische Erscheinung des Ausnahmezustands, die auf der Grundlage von ›Rasse‹ als entscheidendem Kriterium der Suspendierung von Recht und der Ausübung von Biomacht bzw. Nekromacht funktioniert. »[C]olonies are zones in which war and disorder, internal and external figures of the political, stand side by side or alternate with each other. As such, the colonies are the location par excellence where the controls and guarantees of judicial order can be suspended« (Mbembe 2003: 24). Dies gilt in besonderem Maße für das System der Plantokratie, in deren Struktur Mbembe eine paradigmatische Erscheinung des biopolitischen Experimentierens identifiziert (ebd.: 21).

Dass die Plantagen tatsächlich als Laboratorien der Moderne verstanden werden können, in denen auf engem Raum Disziplinierung und Ausbeutung, Überwachung und Bestrafung erprobt wurden, konstatiert auch Mary Louise Pratt. »For what were the slave trade and the plantation system if not massive experiments in social engineering and discipline, serial production, the systematization of human life, the standardizing of persons?« (Pratt 2003: 36) Zwar verortet Agamben das Lager historisch in der Zeit nach dem Ersten Weltkrieg, als die bisherige Einschreibung des Lebens in die politische Ordnung dysfunktional wurde und der Zusammenhang von Verortung und Ordnung bzw. Nativität und Nationalität um das Element des Lebens ergänzt wurde. Der Bruch des alten Nomos und der Übergang in den Nomos der Moderne vollzieht sich demzufolge an der Schwelle zur totalitären Herrschaft und manifestiert sich am extremsten in den nationalsozialistischen Vernichtungslagern, deren Logik Agamben zufolge ein globales Phänomen der Gegenwart geworden ist, wenn er sagt: »Das Lager […] ist der neue biopolitische *nómos* des Planeten.« (Agamben 2001: 43) Doch gleichzeitig plädiert Agamben für eine flexible Verwendung des Konzeptes des Lagers, das sich immer dann auftut, sobald sich ein Ausnahmezustand und damit ein Raum für das bloße Leben materialisiert, »unabhängig vom Wesen der dort begangenen Verbrechen, und was immer seine Bezeichnung und die ihm eigene Topographie sind« (ebd.: 40). So macht es durchaus Sinn, die Erprobung des Lagers in den außereuropäischen Kolonien Europas zu lokalisieren und das Konzept des Ausnahmezustands und des nackten Lebens nicht nur auf die gegenwärtigen Nord-Süd-Verhältnisse anzuwenden, sondern gerade in deren historischen Verflechtungen als eine entscheidende Kontinuität herauszuarbeiten.

3. Gender und Widerstandspraktiken

Die biopolitische Perspektive auf Sklaverei, die Mbembe im Rückgriff auf Agamben für den Kontext von Kolonialismus, Rassismus und Sklaverei fruchtbar macht, hat gegenüber einer rein eigentumsrechtlichen oder ökonomischen Definition von Sklaverei den Vorzug, dass sie durch die Einbeziehung des biologischen Körpers als Analysegegenstand nicht nur die Produktion von Subjekten innerhalb eines Herrschaftszusammenhangs sichtbar macht, sondern ebenso körperliche Praktiken als Widerstand identifizieren kann. Dies wird besonders durch die Einbeziehung von Gender in die Herrschaftsanalyse deutlich, was Mbembe zugunsten seines Primats von ›Rasse‹ im Hinblick auf die Plantokratie versäumt hat. Gerade im Vergleich zur europäischen Geschlechterordnung ist die intersektionale Analyse von Gender und ›Rasse‹ in den Kolonien aufschlussreich. Eine geschlechtsspezifische Arbeitsteilung, wie sie in Europa vorhanden war, existierte für die Arbeitsverhältnisse der SklavInnen nicht. Frauen wurden besonders häufig auf den Feldern eingesetzt und mussten proportional härtere Arbeit verrichten als Männer, die privilegierte Positionen wie die des Maurers, Schlossers oder Tischlers einnehmen konnten. Zudem waren Sklavinnen jederzeit mit der Gefahr sexualisierter Gewalt durch ihre Besitzer konfrontiert. Weibliche Sklavinnen wurden ebenso hart bestraft wie männliche, wenn nicht noch härter, und aus Gerichtsakten geht hervor, dass sich Sklavinnen regelmäßig an die lokale Kolonialjustiz wandten, um besonders grausame Fälle von Bestrafungen anzuzeigen, die das im *Code Noir* festgesetzte Strafmaß auf unvorstellbare Weise überstiegen. Zu besonderer Bekanntheit gelangte der »Fall Lejeune«, der sich 1788 auf Saint-Domingue ereignete (vgl. Moitt 2001: 106 f.). Vierzehn Sklavinnen und Sklaven des Plantagenbesitzers Lejeune wandten sich nach mehreren Todesfällen auf der Plantage an das Gericht, um wegen besonderer Grausamkeiten Anzeige zu erstatten. Lejeune hatte zuvor einen Sklaven und eine Sklavin bei lebendigem Leibe verbrannt und zwei Sklavinnen, die er beschuldigte, ihn vergiften zu wollen – Giftmorde waren eine von Sklavinnen häufig verübte Strategie des Widerstands –, so lange eingekerkert, bis Teile ihres Körpers verwest waren. Ermittlungen ergaben, dass alle SklavInnen »unschuldig« waren und wahrheitsgetreue Aussagen gemacht hatten. Dennoch endete der Prozess mit einem Freispruch Lejeunes, weil man fürchtete, andernfalls ein Signal zu setzen, das die Sicherheit der Weißen auf der Insel nachhaltig gefährden würde.

Neben dem Widerstand auf juristischem Wege, der auch bei einem so drastischen Fall wie Lejeune erfolglos geblieben war, übten vor allem Sklavinnen darüber hinaus körperlichen Widerstand aus, der über die Flucht von den Plantagen und den Zusammenschluss in den so genannten Maroon-Gemeinschaften, Gemeinschaften entlaufener SklavInnen, hinausging. Dies hängt besonders damit zusammen, dass das Kriterium, ob in den französischen Kolonien ein Mensch frei oder unfrei geboren wurde – in deutlichem Gegensatz zur patriarchalen Logik Europas –, der Status der Mutter war, so dass die Kinder einer Sklavin, auch wenn sie der sexuellen Verbindung mit einem Sklavenhalter entstammten, ebenfalls als SklavInnen galten. Die Geburtenrate unter den SklavInnen konnte die hohe Sterblichkeitsrate aufgrund der harten Arbeit, der Unterernährung und der physischen Gewalt jedoch nicht ausgleichen. Gerade diese Tatsache war Anlass für die regulierende Einwirkung auf den Körper der Sklavinnen in den Bereichen Ernährung, Gesundheit und Reproduktion. Gegen diese Instrumentalisierung als Reproduzentinnen der Sklavenhaltergesellschaft übten Sklavinnen massiven Widerstand aus, was aus den Bestrafungen speziell für Frauen hervorgeht: Sklavinnen, die auf der Grundlage überlieferten afrikanischen Wissens heimliche Abtreibungen vornahmen, wurden solange mit dem Tragen eines »eisernen Kragens«, der die Luft- und die Speiseröhre einengte, bestraft, bis sie ein Kind zur Welt gebracht hatten. Auch Kindsmord war ein häufiges Phänomen unter den Neugeborenen der Sklavinnen, und C. L. R. James beschreibt plastisch die grausame Methode der »Kieferklemme«, die Säuglinge an der Nahrungsaufnahme hinderte und so innerhalb weniger Tage sterben ließ (James 1984: 23). Geburtenkontrolle durch sexuelle Enthaltsamkeit und Kräuter war ebenfalls eine der gängigen Praktiken zur Sabotage der biologischen Reproduktion, die Kirsten Wood als »gynecological resistance« bezeichnet (Wood 2010: 521). Diese Praktiken zeugen nicht nur von der ideologischen Konstruktion einer ›natürlichen‹ Mütterlichkeit, sondern auch vom Widerstandspotential, das sich im auf das nackte Leben reduzierten weiblichen Körper materialisierte. Auch die Religion des Vodou, der aus Westafrika in die Karibik gebracht worden war und von den SklavInnen trotz des Verbotes der SklavenhalterInnen ausgeübt wurde, die in den rituellen Zusammenkünften die Gefahr einer Revolte sahen, bot den SklavInnen Praktiken, die im Sinne eines ›*empowerment*‹ gedeutet werden können: Dem Mythos nach tanzten und sangen sich die SklavInnen Saint-Domingues im Bois Caïman solange in Extase, bis sie in den Plantagen einfielen, sie niederbrannten, die PlantagenbesitzerInnen ermordeten und damit die Haitianische Revolution in Gang setzten, die 1804 zur Gründung Haitis als erster freier Schwarzer Republik außerhalb Afrikas führte, in der die Sklaverei auf immer abgeschafft wurde (James 1984: 100 ff.).

V. Der postkoloniale Ausnahmezustand

Auch wenn Agambens Theorie ihre größte Erklärungskraft im Zusammenhang mit totalitärer Herrschaft entfaltet, erweist sich eine biopolitische Perspektive als äußerst produktiv, um die Funktionsweise von Souveränität innerhalb des Konnex von Kolonialismus und Sklaverei verständlich zu machen und koloniale Kontinuitäten in gegenwärtigen globalen Verhältnissen zu entschlüsseln – hat sich die Dekolonisierung doch längst noch nicht praktisch realisiert. Zwar zeigt sich das Erbe kolonialer Sklaverei am plastischsten in Postemanzipationsgesellschaften wie Haiti oder den USA, wo auch nach der Abschaffung der Sklaverei eine rassistische Arbeitsteilung sowie die Verteilung von Rechten und Freiheiten nach rassistischen Kriterien fortgeführt wurden, die bis heute ihre in der Gesellschaftsstruktur sichtbaren Auswirkungen haben. Dies kann jedoch nicht darüber hinwegtäuschen, dass Sklaverei *weltweit* existiert. Die so genannte ›Neosklaverei‹, nun nicht mehr ideologisch legitimiert, sondern verschleiert, manifestiert sich in gegenwärtigen Arbeitsverhältnissen, die in den Fabriken transnationaler Konzerne in exportorientierten Freihandelszonen des globalen Südens unter völliger Missachtung der Menschenrechte lediglich am offensten zutage treten, mit der Arbeitsmigration der globalen »Dienstmädchen« jedoch längst schon in die Haushalte des globalen Nordens eingekehrt sind. Die Grenzen zwischen Metropole und Post-/Kolonie sind verschwommen, der Ausnahmezustand breitet sich global immer weiter aus. Gegen eine Engführung des Lagers auf gegenwärtige Migrations- und Flüchtlingsregime sollte gerade in diesem Zusammenhang nicht außer Acht gelassen werden, dass der Großteil der Bevölkerungen postkolonialer Staaten nicht dazu in der Lage ist zu migrieren, sondern innerhalb einer nach wie vor existierenden rassistischen internationalen Arbeitsteilung, die sich am deutlichsten in den »Zonen gestufter Souveränität« in Ländern des globalen Südens manifestiert, ausgebeutet und dehumanisiert wird (vgl. dazu Ong 2006; Ong 2007). So lässt sich auch unter postkolonialer Perspektive nicht nur Agambens Diktum fruchtbar machen, dass sich der »Ausnahmezustand in der Politik der Gegenwart immer mehr als das herrschende Paradigma des Regierens« erweist (Agamben 2004). Vielmehr bieten sich hier Anschlüsse an, wie Widerstand gegen Neosklaverei unter den Bedingungen von Neoliberalismus und Postkolonialität, die unweigerlich Transformationen staatlicher Souveränität mit sich bringen, konzipiert werden kann. Eine rein normative Perspektive, die auf die Strahlkraft des Völkerrechts und die Verheißung der Menschenrechte setzt, erweist sich angesichts der fortschreitenden Tendenz einer globalen Suspendierung des Rechts als unbefriedigend.

Literatur

Agamben, Giorgio (2001): Mittel ohne Zweck. Freiburg/Berlin: Diaphanes.
Agamben, Giorgio (2002): Homo sacer. Die souveräne Macht und das nackte Leben. Frankfurt am Main: Suhrkamp.
Agamben, Giorgio (2004): Ausnahmezustand (Homo sacer II.I). Frankfurt am Main: Suhrkamp.
Arendt, Hannah (1974): Über die Revolution, 2. Auflage. München: Piper.
Arendt, Hannah (1989): Nach Auschwitz. Essays & Kommentare 1. Berlin: Tiamat.
Arendt, Hannah (2007): Vita activa oder Vom tätigen Leben, 6. Auflage. München: Piper.
Astell, Mary (1996): Some Reflections Upon Marriage, in: Springborg, Patricia (Hg.): Mary Astell. Political Writings. Cambridge: Cambridge University Press.
Bales, Kevin (2005): Understanding Global Slavery. Berkeley u.a.: University of California Press.
Benhabib, Seyla (2006): Hannah Arendt. Die melancholische Denkerin der Moderne. Frankfurt am Main: Suhrkamp.
Blackburn, Robin (1997): The Making of New World Slavery. From the Baroque to the Modern, 1492–1800. London/New York: Verso.
Buck-Morss, Susan (2009): Hegel, Haiti, and Universal History. Pittsburgh: University of Pittsburgh Press.
Dubois, Laurent/Garrigus, John D. (2006): Slave Revolution in the Caribbean, 1789–1804. A Brief History with Documents. New York: Bedford Books.
Foucault, Michel (2000): Die »Gouvernementalität«, in: Bröckling, Ulrich, Susanne Krasmann und Thomas Lemke (Hg.): Gouvernementalität der Gegenwart: Studien zur Ökonomisierung des Sozialen. Frankfurt am Main: Suhrkamp.

Ghachem, Malick (2004): The Age of the Code Noir in French Political Economy. Online unter http://www-sul.stanford.edu/depts/hasrg/frnit/pdfs_gimon/ghachemfinal.pdf (zuletzt aufgerufen am 01.06.2011)].

Henry, Paget (2004): The Caribbean Plantation: Its Contemporary Significance, in: Moitt, Bernard (Hg.): Sugar, Slavery, and Society: Perspectives on the Caribbean, India, the Mascarenes, and the United States. Gainesville: University of Florida Press.

Hobbes, Thomas (2008): Leviathan oder Stoff, Form und Gewalt eines kirchlichen und bürgerlichen Staates. Frankfurt am Main: Suhrkamp.

James, Cyril L. R. (1984): Die schwarzen Jakobiner. Toussaint L'Ouverture und die San-Domingo-Revolution. Berlin: Verlag Neues Leben.

Kant, Immanuel (1977): Schriften zur Anthropologie, Geschichtsphilosophie, Politik und Pädagogik. Band 1. Werkausgabe in 12 Bänden, Band XI, hg. von Wilhelm Weischedel. Frankfurt am Main: Suhrkamp.

Kolumbus (2006): Der erste Brief aus der Neuen Welt. Übersetzt, kommentiert und herausgegeben von Robert Wallisch. Stuttgart: Reclam.

König, Hans-Joachim (2003): Probleme des Kulturkontakts in der Neuen Welt: Spanische Chronisten des 16. Jahrhunderts und ihre Wahrnehmung der Indios, in: Zapf, Harald und Klaus Lösch (Hg.): Cultural Encounters in the New World: Literatur- und kulturwissenschaftliche Beiträge zu kulturellen Begegnungen in der Neuen Welt. Tübingen: Gunter Narr Verlag.

Las Casas, Bartolomé de (1996): Einige Rechtsprinzipien zur Behandlung der westindischen Frage, in: ders.: Sozialethische und staatsrechtliche Schriften, hg. von Mariano Delgado. Paderborn: Schöningh.

Locke, John (1977): Zwei Abhandlungen über die Regierung. Frankfurt am Main: Suhrkamp.

Mbembe, Achille (2001): On the Postcolony. Berkeley u.a.: University of California Press.

Mbembe, Achille (2003): Necropolitics, in: Public Culture 15 (1).

Moitt, Bernard (2001): Women and Slavery in the French Antilles, 1635–1848. Bloomington: Indiana University Press.

Nederveen Pieterse, Jan P. (1998): White on Black. Images of Africa and Blacks in Western Popular Culture. New Haven: Yale University Press.

Ong, Aihwa (2005): Flexible Staatsbürgerschaften. Die kulturelle Logik von Transnationalität. Frankfurt am Main: Suhrkamp.

Ong, Aihwa (2006): Neoliberalism as Exception. Mutations in Citizenship and Sovereignty. Durham: Duke University Press.

Osterhammel, Jürgen (2009): Kolonialismus. Geschichte – Formen – Folgen, 6. Auflage. München: C.H. Beck.

Patterson, Orlando (1982): Slavery and Social Death. A Comparative Study. Cambridge: Harvard University Press.

Piper, Karen L. (2002): Cartographic Fictions. Maps, Race, and Identity. New Brunswick: Rutgers University Press.

Pratt, Mary L. (2003): Imperial Eyes. Travel Writing and Transculturation. London/New York: Routledge.

Sala-Molins, Louis (2006): Le Code Noir ou le calvaire de Canaan, 4. Auflage. Paris: Quadrige/PUF.

Schmitt, Carl (1997): Der Nomos der Erde im Völkerrecht des Jus Publicum Europaeum. Berlin: Duncker & Humblot.

Schmitt, Carl (2004): Politische Theologie. Vier Kapitel zur Lehre von der Souveränität. Berlin: Duncker & Humblot.

Spivak, Gayatri C. und Sarah Harasym (1990): The Postcolonial Critic. Interviews, Strategies, Dialogues. London/New York: Routledge.

Vitoria, Francisco de (1997): De Indis/Über die Indianer, in: Vorlesungen: Völkerrecht, Politik, Kirche, hg. von Ulrich Horst. Stuttgart: Kohlhammer.

Williams, Eric (1994): Capitalism and Slavery. Chapel Hill: University of North Carolina Press.

Wood, Kirsten E. (2010): Gender and Slavery, in: Paquette, Robert L. und Mark M. Smith (Hg.): The Oxford Handbook of Slavery in the Americas. Oxford: Oxford University Press.

Wirz, Albert (1984): Sklaverei und kapitalistisches Weltsystem. Frankfurt am Main: Suhrkamp.

Il-Tschung Lim

Giorgio Agamben und die Populärkultur: Filmisches Ausnahmehandeln in Hollywood

I. Intro

Giorgio Agambens politisch-juridische Thesen haben in der akademischen wie außerakademischen Welt der politischen Reflexion soviel Aufmerksamkeit absorbiert, dass es praktisch unmöglich war, den 2002 in deutschsprachiger Ausgabe erschienenen ersten Band des *Homo-sacer*-Projekts nicht zur Kenntnis zu nehmen. In großen Linien entwirft Agamben bekanntlich einen formalen Strukturbegriff des Politischen, dessen organisatorisches Zentrum die historisch jeweils unterschiedlich konstellierte Leitunterscheidung von *zoé* und *bíos*, nacktem Leben und politischem Rechtssubjekt bildet. Der anhand diverser Klassiker der politischen Ideengeschichte entwickelte Blick für die zahlreichen Formen des nackten Lebens, die kraft eines souveränen Setzungsaktes aus der politischen Ordnung ausgeschlossen sind, ihr als konstituierendes Element jedoch gleichzeitig eingeschrieben bleiben, gewinnt seine luzide Sprengkraft schließlich vor dem Hintergrund der These, dass Politik nicht nur seit jeher schon Biopolitik, also in Agambens Wendung: eine auf das Leben gerichtete Tötungsmacht, gewesen ist, sondern nun, in der Politik der Moderne, erst ihren paradigmatischen Ausdruck findet.

Ein zur Regel gewordener Ausnahmezustand, der den dunklen Latenzraum innerhalb der politischen Ordnung als ihr eigentliches Fundament enthüllt, eine souveräne Macht, die das Recht sistiert und der unterschiedslos alle ausgeliefert sind und schließlich das Enigma einer kommenden Lebens-Form, in der die Trennung von nacktem Leben und politischem Subjekt überwunden sein soll – das sind spektakuläre Figuren, die Agambens Präsenz in der politischen Debatte begründet haben. Man könnte die Popularität des *Homo sacer* auch unter dem Stichwort einer Faszinationsanalyse des Politischen verhandeln, die den politischen Diskurs mit gleichermaßen schillernden wie handlichen Figuren versorgt. Die Attraktivität würde sich dann vor allem darauf zurückführen lassen, dass sich die Emblematik des nackten Lebens praktisch beliebig attachieren lässt. »Der homo sacer ist«, wie Niels Werber entsprechend festgestellt hat, »immer und überall. Er sitzt gefesselt in der *deportation class* der Lufthansa oder mit geschorenem Haupt in einem exterritorialen Armeegefängnis auf Kuba, er bevölkert die dritte Welt und vegetiert in den Außenbezirken der Großstädte dahin. Die Faszination des Begriffs mag daher rühren, daß jedermann das nackte Leben zu erblicken vermag, wo und wann er nur will. Agamben hat damit erreicht, was abstrakteren und kargeren Begriffswelten verwehrt geblieben ist: Illustrierbarkeit. Sie wird ihn für die Kulturformate der Medien unwiderstehlich machen.« (Werber 2002: 622)

Inzwischen ist es in Deutschland um Agamben stiller geworden; durch die politischen Konditionen der Gegenwart navigiert man derzeit mit den Leitunterscheidungen anderer »zeitgenössischer ›posthobbesianischer‹ Theorietrends« (Bernhard Giesen). Während sich die aufgeheizte Debatte über Ausnahmezustände und nacktes Leben im fachphilosophischen Herkunftsdiskurs merklich abgekühlt hat, zirkuliert das Kollektivsymbol ›Ausnahmezustand‹ im Interdiskurs hingegen munter weiter und läuft in seiner fiktionalen Bearbeitung regelrecht heiß. Die ›Kulturformate der Medien‹ jedenfalls haben der Versuchung nicht widerstanden und der Name für die kulturelle Maschine, die sich den Stoff einverleibt hat, um aus einem schier unerschöpflichen Repertoire metaphorische Permutationen der Ausnahmelogik aneinanderzureihen, ist natürlich Hollywood.

II. Populäre Semantik

Das zeitgenössische Hollywoodkino ist aber nicht einfach der logische und zeitgemäße Ausdruck dessen, was die außerfilmische Welt als Erzählstoff bereitstellt. Der Anspielungsreichtum unzähliger filmischer Ausnahmeszenarien im Hollywoodkino an das politische Denken Agambens ist gewiss nicht zufällig, aber solche Allusionen verdanken ihre Plausibilität vielmehr dem Umstand, dass der populäre Film selbst ein politisches Reflexionsvermögen besitzt, das im Verbund mit anderen Spezialdiskursen politisches Wissen austauscht und zirkulieren lässt. In diesem Sinne stellt mein Beitrag nicht nur eine Variation aus der Vielzahl möglicher Kopplungen zwischen Agambens politischem Denken und der filmischen Übersetzung in ein populärkulturelles Idiom vor. Es geht darüber hinaus auch um das grundsätzlichere Votum für eine Betrachtung des in normativer, ästhetischer und politischer Hinsicht traditionell abgewerteten Hollywoodkinos als einer kulturellen Repräsentationsform, die Orientierungswissen zu den politischen Koordinaten der Gegenwart bereitstellt. Populäre Semantiken konkurrieren dann mit anderen Beschreibungsinstanzen des Politischen (zum Beispiel der Sprechposition des politischen Philosophen) und beziehen ihre Bedeutung und Spezifik gerade aus dieser Reflexionskonkurrenz. Ihre Beschreibungssprache ist nicht nur »unterhaltend« und dem kurzweiligen Rezeptionsvergnügen gewidmet, sie trägt vor allem einer Aufmerksamkeitsökonomie Rechnung, die sich nicht an Plausibilitätskriterien im Sinne von richtigen und falschen, zutreffenden und unzutreffenden Beobachtungen orientieren muss. Das verschafft der politischen Reflexion im Register des Fiktionalen einen Freiheitsgewinn, der ihren Status als veritable kulturelle Wissensressource keineswegs beschädigt. Die fiktionale »Rede« populärer Semantiken über die zur Normalität gewordene Ausnahme ermöglicht vielmehr einen besonders luziden Einblick in das biopolitische Betriebsgeheimnis moderner Politik, weil sie ein spekulatives Wissen erzeugt, das Geltung beansprucht, ohne dabei den Anforderungen von Überprüfbarkeit einer Aussage zu unterliegen. »Die Prüfung einer Wissensbehauptung weist ihr – auch außerhalb der Wissenschaft – eine der Seiten des binären Wahrheitscodes zu: Die Behauptung kann nur wahr (1) oder falsch (0) sein. Zugleich bedingen sich Wissenscode und Ontologie: Der Gegenstand der Behauptung existiert oder existiert nicht, ein dritter Wert ist auf dieser Ebene strikt ausgeschlossen. [...] *Mit dem Begriff der Spekulation soll die Form eines Wissens bezeichnet sein, welches nicht überprüft, nämlich nicht auf den Wahrheitscode (wahr/falsch) zugeordnet werden kann.*« (Kuhn 2010: 109) Die spekulativen Bildsemantiken des zeitgenössischen Hollywoodkinos produzieren eine parasitäre Wissensform, die auf das Wahrheitsmedium bezogen bleibt, aber zugleich in einem Bereich jenseits ihrer Falsifizierbarkeit verortet ist. Ihrer photographischen Herkunft nach unterhalten sie immer den Kontakt zu den beiden Welten einer fiktiven Realität und einer realen Realität; sie erzählen mithin fiktive Geschichten, die zugleich auch immer einen ›Wirklichkeitsrest‹ (Georg Seeßlen) enthalten. In diesem Spannungsverhältnis aus ästhetischer und epistemologischer Wertschöpfung bewegt sich nicht zuletzt die auffällige Konjunktur filmischer Ausnahmeszenarien im zeitgenössischen Hollywoodkino.

III. Ausnahmehandeln und die Ordnung der Spionage

In einem kleinen Essay mit dem Titel *Souveräne Polizei* bemerkt Agamben zu den Lehren, die man angesichts der Semantisierung des Golfkriegs als einer ›Polizeioperation‹ ziehen müsse, »dass die Polizei – entgegen der allgemeinen Ansicht, die in ihr eine rein administrative Funktion der Vollstreckung des Rechts sieht – vielleicht der Ort ist, an dem sich mit größter Deutlichkeit die Nähe, ja fast die konstitutive Vertauschung von Gewalt und Recht entblößt, die die Figur des Souveräns kennzeichnet« (Agamben 2001: 99). Die »heikle Kontiguität von Souverän und Polizeifunktion« (ebd.: 100), von Recht und Gewalt, Herrscher und Henker, artikuliert jenen Ausnahmezustand, der es Agamben zufolge unter den gegenwärtigen Bedingungen politischer Ordnungen unmöglich macht, zwischen Recht und Gewalt zu unterscheiden. Die Pointe dieser Ausnahmelogik, die ein nacktes und entblößtes Leben durch einen politisch-rechtlichen Akt des Rechtsentzugs aktiv produziert, also es in Bezug auf die Rechtsordnung einschließt, indem sie es ausschließt, besteht nun darin, dass sie prinzipiell jede Person treffen kann: »Wer auch immer heute den traurigen Rock der Souveränität trägt, weiß, dass er eines Tages von seinen eigenen Kollegen als Krimineller behandelt werden kann.« (Ebd.: 102)

Souveränes Ausnahmehandeln, ein Entscheiden über und in der Ausnahmesituation, beschreibt eine Logik, die auf sich selbst anwendbar ist, und ein Ort, an dem sich diese Logik exemplarisch zeigt, ist das System der Spionage – jener dunklen und verborgenen Seite politischer Macht, von deren Existenz zwar jeder weiß, aber niemand mit Sicherheit sagen kann, wie sie genau funktioniert. Die Ordnung der Spionage umgibt ein Rätsel, das nicht ein für allemal gelüftet werden kann, weil Intransparenz die Möglichkeitsbedingung ihres Funktionierens darstellt. Jede Beschreibung steht damit zwangsläufig unter dem kognitiven Vorbehalt, doch nur eine unter vielen anderen Versionen in einem letztlich unentscheidbaren Wahrheitsspiel zu liefern. Beschreibungssprachen von Spionage ist damit grundsätzlich eine spekulative und kontingente Dimension eingeschrieben, wobei genau dieses (Nicht-) Wissen den epistemologischen Vorrang filmischer Fiktionen gegenüber anderen, mithin »realistischeren« Darstellungsformen der Spionage begründet. »Fiktion«, so lautet entsprechend die treffende Beobachtung von Eva Horn, »analysiert Geheimnisse, sie ist fähig, ihre Struktur zu durchleuchten, gerade weil sie deren Logik, ihre diffizile und rätselhafte Ökonomie von Hell und Dunkel, Präsentiertem und Verborgenem nicht aufbricht, sondern nachvollzieht.« (Horn 2007: 11)

Eine paradigmatische Verkörperung des Filmspions und ihrer politischen Außerordentlichkeit im zeitgenössischen Hollywoodkino ist die Figur des Jason Bourne im gleichnamigen dreiteiligen Sequel. Bourne ist der Prototyp eines ambitionierten Geheimdienstprogramms, das geschätzte, aber auch gefürchtete Personal einer irregulären Kriegsführung, weil er nicht nur strategisches Geheimwissen liefert, sondern als Inbegriff politischer Unzuverlässigkeit zugleich auch besonders anfällig für Störungen aller Art ist, die den Fluss des Geheimwissens ins Stocken bringen könnten. Diese strukturell in die Ordnung der Spionage eingeschriebene Paradoxie macht ihn zu einem außerordentlichen und extra-normalen Medium des Politischen. Bourne ist eine Ausnahmefigur, die in einem Ausnahmeraum mit Ausnahmefähigkeiten handelt. Sie ist dadurch besonders gut geeignet, die eskalative Logik der Ausnahme nachzuvollziehen.

Ich möchte dies anhand von zwei ineinander verwobenen Denkfiguren erörtern, die für Agambens politische Philosophie zentral sind, die darüber hinaus aber auch erlauben, für konzeptionelle Ergänzungen zu sensibilisieren, die sich als Hinterlassenschaft eines verengten Begriff des Politischen aufdrängen. Es geht zum einen um die Delegation souveränen Gewalthandelns an die exekutive, über Leben und Tod verfügende Vollstreckungsmacht des Spions – um ein Prinzip, das mit Agambens Analyse der im Römischen Recht verankerten Institution des *Justitiums* anschaulich wird. Der zweite Aspekt betrifft die politische, genauer gesagt: biopolitische Erzeugungsweise des nackten Lebens, das keinen vorrechtlichen Naturzustand bezeichnet, sondern die politische Aktivität der Inklusion in die politische Ordnung durch Exklusion. Es erscheint mir an dieser Stelle sinnvoll, die Implikationen des Begriffs Biopolitik von Michel Foucault ernst zu nehmen, der, anders als Agamben, den Begriff nicht vom Staat her denkt und vor allem auf eine politische Ökonomie der Bewirtschaftung eines biopolitisch produzierten Lebens abzielt, dessen »Mehrwert« nicht in der Tötbarkeit liegt, sondern in der Programmierbarkeit des individuellen Verhaltens dieses nackten Lebens.[1]

IV. Der Spion als »fluktuierendes Imperium« und als Objekt gouvernementaler Sorge

Bourne ist ein namenloser Agent, der – wie schon der Titel des ersten Teils: *The Bourne Identity* (USA 2002) verrät – auf der Suche nach seiner Identität ist. Er hat keine Erinnerung an sein früheres Leben, geschweige denn eine Ahnung davon, warum er in der Eröffnungsszene des Films bis zu seiner Rettung mit zwei Kugeln im Körper bewusstlos im Mittelmeer treibt. Ein in sein Körper eingesetztes Laserimplantat, das die Nummer eines Schweizer Bankschließfachs enthält, wird schließlich zum einzigen Anhaltspunkt, der den Namenlosen auf der Suche nach sich selbst und seiner Geschichte zwischenzeitlich mit dem Provisorium ›Jason Bourne‹ ausstattet. Bournes Kapital und einziger verlässlicher Anhaltspunkt ist sein Körper, der in den unterschiedlichsten Kampfkünsten versiert ist, eine Orts- und Waffenkunde im Verbund mit präzisem technologischem Know-how beherbergt und aus dem überdies zahlreiche Sprachen und Soziolekte mechanisch heraussprudeln. Diese implizite Könnerschaft ist ihm selbst allerdings ein Rätsel und sie gewährt auch keine Aufschlüsse über eine Geschichte oder Herkunft; es gibt vorläufig nichts, was auf eine bestimmte kulturelle und soziale Existenz schließen lassen könnte. Bourne, das wird im Verlauf der Handlung schnell deutlich, ist das scheinbar perfekte Resultat einer umfassenden ›Mind Control‹, an deren Beginn die Totalauslöschung seiner zivilen Existenz im Tausch für eine implementierte Verhaltenssoftware steht, die Bourne, mehr Maschine als Mensch, an eine algorithmisch erzeugte Programmstruktur erinnern lässt.[2]

---

1   Siehe dazu wiederum Frankenberg (2010), der Konzepte wie Biomacht, Gouvernementalität und Ausnahmezustand als Medien rechtsstaatlichen Handelns und Entscheidens diskutiert.
2   Zum Topos von ›Mind Control‹ in der zeitgenössischen Spionageliteratur vgl. Hahn 2004.

Bournes Bestimmung war es, in einer rechtlichen Grauzone zu agieren, in einem anomischen Raum, der ihn in einen Vorhof der Rechtsordnung entlässt, jedoch durch polizeilich-geheimdienstliche Regierungstechnologien zugleich massiv einfasst. Diese paradoxe Grenzsituation eines zugleich Ein- und Ausgeschlossenen markiert den Handlungsraum Bournes, der sich mit Agamben durch das »progressive Abrutschen der Souveränität in die obskursten Zonen des Polizeirechts« (Agamben 2001: 102) charakterisieren lässt. In dieser Zone wird die souveräne Macht nicht länger durch ein konkretes institutionalisiertes Entscheidungssubjekt ausgeübt, sondern fällt in die Verfügungsgewalt unterschiedlichster Exekutivmächte. Und Bourne ist eine Verkörperung dieser Exekutivmacht par excellence, und macht, wie zahlreiche Rückblenden demonstrieren, auch reichlich Gebrauch von seiner Macht, Leben zu lassen und sterben zu machen. Er ist zwar weisungsgebunden und handelt im Auftrag eines Geheimdienstapparates, aber doch im Rahmen eines eigenverantwortlichen Handlungsspielraums, in dem die Befehle interpretiert, bewertet und möglicherweise gar sabotiert werden. Strukturell ist grundsätzlich jeder Arbeitgeber des Spions mit der Kontingenz eines unzuverlässigen Befehlsempfängers konfrontiert, die er als Betriebsrisiko hinnehmen muss und durch vergleichsweise instabile Loyalitätsbindungen grundsätzlich nur unzureichend kontrollieren kann. »Man kann nicht anders«, so beschreibt Horn das paradoxe Verhältnis von Geheimdienstbehörde und Spion, »als ihm zu vertrauen, sonst braucht man sein Wissen nicht; man kann aber auch nicht anders als ihm zu misstrauen, weil ein Verräter kein Vertrauen verdient« (Horn 2002: 143). Bourne erinnert darin entfernt an jene »gesetzessprengende oder rechtsfortentwickelnde Tätigkeit des Richters« (Balke 2003: 36), zu der Friedrich Balke festgestellt hat, dass sie keineswegs einen administrativen ›Subsumptionsautomat‹ der bloßen Rechtsanwendung darstellt. Unter der Prämisse einer Multiplizierung von Entscheidungsmächten moderner Politik akkumuliert auch der Spion fortan eine Machtfülle, deren Anwendung durch keine Rechtsordnung kontrollierbar ist.

Agamben hat diesen besonderen Fall eines Stillstands des Rechts in einer genealogischen Rekonstruktion des modernen Ausnahmezustandes als »fluktuierendes ›rechtswidriges‹ Imperium« (Agamben 2004: 56) beschrieben. Im Justitium, einer im Römischen Recht verankerten Rechtsinstitution, sieht er den »Archetyp des modernen Ausnahmezustands« vorliegen, bei der es im Kern um den Übergang souveräner Macht in die Hände jedes beliebigen Bürgers geht, der zu Handlungen ermächtigt wird, die selbst im Fall der Tötung anderer »jeder rechtlichen Bestimmung radikal entzogen sind« (Ebd.: 61). Das Justitium erzeugt paradoxerweise qua Rechtsprechung eine rechtliche Leere, in der es Agamben zufolge nicht um eine juristische Folgenabschätzung gehen kann, die begangene Taten während eines Justitiums nach sich ziehen. Denn »wenn Magistrate oder Privatbürger während eines Justitiums handeln, führen sie weder ein Gesetz aus noch überschreiten sie es, und noch weniger schaffen sie Recht. [...] Wer während eines Justitiums handelt – könnte man sagen, wenn man menschliche Handlungen um jeden Preis einen Namen geben will, die sich unter Bedingungen der Anomie abspielen –, der vollzieht das Gesetz nicht, noch überschreitet er es, sondern *nicht-vollzieht* es« (ebd.).

Politisches Ausnahmehandeln, wie die Spionagetätigkeit des ›fluktuierenden Imperiums‹ Bourne, vollzieht sich aus der Sicht des Rechts in einem Raum nichtjustitiabler Tatsachen. Mit Foucault wird der Aktionsraum des Spions auch als heterotoper Raum beschreibbar: »Es gibt gleichfalls [...] wirkliche Orte, wirksame Orte, die in die Einrichtung der Gesellschaft hineingezeichnet sind, sozusagen Gegenplatzierungen oder Widerlager [...], in denen die wirklichen Plätze innerhalb der Kultur gleichzeitig repräsentiert, bestritten und gewendet sind, gewissermaßen Orte außerhalb aller Orte, wiewohl sie tatsächlich geortet werden können. Weil diese Orte ganz *andere* sind als alle Plätze, die sie reflektieren oder von denen sie sprechen, nenne ich sie [...] *Heterotopien*.« (Foucault 1991: 39) Sie bezeichnen ein dispositives »System von Öffnungen und Schließungen« und sind nicht einfach beliebig zugänglich, sondern der Eintritt in sie ist entweder erzwungen oder durch spezifische Rituale und »Reinigungen« vorbereitet. Der Eignung als Spion liegt ein mit viel Aufwand betriebener, rigoroser Trainings- und Disziplinierungsprozess in der heterotopen Raumordnung der Spionage zugrunde. Was dabei die Bourne-Reihe von anderen Filmspionen unterscheidet, ist vor allem die Drastik jener Initiationsriten und Reinigungsrituale, die sie von gewöhnlicheren Darstellungen der ideologischen Indoktrination potenzieller Agenten abhebt. Bourne ist die Zielscheibe einer gesteigerten Form von Inklusion, gar von Hyperinklusion in ein Netz polizeilicher Regierungstechnologien, die von der Gehirnwäsche bis zur Habitualisierung von noch in die letzte Pore seines Körpers eindringenden Erwartungsstrukturen reichen. Das vermeintliche High-End-Produkt einer geheimdienstlichen Subjektivierungstechnologie wird, mit Foucault gesprochen, zum Objekt der gouvernementalen Sorge einer biopolitischen Rationalität, die Bournes von jeder Zivilexistenz entblößtes Leben durch Techniken der Disziplin, Kontrolle und Verwaltung in den Raum geopolitischer Strategien und Manöver einschreibt.

V. Der Spion als Dritter

Dass sich die Investition in Bournes Spionageidentität für seinen Auftraggeber nicht rechnen wird, ist aus der Perspektive des Genres zunächst nicht weiter überraschend, gehört doch der Verrat des Spions, oder zumindest seine Unzuverlässigkeit, praktisch zu den narrativen Konventionen fiktionaler Spionagedarstellungen. Das liegt nicht zuletzt an der paradoxen Verfasstheit des Spionagewesens selbst. Denn mit dem Spion ist eine Figur des Dritten aufgerufen, die in der medialen Ordnung der Spionage zwar unverzichtbar ist, gleichzeitig aber auch das zentrale Moment ihrer Störanfälligkeit benennt: »Der Dritte wird benötigt und ausgeschlossen, der Dritte bringt die Sache zum Laufen und zum Halten. Der Dritte ist der Störer, aber auch die Relation selbst, in einer gewissen Weise ist der Kanal das Produkt des Parasiten und Saboteurs, so wie dieser das Produkt des Kanals ist.« (Horn 2003: 331) Bournes Anstrengungen, seiner Identität habhaft zu werden, stellen das Moment einer Dysfunktionalität in der Geheimkommunikation dar, das, von einer Theorie der Ausnahme her betrachtet, in letzter Konsequenz in jene Kippbewegung mündet, die das Umschlagen von einem Subjekt einer souveränen Exekutivmacht in das Objekt eines straffrei tötbaren Lebens bezeichnet. Die narrative Dynamik der Bourne-Reihe entfaltet sich auch nicht zuletzt an diesem spektakulären Katz-und-Maus-Spiel zwischen Bournes Ich-Suche und den Versuchen des Geheimdienstes, seine nur als Aktenzeichen in der Geheimdienstbehörde vorliegende nackte Existenz auszulöschen.

Interessant an dieser Konstellation ist nun aber, dass Bournes Abtrünnigkeit keine obschon prekäre, jedoch im entscheidenden Moment doch irgendwie intakte und zu sich selbst kommende Subjektivität zugrunde liegt. Das Bourne-Narrativ ist vielmehr dem unwiderruflichen Scheitern der Rückgewinnung einer vermeintlich ursprünglichen, vor ihrer manipulativen Bearbeitung liegenden Subjektivität verpflichtet. Das bezeugt jene für den Zuschauer besonders lustvoll inszenierte Schlüsselszene des zweiten Teils, die sich als eine Art visuelles Markenzeichen der Bourne-Reihe in unterschiedlichen Variationen mehrmals wiederholen wird: Bourne beobachtet von einem Hochhaus die Berliner Einsatzzentrale der Geheimbehörde; die Kameraperspektive fällt mit Bourne als dem subjektiven Träger eines alles kontrollierenden Blicks zusammen, während der Einstellungswechsel auf die orientierungslose Perspektive der Einsatzzentrale ihr Personal als das verwundbare Objekt eines panoptischen Blickregimes ausstellt. Bournes Perspektive wird hier mit der machtvollen Position des Überwachers der Überwacher filmisch kodiert. Seine souveräne Blickträgerschaft wird zum filmischen Ausdruck eines imaginärem Vollständigkeits- und Allmachtsphantasmas eines Subjekts, das sich in der Kontrolle der Blickordnung wähnt und auf diese Weise seinen im Register des Imaginären vollzogenen Subjektivierungsprozess zum Abschluss bringt. Diese Verkennungsleistung bleibt durch das für Hollywood charakteristische kontinuierliche Montageverfahren aber unerkannt.

Dass diese nach Lacan am Nullpunkt jeder Subjektwerdung liegende originäre Verkennungsleistung kinematografisch invisibilisiert wird – nämlich dadurch, dass das gesamte visuelle Feld seinen innerdiegetischen Halt in der alles kontrollierenden

Bourne-Figur findet – scheint nur der symptomatische Ausdruck einer generellen Tendenz im zeitgenössischen Hollywoodkino zu sein, eine über den Kurzschluss von Imaginärem und Realem hergestellte prekäre Scheinidentität des postmodernen Subjekts zu präsentieren. »The imaginary-real axis«, so zumindest und Thomas Elsaesser und Warren Buckland, »becomes the key relation that most accurately maps the spectatorial dynamics of (post-classical) Hollywood, many of whose films can be interpreted as red alerts to the vicissitudes of (postmodern) subjectivity in the realm of the social. This social realm the New Lacanians would typify as authoritarian-without-authority.« (Elsaesser/Buckland 2002: 237) Die Absenz des Symbolischen, einer bindungswirksamen Ordnung eines Gesellschafts-Dritten, der Bourne in seiner Ich-Suche gegenübertreten könnte, um über diese Abgrenzung schließlich zu sich selbst zu kommen, lässt ihn demnach nur ins Leere laufen. Sie befördert allein den imaginären Exzess einer entfesselten Subjektivität, die im vermeintlichen Besitz der Blickmacht ist: »authoritarian-without-authority« (vgl. Salecl 1998).

Andererseits könnte man diese Einstellungsverknüpfung unter einem quasi-therapeutischen Gesichtspunkt auch als einzig verbleibende Möglichkeit Bournes ausdeuten, mit der konstitutiven Unvollständigkeit seiner Identität zurechtzukommen: »Das Einzige, das ihm ermöglicht, ein Minimum an Konsistenz zu bewahren, das also verhindert, daß er ›durchdreht‹, in autistische Katatonie fällt« (Žižek 1997: 50), wäre dann die Identifizierung mit seiner sich zum dauerhaften Provisorium verstetigenden Passagenidentität als perfekt programmierter Waffe des Geheimdienstes. Ein stabiles und zurechenbares Subjekt, dass der Macht gegenübertritt, kann es unter diesen Voraussetzungen nicht geben. Folgt man aber Foucaults Analyse der Gouvernementalität, so gibt es zumindest eine Form von *agency*, von subjektiver Handlungsmacht, die im Spannungsverhältnis von gouvernementaler Fremd- und Selbstführung den Spielraum benennt, der sich auch noch in der Ausnahmesituation eröffnet. In diesem Sinne ist Bourne nicht einfach ein aus dem Schutzraum der Rechtsordnung ausgeschlossenes nacktes Leben, und auch kein Disziplinarmachteffekt, der ausweglos den Mikrotechnologien der Macht ausgesetzt wäre; seine fehlgeschlagene Programmierung bringt vielmehr einen ›subjektiven Faktor‹ ins Spiel, oder wenn man will: das spezifische Leben des nackten Lebens. Als dritte Seite innerhalb der kommunikativen Ordnung der Spionage setzt Bourne die politischen Koordinaten der ihm vorgegebenen Verfeindungsstruktur außer Kraft, indem er das Feld der Freund-Feind-Unterscheidung einfach neu konfiguriert, das heißt: sich die Freiheit nimmt, seinen Feind selbst zu bestimmen. Darin liegt, mit Albrecht Koschorke gesprochen, schließlich die »*organisatorische Potenz*« (Koschorke 2010: 49) von Bourne als einer dritten Partei im Spiel der Kräfte. Im Latenzraum des Politischen wählt er einen dritten Weg, indem er die Logik der Ausnahme bis zur Ununterscheidbarkeit sowohl unterminiert als auch bestätigt.

Literatur

Agamben, Giorgio (2001): Mittel ohne Zweck. Noten zur Politik. Freiburg/Berlin: Diaphanes.
Agamben, Giorgio (2004): Ausnahmezustand (Homo sacer II.1). Frankfurt am Main: Suhrkamp.
Balke, Friedrich (2002): Gesetz und Urteil. Zur Aktualität einer Problemstellung bei Carl Schmitt, in: Vogl, Joseph u.a. (Hg.): Gesetz und Urteil. Beiträge zu einer Theorie des Politischen. Weimar: Verlag und Datenbank für Geisteswissenschaften, 35–56.
Elsaesser, Thomas und Warren Buckland (2002): Studying Contemporary American Film. A Guide to Movie Analysis. London: Arnold.
Foucault, Michel (1991): Andere Räume, in: Barck, Karlheinz u.a. (Hg): Aisthesis. Wahrnehmung heute oder Perspektiven einer anderen Ästhetik. Leipzig: Reclam, 34–46.
Frankenberg, Günter (2010): Staatstechnik. Perspektiven auf Rechtsstaat und Ausnahmezustand. Berlin: Suhrkamp.
Hahn, Torsten (2004): Z wie Zombie oder V wie Verräter? Manchurian Candidate – Sleeper – Subliminal Man: Mind Control und Literatur, in: Epping-Jäger, Cornelia, Thorsten Hahn und Erhard Schüttpelz (Hg.): Freund, Feind & Verrat. Das politische Feld der Medien. Köln: DuMont, 118–137.
Horn, Eva (2002): Der Spion, in: dies., Stefan Kaufmann und Ulrich Bröckling (Hg.): Grenzverletzer. Von Schmugglern, Spionen und anderen subversiven Gestalten. Berlin: Kadmos, 133–155
Horn, Eva (2003): Politische Störung: Streik, Sabotage, Staatsstreich, in: Kümmel, Albert und Erhard Schüttpelz (Hg.): Signale der Störung. München: Fink, 321–334.
Horn, Eva (2007): Der geheime Krieg. Verrat, Spionage und moderne Fiktion. Frankfurt am Main: Fischer.
Koschorke, Albrecht (2010): Institutionentheorie, in: Eva Eßlinger et. al. (Hg.): Die Figur des Dritten. Ein kulturwissenschaftliches Paradigma. Berlin: Suhrkamp, 49–64.
Kuhn, Oliver (2010): Spekulative Kommunikation und ihre Stigmatisierung – am Beispiel der Verschwörungstheorien. Ein Beitrag zur Soziologie des Nichtwissens, in: Zeitschrift für Soziologie, Jg. 39, Heft 2, April 2010, 106–123.
Salecl, Renata (1998): Sexuelle Differenz als Einschnitt in den Körper, in: Jörg Huber/Martin Heller (Hg.): Inszenierung und Geltungsdrang. Zürich: Museum für Gestaltung Zürich.
Werber, Niels (2002): Die Normalisierung des Ausnahmefalls. Giorgio Agamben sieht immer und überall Konzentrationslager, in: Merkur 56, 618–622.
Žižek, Slavoj (1997): Mehr-Genießen. Lacan in der Populärkultur. Wien: Turia & Kant.

AUSWEGE

Isabell Lorey

Jenseits von Souveränität und Ausnahme
Der *homo sacer* als Funktion konstituierender Macht

Die altrömische Figur des *homo sacer* steht in konstitutiver Beziehung zur Souveränität und damit zur konstituierenden Gewalt – das hat Giorgio Agamben die gegenwärtige politische Philosophie mit seinem einschlägigen Werk *Homo sacer. Die souveräne Macht und das nackte Leben* gelehrt. Der *homo sacer* als geheiligter und damit verfluchter Mensch ist jene antike römische Rechtsfigur, von der es heißt, sie sei aus der rechtlich-politischen Ordnung in Rom, dem *ius humanum* ausgeschlossen und in den Bereich der Götter und des Heiligen überwiesen worden. Das menschliche Recht hat sich gleichsam von dieser durch die Heiligung verfluchten Person zurückgezogen, weshalb sie straffrei getötet werden darf. Die Entscheidung darüber, wann Recht gilt und wann jemand der Rechtlosigkeit ausgesetzt wird, trifft jene politische Instanz, die als ›souverän‹ bezeichnet wird. Agamben folgt hier Carl Schmitt und verbindet ihn mit Emmanuel Sièyes, der im Kontext der Französischen Revolution die Ununterscheidbarkeit von Souveränität und konstituierendem Willen der Nation oder des ›Volkes‹ hervorhebt. Die verfassungsgebende Nationalversammlung ist jener Zusammenschluss, in dem »das konstituierende Subjekt und das souveräne Subjekt beginnen verwechselbar zu werden« (vgl. Agamben 2002; Schmitt 2003: 75–77; Sieyès 1968).

Der *homo sacer* nun kann nur deshalb in einer grundlegenden Beziehung zur Souveränität betrachtet werden, weil er zwar »der Gottheit in Form des Nichtopferbaren übereignet« wird, aber »in Form des Tötbaren in der Gemeinschaft eingeschlossen« (Agamben 2002: 92) bleibt, definiert Agamben. Er unterstreicht immer wieder und baut seine Argumentation darauf auf, dass die Funktion des *homo sacer* nicht im Bereich des Religiösen zu suchen ist, und auch, obwohl es sich um eine Rechtsfigur handelt, die Sphäre des Rechts überschreitet (vgl. ebd.: 85–90). Der *homo sacer* offenbart für Agamben die grundlegende Struktur des Politischen: nämlich die in der Idee der gesetzgebenden Souveränität eingeschriebene straffreie Tötungsgewalt (vgl. ebd.: 94). Er bietet in der Verschränkung von *homo sacer* und Souveränität einen Nexus mit enormem Wiedererkennungswert an, in dem wir sogar den »*nómos* der Moderne« (ebd.: 175 ff.)[1] erblicken können.

---

1   Die entrechtete Figur des *homo sacer* verkörpert in dieser Perspektive wahlweise die Position des ›Flüchtlings‹, der ›illegalisierten Person‹ oder auch der ›LagerinsassIn‹.

Agamben ist dahingehend uneingeschränkt zuzustimmen, die Funktion des *homo sacer* von einem rituellen Gebrauch zu scheiden und über das Recht hinaus dezidiert im Bereich des Politischen zu verorten. Doch möchte ich darüber hinausgehend zwei grundlegende Einwände formulieren: Zum einen begrenzt Agamben die Bedeutung der römischen Rechtsfigur enorm, wenn er sie allein mit Souveränität in Beziehung setzt. Zum anderen negiert die Setzung der untrennbaren Überlagerung von Souveränität und konstituierender Gewalt gerade jene Dimension von Macht, die das Potenzial hat, den »*nómos* der Moderne« zu durchbrechen: die konstituierende Macht jenseits von Souveränität. Eben sie wird in der okzidentalen modernen Philosophie nicht selten als negativ konnotierte revolutionäre Kraft außerhalb der politischen Ordnung und damit außerhalb der konstitutionellen Legitimität positioniert, fungiert sie doch als angstbesetzte Herausforderung bestehender Herrschaftsordnungen (vgl. Negri 2011: 48 ff.), von jenen nämlich, die Agamben mit dem transhistorischen Nexus zwischen *homo sacer* und Souveränität konsolidiert.

In meiner Lektüre steht die Figur des *homo sacer* also ebenfalls in Relation zu einer *konstituierenden* Macht, doch zeigt sich an ihr nicht die konstituierende Gewalt des Souveräns, der über den Ausnahmezustand entscheiden können muss, wie Carl Schmitt, dem Agamben diesbezüglich folgt, vorgeschlagen hat (vgl. Schmitt 1993: 13; Agamben 2002: 21 ff.). Im Gegenteil lässt sich, soweit dies aufgrund der Quellenlage möglich ist, historisch zeigen, dass die Funktion des *homo sacer* weit entfernt davon ist, die Ausnahme der Souveränität zu verkörpern. In der historischen Betrachtung lässt sich der *homo sacer* nicht von einer Geschichte trennen, die sich vom 5. bis 3. Jahrhundert v.u.Z. im Zuge der Herausbildung der römischen Republik zugetragen hat. In dieser antiken römischen Geschichte, die ich im Folgenden über die Konstituierung der Plebejer in den Ordnungskämpfen mit den Patriziern erzählen werde, wird der *homo sacer* zu einem Instrument der plebejischen Selbstermächtigung im Kampf um politische Rechte sowie zur Komponente der Drohung im Rahmen der Schutzstrategien eines entstehenden politischen Bündnisses. Im Kontext der Konstituierung der Plebejer erlangt die Figur eine Funktion des Schutzes in der Widerständigkeit, sie wird zu einem Instrument in den anhaltenden Kämpfen um die Ordnung Roms.[2]

Werden diese Kämpfe allerdings ausgeblendet, wird die Figur des *homo sacer* aus ihrem Bedeutungskontext in der römischen Antike gelöst und zu einem transhistorischen Topos stilisierbar. Diese Logik der Negation von Kämpfen zeigt sich explizit im Nexus, den Agamben anbietet: Darin stellt der *homo sacer* den Effekt der Aussetzung des Rechts dar, das heißt das Symptom größtmöglicher Absicherung

---

2   Siehe zur ausführlichen Argumentation der Figur des *homo sacer* in den römisch-republikanischen Ordnungskämpfen und der plebejischen konstituierenden Macht weit über das im Folgenden Geschilderte hinaus Lorey 2011.

von Souveränität im Ausnahmezustand. Ein solcher Modus der Ausnahme dient nicht zuletzt der Formierung einer Ordnung, die destabilisierende Konflikte, Auseinandersetzung und Kritik in gewaltvoller Weise kontrollieren und negieren muss.

Ordnungskämpfe

Von ›Ordnungskämpfen‹ zu sprechen, ist in der deutschsprachigen altertumswissenschaftlichen Forschung nicht üblich, dort wird missverständlich der Begriff ›Ständekampf‹ benutzt (vgl. exemplarisch Eder 2001). Auf der Ebene der Benennung schließen ›Ordnungskämpfe‹ an die in anglo-amerikanischen Diskussionen gebräuchliche Bezeichnung ›struggles of orders‹ an. Doch geht meine Benennung einer Pluralität von Ordnung über die Geste der Übersetzung hinaus. Explizit möchte ich die konstituierenden Akte der Plebejer als Formieren einer Ordnung begreifen, um sie entgegen einer Logik der europäischen politischen Philosophie nicht in Rastern von Illegitimität, Unordnung und Chaos zu diffamieren. Vielmehr verstehe ich die plebejische konstituierende Macht als unerwartete, inventive Herausforderung der bestehenden konstituierten (patrizischen) Herrschaftsordnung. Der Fokus liegt hier weniger in einer antagonistischen Konfrontation zweier Ordnungen, sondern darauf, die anhaltenden Auseinandersetzungen um eine gemeinsame republikanische Ordnung ins Zentrum zu stellen.

In der Schilderung der Kämpfe zwischen Patriziern und Plebejern beziehe ich mich in diesem Text in erster Linie auf die Narrative von Titus Livius.[3] Der römische Historiograph schrieb eine Chronologie der politischen Geschichte Roms beginnend mit der Königszeit im 6. Jahrhundert v.u.Z. bis zu seinen eigenen Lebzeiten, der Zeit des Prinzipats von Augustus im 1. Jahrhundert v.u.Z. Livius schrieb also knapp 400 Jahre *nach* den Geschehnissen, um die es gleich gehen wird. Aus dieser Zeit gibt es keine geschriebenen Quellen, unter anderem deshalb ist Livius' Erzählung wirkungsgeschichtlich sehr einflussreich.[4] An der Lesweise, die ich für das anbiete, was die Plebejer am Beginn des 5. Jahrhunderts v.u.Z. in Rom taten,

---

3   Die folgende Geschichte erzählt Livius im zweiten Band seines 45-bändigen Werkes *Ab urbe condita*, das er als *Römische Geschichte* geschrieben hat. Welche Ereignisse und Praxen im Zuge der römisch republikanischen Ordnungskämpfe in den Diskursen der Altertumswissenschaften als historisch gesichert gelten und was Livius und andere Chronisten wie Cicero und Dionysios von Halikarnassos über die Auseinandersetzungen zwischen Plebejern und Patriziern berichtet haben, sowie zu den verschiedenen Lesweisen in der abendländischen politischen Philosophie siehe Lorey 2011.

4   Unmittelbare und mittelbare Rezeptionen der Historiographie von Livius in der abendländischen politischen Philosophie finden sich u.a. bei Niccolò Machiavelli, Charles de Montesquieu, Jean-Jacques Rousseau, Pierre-Simon Ballanche, Antonio Negri und Jacques Rancière.

hatte Livius mit Sicherheit kein Interesse. Ihm ging es in seiner Geschichtsschreibung in erster Linie darum, die Stärke und den Ruhm Roms hervorzukehren und die Geschichte so darzustellen, dass sie notwendigerweise in der Herrschaft des Augustus kulminiert, das heißt den Souverän historiographisch legitimiert. Das ist ein Grund, weshalb Livius bei all seinen ausführlichen Darstellungen von Konflikten letztlich immer auf die *concordia*, die Eintracht Roms hinaus will. Interessanterweise repräsentiert Augustus gerade jenen Souverän, zu dem Agamben paradigmatisch den *homo sacer* in ein konstitutives Verhältnis setzt, und zwar in dem Moment, in dem der Kaiser die plebejische *potestas tribinicia* übernimmt und so in einer Weise als sakrosankt gilt, die die Unverletzbarkeit des Souveräns unterstreichen soll (vgl. Agamben 2002: 94). Die Geschichte, die sich 400 Jahre davor ereignet hat, ist dagegen jene, die auch in einem epistemischen Sinn der souveränen Herrschaftsgeste der Aneignung vorausgeht: die Herausbildung einer konstituierenden Macht, die keineswegs mit Souveränität zusammenfällt, die sich aber an entscheidender Stelle der Rechtsfigur des *homo sacer* bedient.

Die konstituierenden Akte der Plebejer

Wir befinden uns am Beginn der römischen Republik. Wenige Jahre zuvor war der letzte tyrannische König vertrieben und eine Republik unter Herrschaft der Patrizier, dem römischen Adel, eingerichtet worden. Die republikanische Ordnung lässt sich noch nicht als stabil bezeichnen, und Patrizier und Plebejer – in erster Linie ökonomisch unterschiedlich positionierte römische Bauern – sind nicht als homogene Gruppen formiert. Wie die PatrizierInnen gelten auch die PlebejerInnen als ›frei‹, das heißt sie waren keine SklavInnen, besaßen allerdings dennoch nur geringe politische Rechte. Viele plebejische Bauern befanden sich in einem Verhältnis der Schuldknechtschaft gegenüber patrizischen Landbesitzern.

Wie ermächtigten sich die Plebejer in dieser Situation, welche »Waffen« (er-)fanden,[5] welche Praxen entwickelten sie, um überhaupt mit den Patriziern in eine Auseinandersetzung eintreten zu können, in der sich die römische Republik herausbildete? Bis wir zu der Funktion des *homo sacer* in diesen Ordnungskämpfen kommen, müssen zunächst diese Fragen beantwortet werden. Wie also kann verstanden werden, was in den antiken Quellen als »Sezession« bezeichnet wird, als politische Trennung oder Spaltung, konkret: als Auszug der Plebejer aus Rom?

---

5   Im Sinne der Formulierung von Deleuze und Guattari: »Auf den Fluchtlinien werden neue Waffen erfunden, um sie gegen die schweren Waffen des Staates zu wenden […]« (Deleuze/Guattari 1992: 279; vgl. auch Raunig 2008c).

Dieses Ereignis möchte ich als ›Exodus‹ theoretisieren, als ersten Akt einer konstituierenden Macht.

Livius stellt die Geschichte der ersten von drei Sezessionen der Plebejer[6] explizit in den Zusammenhang von Kriegsdienst und Schuldknechtschaft: Um 495 v.u.Z. spitzt sich nach seiner Darstellung die Lage in Rom innen- wie außenpolitisch zu. Verschuldete Plebejer empören sich immer hörbarer darüber, dass sie im Krieg zwar ihr Leben für die Freiheit Roms riskieren, dagegen in Friedenszeiten selbst in Knechtschaft und als eine Art Leibeigene gehalten werden (Liv. 2,23,1–2).

Nach mehreren siegreichen Kriegen gegen die Volsker, Sabiner und Aurunker wird ein versprochenes Edikt nicht eingelöst, ein Erlass, der den Plebejern Sicherheit und Schutz von Eigentum und *familia* während eines Feldzugs zugesagt hatte. Die Schuldknechtschaft wird nicht beendet. Die patrizischen Senatoren befürchten nun Aufstände und Verschwörungen der Plebs, unterstützen aber als Gläubiger die weitere Missachtung des Erlasses (Liv. 2,31,7 ff.; 2,32,1). Deshalb versuchen sie erneut, die wehrfähigen Plebejer auf den bestehenden Fahneneid zu verpflichten und geben den Legionen den Befehl, aufgrund eines vermeintlich erneut bevorstehenden Angriffs aus der Stadt abzuziehen. »Das«, so Livius, »brachte die Empörung beschleunigt zum Ausbruch.« (Liv. 2,32,1)

Die bewaffneten plebejischen Männer, so will es seine Dramaturgie, überlegen nun, ob sie die Konsuln ermorden sollen, um die Einberufung zu verhindern. Doch statt solche Überlegungen umzusetzen, machen die wehrfähigen Plebejer etwas gänzlich anderes: Sie verweigern sich und ziehen, Livius zufolge, »ohne Befehl der Konsuln auf den Heiligen Berg« (Liv. 2,32,2) aus, auf einen Hügel, der jenseits der Grenzen Roms und damit jenseits des Einflussgebiets der patrizischen Machthaber liegt. Dieser Auszug aus Rom stellt die erste Sezession der Plebejer dar.

Die Plebejer entbinden sich, ohne tödliche Waffen zu gebrauchen. Ihre überaus wirksame politisch-strategische Waffe besteht darin, sich durch Auszug zu entziehen. Sie entziehen sich nicht nur der geschworenen Pflicht zum Gehorsam, sie verlassen den gesamten Herrschaftsbereich der Patrizier. Wenn die Plebejer die Grenzen der Stadt überschreiten, besteht ihre Gehorsamsverweigerung in der Separierung von der patrizischen Macht. Diese Grenzüberschreitung ist kein Bild für den Auszug in ein Außen von Macht im Allgemeinen. Sezession ist nicht das Ziel, sondern ein Mittel des Kampfes.

Die Plebejer überschreiten, indem sie aus der Stadt ziehen, weniger eine Grenze, die zwei Territorien trennt, sie entziehen sich gerade einer binären Logik von Gesetz und Verbot, von Ordnung und Aufstand. Aufruhr ist das, was die patrizischen Senatoren befürchten, Unordnung gilt ihnen als Bedrohung und Negation ihrer Ordnung. Aber die Plebejer begeben sich nicht in die antagonistische Position

---

6 Die zweite Sezession soll 449 v.u.Z. stattgefunden haben, die dritte 287 v.u.Z.

derjenigen, die bloß Unordnung und Chaos schaffen. Sie erfüllen nicht den Part, den die herrschende Ordnung für Bedrohungsszenarien vorsieht, die Szenarien, in denen sie den Aufstand befürchtet und ihm präventiv durch Pflicht und Verbot zuvorzukommen sucht.

Die Plebs durchquert die Sicherungs- und Schutzmechanismen der patrizischen Herrschaftsordnung, indem sie sie aufkündigt und sich von keinen Strafdrohungen abschrecken lässt. Vielmehr lässt sie alle Sanktionen ins Leere laufen und damit zugleich die patrizische Herrschaft.[7] Angekommen auf dem Berg, so erzählt Livius (2,32) die Geschichte von der ersten Sezession der Plebejer weiter, schlagen die plebejischen Männer ein festes Lager auf. Sie werden dort nicht angegriffen und greifen auch selbst nicht an. Sie konsekrieren, sie ›heiligen‹ den Berg, schwören einen freiwilligen Eid (*sacramentum*) und verabschieden ›geheiligte Gesetze‹ (*leges sacratae*). Diese selbstgesetzten Gesetze beinhalten, dass sie plebejische Tribunen zu ihrem Schutz und zur Durchsetzung ihrer politischen Interessen einsetzen wollen.[8] Die plebejischen Tribunen sollen unverletzbar, sakrosankt sein und ein Recht zur Hilfeleistung für die Plebs besitzen (Liv. 2,33,1). Nicht nur in der Narration von Livius können die Ausgezogenen diese Forderungen gegenüber dem Unterhändler und den Patriziern durchsetzen.[9] Der Plebs werden eigene, sakrosankte Beamte zugestanden und jeder, der diesen sakrosankten Status ›verletzt‹, kann zum *homo sacer* erklärt werden (vgl. Liv. 3,55,7).[10] Nach der Wahl von zwei Tribunen auf dem geheiligten Berg kehren die Plebejer zurück nach Rom (vgl. Liv. 2,32,4–33,3; 3,55,7; 3,55,10).

Zum Exodus kommen demnach weitere konstituierende Akte, in denen sich die konstituierende Macht der Plebejer entfaltet, hinzu: der Akt des Eids und der Ge-

---

7   Diese Lektüre ist inspiriert von einer Passage bei Paolo Virno, in der er die Bewegung des Exodus formuliert: »[…] bewegen wir uns schrittweise weg von einem bestimmten Problem, nämlich der Frage: Unterwerfung oder Aufstand?, zu einem ganz anderen Problem: Wie können wir eine Bewegung des Abfallens verwirklichen und zugleich Formen der Selbstverwaltung ausprobieren, die zuvor unvorstellbar waren?« (Virno, Paolo: *Motto di spirito e azione innovativa*, zit. nach Raunig 2008a: 19; vgl. auch Virno 2010)
8   Diese Maßnahmen der Plebejer sind in der Forschung unbestritten. Über die Bedeutung, die Auswirkungen und die Anerkennung durch die Patrizier finden sich dagegen mehrere unterschiedliche Interpretationen.
9   Zur ersten Sezession der Plebejer siehe auch Dionysios von Halikarnassos, ein weiterer bedeutender Historiograph der frühen Republik (Dion.Hal. 6,79,1–6,90,2).
10 Mit ›verletzen‹ war eine große Spanne von Bedeutungen verbunden: Es konnte heißen, die Person selbst tätlich anzugreifen, es konnte aber auch meinen, die politische Handlungsfähigkeit eines Tribunen einzuschränken. So musste ein Tribun beispielsweise ungehindert zur Plebs sprechen können. Wenn er das Wort in den plebejischen Versammlungen erhob, durfte er keinesfalls unterbrochen oder auf andere Weise gestört werden. Letztlich sollten mittels der plebejischen *leges sacratae* all jene Taten geahndet werden, die die von den Plebejern eingesetzte Autorität eines Tribunen nicht anerkannten oder respektierten.

setzgebung, die Schaffung eines Amtes, deren Inhaber die Plebejer schützen soll, des plebejischen Tribunats, und schließlich die Androhung der aus dem älteren Recht bekannten Sakration/Konsekration, bei Verletzung ihrer *leges sacratae* zum *homo sacer* erklärt zu werden (vgl. Kaser 1949: 43 ff.). Mit diesen konstituierenden Akten wird keine neue Ordnung an einem neuen Ort geschaffen, sondern eine alternative Ordnung als Mittel der Intervention in die existierende Ordnung in Rom.

Festzuhalten bleibt zudem: Sowohl der Berg als auch die Person, die gegen die plebejischen Gesetze verstößt, werden durch den Akt der Konsekration ›geheiligt‹. Entsprechend der ambivalenten Konnotation des lateinischen Wortes *sacer* bedeutet die *consecratio* im Falle des Berges eine ehrende Weihung; wird aber eine Person konsekriert, wird sie im antiken römischen Verständnis nicht geweiht, wie es später im Christentum üblich wird. Die *consecratio* eines Menschen entspricht der anderen Konnotation von *sacer* und meint ›verflucht‹, ohne dass im Falle des *homo sacer* damit eine religiöse Handlung verbunden gewesen wäre, darauf verweist schon das Opferverbot. Die Konsekration einer Person ist vielmehr als eine Strafe zu verstehen, als ein sanktionierender Rechtsakt (vgl. Frateantonio 1997: 128; vgl. auch Agamben 2002: 91).[11] Diese Strafe sollte nicht gegen die Verletzung einer einzelnen Person gerichtet sein, sondern in Adaption des Sakralrechts als Ahndung eines Vergehens gegen das geschworene plebejische Bündnis und seine sakrosankten Repräsentanten.[12]

Die sakralrechtliche Figur des homo sacer

Agamben stellt an den Beginn seiner antiken Verortung des *homo sacer* ein Zitat des römischen Lexikographen Sextus Pompeius Festus aus dem 2. Jahrhundert u.Z. In den meisten Darlegungen, in denen es um den *homo sacer* geht, auch in den Altertumswissenschaften, wird diese Stelle bei Festus angeführt (vgl. Mommsen 1955: 900 ff.; Wessner 1920: 1627; Rives 2001: 1195).

---

11 Die sanktionierende Konnotation der Konsekrierung konnte Dinge/Vermögen wie Menschen betreffen. Diese doppelte, negative *consecratio* drohten die Plebejer als höchste Sanktionsmöglichkeit bei der Verletzung ihrer *leges sacratae* und damit der Verletzung der *sacrosanctitas* ihrer Tribunen an: zum einen die *consecratio capitis*, die Erklärung zum *homo sacer*, und zum anderen die *consecratio bonorum*, die Enteignung des Vermögens, das dem Gebrauch der Menschen entzogen und der Göttin Ceres, das heißt konkret an den Cerestempel übereignet werden konnte (vgl. Liv. 3,55,7; Dion.Hal. 6,89,3).

12 Das Sakralrecht gehörte im patrizischen Herrschaftsverständnis zu jenem Recht, das im Verbund mit den Göttern die *res publica*, das Gemeinwesen schützen sollte, denn Verstöße gegen solche Gesetze bedrohten alle. »Ihrer Form nach tritt bei dem gegen die Gemeinde begangenen Frevel ursprünglich [...] die Bestrafung auf als Sacration« (Mommsen 1955: 900).

Doch der Zusammenhang, in den der antike Lexikograph die Figur des *homo sacer* stellt, bleibt in der Regel in seiner umfassenden Bedeutung unberücksichtigt. In nahezu allen neueren Aufnahmen der Diskussion um die Figur des *homo sacer* fehlt eine genauere Einbindung in den plebejischen Exodus und die Geschehnisse auf dem Heiligen Berg. Die bedeutende Funktion, die diese Figur für die Konstituierung des plebejischen Bündnisses – und damit für die republikanischen Ordnungskämpfe – hatte, bleibt unberücksichtigt.[13] Agamben erwähnt diese Geschehnisse zwar, interessiert sich aber nicht weiter für ihre untrennbare Verbindung mit der Adaption der Figur des *homo sacer*.[14] Durch die Ausblendung der Kämpfe zwischen Plebejern und Patriziern wird diese jedoch aus ihrem Bedeutungskontext in der römischen Antike gelöst und zu einem transhistorischen Topos stilisiert.

Dabei legt gerade jene primäre Quelle für die gegenwärtig relevanten Diskursstränge um den *homo sacer* dies in keiner Weise nahe. Im Gegenteil. In seinem fragmentarisch überlieferten Lexikon *De verborum significatu* (*Über die Bedeutung der Wörter*) beginnt Festus (318) die Eintragung zum Stichwort *sacer* folgendermaßen:

> »*Sacer* heißt der Berg auf der anderen Seite des Anio, ein wenig über den dritten Meilenstein hinaus, weil ihn die Plebs, als sie sich von den *patres* trennte, nach der Wahl von plebejischen Tribunen, die ihr beistehen sollten, als sie wieder abzog, dem Iuppiter weihte.«[15]

Erst nach dieser Aufzählung der einzelnen Akte der plebejischen Selbstkonstituierung schreibt Festus, in welchem Zusammenhang dazu der *homo sacer* steht:

> »*Homo sacer* aber ist derjenige, über den der *populus* wegen eines Verbrechens gerichtet hat; und es ist verboten, ihn zu opfern; wer ihn jedoch umbringt, wird nicht wegen Mordes verurteilt; denn im ersten tribunizischen Gesetz ist festgelegt: ›Wenn einer denjenigen um-

---

13 Zur Verbindung von *homo sacer* und plebejischer Konstituierung siehe Fiori 1996: 293–325; Koschorke 2007: 26 ff.
14 Bis auf eine Stelle, in der Agamben schreibt: »Die Verknüpfung zwischen der Verfassung einer politischen Gewalt und der *sacratio* belegt auch die *potestas sacrosancta*, die in Rom dem plebejischen Tribunen zusteht. Die Unantastbarkeit des Tribuns gründet allein auf der Tatsache, dass die Plebejer anlässlich der ersten Sezession geschworen haben, die Vergehen an ihren Vertretern dadurch zu rächen, dass sie den Schuldigen als *homo sacer* betrachteten.« (Agamben 2002: 93) Diesen Zusammenhang argumentiert Agamben indes nicht weiter, sondern löst die »politische Gewalt« der Plebejer in der augusteischen souveränen Macht auf (vgl. ebd.: 94). Dass Agamben damit die »revolutionäre Herkunft« der Sakrationsformel *sacer esto* sogleich wieder auslöscht, dazu auch Koschorke 2007: 31.
15 »Sacer mons appellatur trans Anienem, paulo ultra tertium miliarium, quod eum plebes, cum secessisset a patribus, creatis tr[ibunis] plebis, qui sibi essent auxilio, discedentes Iovi consecraverunt.« (Die patrizischen Senatoren werden auch patres genannt.)

bringt, der, nachdem dieses von der Plebs beschlossen wurde, *sacer* ist, sei er kein Mörder‹.«[16]

Auf diesen Ausschnitt wird in den jüngeren *homo-sacer*-Interpretationen Festus' Eintrag zum Stichwort *sacer* reduziert, ohne auf die darin angesprochene Jurisprudenz und die explizite Verbindung zur Plebs einzugehen. Ich habe an anderer Stelle ausführlich dargelegt, was diese Jurisprudenz bedeutete, ob es ein tribunizisches Tötungsrecht gab und welche juristischen Praxen sich aufgrund der Möglichkeit der Konsekrierung zum *homo sacer* historisch nachweisen lassen (vgl. Lorey 2011: 107–126). An dieser Stelle soll lediglich festgehalten werden, dass die plebejischen Tribunen nicht souverän agierten, sie hatten keine Entscheidungsgewalt über Leben und Tod, sondern handelten als Teil einer im Entstehen begriffenen plebejischen Jurisprudenz. Nimmt man dies zur Kenntnis, lässt sich daraus auf keine »bedingungslose Tötbarkeit« (Agamben 2002: 95) des *sacer* gesprochenen menschlichen Lebens schließen. Agamben befindet sich mit dieser Auslegung sehr nahe bei althistorischen Interpretationen, die im Umgang mit einem *homo sacer* gar »Lynchjustiz«[17] eines plebejischen Mobs mutmaßen. Entgegen solchen ausgesprochen unangemessenen Auslegungen lässt sich der *homo sacer* als historische Aktualität im Allgemeinen, nicht nur im Zusammenhang der plebejischen Ordnung, nicht belegen (vgl. Frateantonio 1997: 128; Kiesow 2002: 62). Für die Ordnung der Plebejer hatte er die Funktion einer schützenden Drohung, um die Auseinandersetzungen mit den Patriziern führen zu können.

Da dieser Text aber weniger die konstituierte Macht der Plebejer, sondern das Besondere ihrer konstituierenden Macht in den Vordergrund stellt, sollen die diese Macht unterstreichenden Implikationen des *sacer*-Eintrags von Festus weiter betont werden: An erster Stelle nennt der Lexikograph den Heiligen Berg, der ihm zufolge nur deshalb *sacer* genannt wird, weil ihn die Plebejer nach der ersten Sezession, und nachdem sie das Amt der plebejischen Tribunen geschaffen und ihre Vertreter gewählt hatten, konsekrierten. Sollte dieser Akt der *consecratio* so oder in ähnlicher Weise stattgefunden haben, muss das in der frühen römischen Republik eine nicht geringe Provokation gewesen sein. Die *consecratio* einer Sache durch die Plebejer, hier des Bergs, bedeutete eine ungeheuerliche Aneignung von Kompetenzen, die in Rom bisher allein den *pontifices* oder den höchsten patrizischen Beamten zuerkannt

---

16 »At homo sacer is est, quem populus iudicavit ob maleficium; neque fas est eum immolari, sed, qui occidit, parricidi non damnatur, nam lege tribunicia prima cavetur, ›si quis eum, qui eo plebei scito sacer sit, occiderit, parricida ne sit‹.«
17 Dieser Begriff findet sich sogar in einem Eintrag in *Der neue Pauly* (vgl. Eder 2001). Der Begriff »Lynchjustiz« bezüglich der plebejischen Strafverfolgung ist weiter zu lesen bei Mommsen 1864: 179 und an diversen Stellen bei Bleicken 1955.

worden war. Die Plebejer dagegen waren von den zur *consecratio* befähigten Ämtern ausgeschlossen.[18]

Erst im Zusammenhang mit der Weihung des Bergs wird offensichtlich, dass die dazu komplementäre *consecratio* die sanktionierende Konsekrierung darstellte, die als Verfluchung zum *homo sacer* sowie als Vermögensenteignung angewendet werden konnte.[19] Festus verbindet in seinem lexikalischen Eintrag die Funktion der Ambivalenz von *sacer*, gleichsam Weihung und Verfluchung zu bedeuten, untrennbar mit der plebejischen Sezession und den weiteren ermächtigenden Akten auf dem *mons sacer*.[20] Das heißt nicht, dass es jenseits dieses Zusammenhangs in der frühen römischen Republik keine Verwendung von *sacer* oder der *consecratio* gab,[21] doch spätestens im 2. Jahrhundert u.Z. hatte sich die Erklärung für die Verwendung von *sacer* offensichtlich in erster Linie mit den plebejischen Kämpfen verwoben. Der Bezug auf das Lemma des Festus lässt sich nicht von diesem Kontext lösen. Da Agamben nur die Vergehen zur Kenntnis nimmt, die nach archaischem Recht die Sakration nach sich gezogen haben sollen, kann er die souveräne Beziehung des *pater familias* gegenüber seinem Sohn in ein Zentrum seiner Argumentation stellen, ohne eine juristische Instanz auf der Ebene des öffentlichen Rechts zu berücksichtigen (vgl. Agamben 2002: 95, 97 ff.).[22]

Festus' Eintrag gibt weiter entscheidende Argumente zur Hand, die plebejische Konstituierung nicht als religiös-private, sondern als sakralrechtliche und damit öffentliche Akte zu verstehen. Würden die Plebejer als Privatpersonen heilige Handlungen vornehmen, würden sie opfern. Doch davon ist nicht nur bei Festus keine Rede. Ganz im Gegenteil: *homo sacer* soll derjenige sein, der gerade nicht

---

18 Plebejer wurden erst 300 v.u.Z. in das Pontifikalkollegium aufgenommen (vgl. Wieacker 1988). Konsekrationen nahmen im älteren römischen Recht in der Regel nur die Magistrate in Anwesenheit eines Pontifex vor, der die richtigen Spruchformeln der Weihung (vor-) sprach, um den Zorn der Götter in Form von Seuchen oder Niederlagen im Krieg nicht zu erregen; später dann allein die patrizischen hohen Beamten. Ein solches Expertentum wird stets durch das drohende Los gesichert, dass das Nichtbeachten der exklusiven Zuständigkeit zur größtmöglichen Katastrophe führt (vgl. Wissowa 1900: 899).

19 Beide Formen der strafenden *consecratio* drohten die Plebejer bei Verletzung ihrer *leges sacratae* und damit der tribunizischen *sacrosanctitas* an (vgl. Liv. 3,55,7; Dion.Hal. 6,87,3).

20 Auch in der Textstelle zu *sacratae leges* verweist Festus (318) auf die Plebejer und die im Eid geschworene Strafe: »Geheiligte Gesetze sind jene, in denen festgelegt ist, dass, wer immer etwas gegen sie unternimmt, mit seinem Besitz einem der Götter geweiht [*sacer*] sei. Es gibt auch Leute, die sagen, dass jene ›geheiligt‹ [*sacratas*] genannt werden, die die eingeschworene Plebs am Heiligen Berg beschlossen hat.«

21 Zur Verwendung der *consecratio* im archaischen Recht siehe Fiori 1996: 179 ff.; Kaser 1949: 43 ff.

22 Welche grundlegende Funktion im Unterschied zu diesem patrilinearen Band zwischen Vater und Sohn die heterosexuelle, unverheiratete Tochter für die Positionierung eines *pater familias* hat, zeige ich anhand der Geschichte der Verginia, die Livius direkt vor der zweiten Sezession der Plebejer zu lesen gibt (vgl. Lorey 2011: 127–179).

geopfert werden darf. Der plebejische Einsatz des geheiligten Menschen fand im Rahmen sakralrechtlicher Regelungen statt. Darauf verweisen die erzählten Erinnerungen zur Zeit des Augustus und in den Definitionen von Festus, in denen die Kämpfe zwischen Plebejern und Patriziern immer auch als Konflikte um Angelegenheiten der *res publica* betrachtet wurden.

Die Sanktion, *sacer* zu werden, ist in der plebejischen Ordnung zwar jenseits der ›legalen‹ patrizischen Rechtsordnung positioniert, aber de facto nicht in der Sphäre der Rechtlosigkeit. In der selbstgesetzten Rechtsordnung der Plebejer fungiert der *homo sacer* als angedrohte Sanktion, um gegenüber den Patriziern politisch handlungsfähig zu werden.

Konstituierende Macht

Auf der Basis mangelnder politischer Rechte und fehlender Interessenvertretung erfinden sich die Plebejer mithin unabhängig von den bestehenden patrizischen Ordnungs- und Herrschaftsstrukturen als politisch handlungsfähig. Ihre Strategie hierzu besteht in erster Linie in einer Praxis der Selbstermächtigung, die ich mit dem Begriff der *konstituierenden Macht* fassen möchte; dies nicht nur in Anknüpfung an einen der zentralen Begriffe bei Antonio Negri (vgl. Negri 1999; Negri 1998; ferner Raunig 2005: 56 ff.), sondern auch in Weiterführung der Sezessionseinschätzungen in den Altertumswissenschaften: Bereits Theodor Mommsen spricht von der »politischen Constituirung der Plebs« (Mommsen 1971: 274; vgl. auch Wieacker 1988: 379; Ungern-Sternberg 2001). Dieser Konstituierungsprozess ist ein autonomer Prozess kollektiver Selbstermächtigung, er ereignet sich aber nicht *jenseits* in Rom bestehender Praktiken und Vorstellungsweisen. Die Plebejer bedienen sich aus unterschiedlichen Versatzstücken politischer, sakraler und gebrauchsrechtlicher Techniken, die bis in die Königszeit zurückreichen, um in einem Konglomerat aus mehreren konstituierenden Akten ihr geringes Vermögen in eine so potente Macht zu verkehren, dass sie für die Auseinandersetzungen mit den Patriziern in Rom gewappnet sind.

Konstituierende Macht bewegt sich in einem Bedeutungsfeld von Zusammensetzung und Festsetzung.[23] Die Plebejer setzen sich auf dem Heiligen Berg fest und zusammen, jedoch nicht um einfach eine militärische Legion zu bilden, sondern um sich freiwillig als sakramentales Bündnis zu konstituieren. Sie setzen sich zunächst »fest«, ohne Anführer, in einem festen Lager mit Wall und Graben. Die von Livius verwendete Formulierung *communitis castris* (Liv. 2,32,4) weist weniger darauf hin, dass es sich hier um das Festsetzen als *communitas*, als Gemeinschaft handelt,

---

23 Zur sprachlichen Entwicklung des lateinischen Verbs *constituo* vgl. Raunig 2008b: 37.

sondern dass das Lager dem gemeinsamen Schutz dient. Die Betonung liegt, so meine Interpretation, auf dem Akt des sichernden Festsetzens als Zusammensetzen, und damit auf einem Gründungsakt, einer schützenden Konstituierung.[24]

Livius betont, dass dieses Zusammensetzen der Plebejer »ohne Anführer« geschieht. Zwar lässt er sie am Anfang seiner Schilderung der Sezession auf Rat »eines gewissen Sicinius« auf den Hügel ziehen, aber nicht, ohne auch hier schon zu betonen, dass dies »ohne Befehl der Konsuln« geschieht (Liv. 2,32,2). Niemand zwingt oder führt sie, sie (ent-) ziehen (sich) zusammen, um sich dann erst in einem zweiten Schritt Tribunen, je nach Interpretation als »Anführer« (Libero 2002: 798) oder »Vertreter« (Volkmann 1975: 948), zu geben. Konstituierende Macht, Formierung und Verbündung entwickeln sich zunächst führerlos, erst im Laufe des Konstituierungsprozesses entstehen Repräsentation und Repräsentanten. Die Plebejer verbünden sich sakralrechtlich in einem Eid und sichern sich durch das Bündnis jenseits der patrizisch bestimmten Legalität politisch und rechtlich.

Mir geht es um dieses Vermögen, sich ausgehend von einer Gehorsamsverweigerung zusammenzuschließen, zu schützen und zu wehren, wenn ich im Konstituierungsprozess der Plebs von konstituierender Macht spreche. Die Plebejer konstituieren sich nicht als starre Ordnung, die sich auf Dauer in Rom separiert hätte und in einem ebenso starren dichotomen Verhältnis den Patriziern gegenübergestanden wäre. Eher ist die konstituierende Macht hier als eine bewegliche Ordnung zu verstehen, die zur wachsenden politischen Teilhabe der Plebejer führte und einen politischen, rechtlichen und ökonomischen Transformationsprozess anstieß, der 287 v.u.Z. in die *lex Hortensia* mündete.[25]

In keiner der drei Sezessionen ist die konstituierende Macht als die verfassungsgebende Versammlung des *populus Romanus* zu verstehen, die in der Lage gewesen wäre, über die Zukunft ihrer »eigenen politischen Existenz« (Schmitt 2003: 75; Agamben 2002: 50 ff.) zu entscheiden. Hier fällt zwar in gewisser Weise die konstituierende Macht mit dem konstituierenden Willen der (männlichen) Plebs zusammen, doch eben nicht mit dem *populus Romanus*, zu dem ebenso die patrizischen Männer gehörten.[26] Deshalb stellt die plebejische Konstituierung auch keine Vorläuferin dessen dar, was Emmanuel Sieyès für die Verfassungsgebung während der Französischen Revolution konstatiert hat. Der gesetzgebenden Nationalversammlung, der Repräsentantin der so genannten Volkssouveränität, spricht er einen

---

24 Die sich auf einer abstrakten Ebene als »konstituierende Immunisierung« weiterentwickeln lässt (vgl. Lorey 2011: 80 ff.; 281 ff.).
25 Die *lex Hortensia* regelte die rechtlich-politische Gleichstellung der Plebejer und wurde am Ende der dritten Sezession verabschiedet. Die drei Sezessionen der Plebejer machen meines Erachtens deutlich, dass der Prozess der Konstituierung für die gesamte Zeit der Ordnungskämpfe von erheblicher Bedeutung war.
26 Nicht aber die freien plebejischen und patrizischen Frauen und die SklavInnen.

pouvoir constituant zu (vgl. Sieyès 1968). Auf dem Heiligen Berg war dagegen der Akteur nicht das ›Volk‹, das mit der ›Nation‹ zusammenfiel. Wir haben es somit auch nicht mit einem kollektiven konstituierenden Subjekt zu tun, das von einem Souverän nicht mehr unterschieden werden kann. Es geht nicht um die Vorläufer einer »Volkssouveränität«.[27]

Antonio Negri hat in seinem Buch *Insurgencies. Constituent Power and the Modern State* einen Begriff der konstituierenden Macht entwickelt, den er gegen traditionelle Vorstellungen von verfassungsgebender Gewalt und Souveränität stellt. Negri zeigt, dass konstituierende Macht keineswegs ausschließlich auf Souveränität zurückgeführt werden muss. Wird konstituierende Macht, wie auch in unterschiedlichen Weisen innerhalb der Rechtstheorie, mit Souveränität verbunden oder gleichgesetzt, wird in solchen Konzeptualisierungen nicht selten das Potenzial konstituierender Macht negiert und neutralisiert (vgl. Negri 1999: 1–36). Dagegen konzipiert Negri konstituierende Macht geradezu in Opposition zu Souveränität, um deren innovatives und kreatives Vermögen jenseits von Souveränitätsdenken zu fokussieren.[28]

Es sind gerade die vielen konstituierenden Akte der Plebejer, die nicht auf eine schließende Souveränität verweisen, die durch den Eid generiert würde. Die konstituierende Macht der Plebs stellt dagegen eher einen offenen und kontinuierlichen Prozess der Konstituierung nicht nur der plebejischen *potentia*, sondern der Konstituierung der Verfasstheit der römischen Republik dar. In diesem kämpferischen Prozess um eine republikanische Ordnung greift die Plebs nicht mit einer eigenen Konstitution ein, mit einer geschlossenen Setzung. Es handelt sich bei den *leges sacratae* nicht um eine plebejische Verfassung, die im modernen Verständnis als souveräner Akt gelten würde, sondern um einzelne Gesetze, welche die Kompetenz und die Macht der plebejischen Tribunen festlegen und damit das politische Schutzinstrument der Plebejer sichern. Die konstituierende Macht stellt eine *potentia* dar, die mittels *leges sacratae* und Tribunen den Prozess der Transformation der republikanischen Ordnung in Bewegung hält. Die konstituierende Macht der Plebejer beschreibt in erster Linie die *potentia*, das Vermögen, sich in gewisser Weise unabhängig, aber nicht jenseits einer schon konstituierten Macht zusammenzuschließen: den konstituierenden Prozess eines Bündnisses. Denn das ist es, was die

---

27 Mommsen konstruiert in seinem Staatsrecht die mit den wehrfähigen Männern besetzte Versammlung des *populus* als »Volkssouverän«, der dem Magistrat gegenüberstehe (vgl. Mommsen 1971: 300 ff.; kritisch Behne 2002: 132).
28 Negri liest, wenn er den Begriff der konstituierenden Macht konzeptualisiert, Machiavellis Auseinandersetzung mit Titus Livius und dessen Darstellung der römischen Ordnungskämpfe in den *Discorsi* (ebd.: 37–98). Aber weder Machiavelli, dem Negri bescheinigt, er setze mit seiner Livius-Auseinandersetzung den Beginn eines in seinem Sinne zu verstehenden Begriffs von konstituierender Macht, noch Negri selbst verstehen im Konkreten die plebejischen widerständigen Akte als Komponenten der Herausbildung konstituierender Macht.

Plebejer taten: Sie entzogen sich den patrizischen Herrschaftsverhältnissen durch Gehorsamsverweigerung und damit der noch nicht auf eine geschriebene Verfassung bezogenen, aber dennoch konstituierten Macht in Rom. Die Plebejer erfanden und formierten auf dem Hügel abseits der Stadt eine alternative politische und rechtliche Zusammensetzung. Sie entschieden sich für Interessenvertreter, die sie schützen und ihnen helfen sollten, und schufen damit Agenten einer zukünftigen plebejischen konstituierten Macht, die, zurück in Rom, in permanente Auseinandersetzungen mit den Patriziern eintraten.

Weder die konstituierte noch die konstituierende Macht der Plebejer vermochte das ›legale‹ römische Recht im Sinne eines Ausnahmezustandes auszusetzen, denn sie hatten keine solche ›gesetzgebende Gewalt‹, die Rechtssetzungen über die *leges sacratae* zum Schutz des eigenen Bündnisses hinaus vornehmen konnte. Zudem waren die Plebejer in der Auslegung ihrer Gesetze auch keineswegs an einer Macht interessiert, die das allgemeine römische Recht hätte aufheben können. In den republikanischen Auseinandersetzungen zwischen Patriziern und Plebejern ging es nicht um den Kampf zweier ›souveräner‹ Ordnungen, die Plebejer forderten die Patrizier nicht als ›souveräne‹ Ordnung heraus, deren Interesse die Durchsetzung der eigenen souveränen Macht gewesen wäre. Vielmehr intervenierten sie durch ihre konstituierende Macht als eine im Werden begriffene plebejische konstituierte Macht in die sich am Beginn der Republik ebenfalls erst entwickelnde konstituierte Macht der Patrizier. Konstituierende Macht ist mithin jene Kraft, die Kämpfe um gesellschaftliche Ordnungen ermöglicht.

Literatur

Agamben, Giorgio (2002): Homo sacer. Die souveräne Macht und das nackte Leben. Frankfurt am Main: Suhrkamp.

Behne, Frank (2002): Volkssouveränität und verfassungsrechtliche Systematik. Beobachtungen zur Struktur des Römischen Staatsrechtes von Theodor Mommsen, in: Spielvogel, Jörg (Hg.): Res publica reperta. Zur Verfassung und Gesellschaft der römischen Republik und des frühen Prinzipats. Festschrift für Jochen Bleicken zum 75. Geburtstag. Stuttgart: Steiner, 124–136.

Bleicken, Jochen (1955): Das Volkstribunat der klassischen Republik. Studien zu seiner Entwicklung zwischen 287 und 133 v. Chr. München: Beck.

Deleuze, Gilles und Guattari, Félix (1992): Mille Plateaux. Kapitalismus und Schizophrenie, übers. von Gabriele Ricke und Ronald Voullié. Berlin: Merve.

Eder, Walter (2001): Sacrosanctus, in: Der neue Pauly. Enzyklopädie der Antike, hg. von Hubert Cancik und Helmuth Schneider, Bd. 10. Stuttgart: Metzler, Sp. 1203.

Eder, Walter (2001): Ständekampf, in: Der neue Pauly. Enzyklopädie der Antike, hg. von Hubert Cancik und Helmuth Schneider, Bd. 11. Stuttgart: Metzler, Sp. 912–914.

Fiori, Roberto (1996): Homo sacer. Dinamica politico-costituzionale di una sanzione giuridico-religiosa. Neapel: Jovene Editore.

Frateantonio, Christa (1997): Consecratio, in: Der neue Pauly. Enzyklopädie der Antike, hg. von Hubert Cancik und Helmuth Schneider, Bd. 3. Stuttgart: Metzler, Sp. 127–128.

Kaser, Max (1949): Das altrömische Ius. Studien zur Rechtsvorstellung und Rechtsgeschichte der Römer. Göttingen: Vandenhoek & Ruprecht.

Kiesow, Rainer Maria (2002): Ius sacrum. Giorgio Agamben und das nackte Recht, in: Rechtsgeschichte, Nr. 1, 56–70.

Koschorke, Alfred (2007): Erfundene Gründung. Livius' Rom, in: ders. u.a. (Hg.): Der fiktive Staat. Konstruktionen des politischen Körpers in der Geschichte Europas, Frankfurt am Main: Fischer.

Libero, Loretana de (2002): T.[ribunus] plebis, in: Der neue Pauly. Enzyklopädie der Antike, hg. von Hubert Cancik und Helmuth Schneider, Bd. 12.2. Stuttgart: Metzler, Sp. 798–799.

Lorey, Isabell (2011): Figuren des Immunen. Elemente einer politischen Theorie. Zürich: Diaphanes.

Mommsen, Theodor (1864): Die Sonderversammlungen der Plebs nach Curien und Tribus, in: ders.: Römische Forschungen, Bd. 1, 2. Aufl. Berlin: Weidmann, 177–217.

Mommsen, Theodor (1955): Römisches Strafrecht, Berlin: Akademie-Verlag.

Mommsen, Theodor (1971a): Römisches Staatsrecht II.1. Darmstadt: Wissenschaftliche Buchgesellschaft.

Mommsen, Theodor (1971b): Römisches Staatsrecht III.1. Darmstadt: Wissenschaftliche Buchgesellschaft.

Negri, Antonio (1998): Repubblica Costituente. Umrisse einer konstituierenden Macht, übers. von Thomas Atzert, in: ders., Lazzarato, Maurizio und Virno, Paolo: Umherschweifende Produzenten. Immaterielle Arbeit und Subversion, hg. von Thomas Atzert, eingel. von Yann Moulier Boutang. Berlin: ID-Verlag, 67–82.

Negri, Antonio (1999): Insurgencies. Constituent Power and the Modern State, übers. von Maurizia Boscagli. Minneapolis, London: University of Minnesota Press.

Negri, Antonio (2002): Konstituierende Macht, übers. von Thomas Atzert, in: Pieper, Marianne u.a. (Hg.): Biopolitik – in der Debatte. Wiesbaden 2011: VS-Verlag, 29–62.

Raunig, Gerald (2005): Kunst und Revolution. Künstlerischer Aktivismus im langen 20. Jahrhundert. Wien: Turia & Kant.

Raunig, Gerald (2008a): Die Grammatik verändern. Zu Paolo Virnos Arbeiten über Virtuosität und Exodus, in: Freitag. Die Ost-West Wochenzeitung, Nr. 4.

Raunig, Gerald (2008b): Instituierende Praxen, No. 2. Institutionskritik, konstituierende Macht und der lange Atem der Instituierung, in: Nowotny, Stefan und Raunig, Gerald: Instituierende Praxen. Bruchlinien der Institutionskritik. Wien: Turia & Kant, 35–50.

Raunig, Gerald (2008c): Nomadische Linien der Erfindung, in: transversal: »Praxen der Zeichentransmutation«, online uter http://eipcp.net/transversal/0307/raunig/de (zuletzt aufgerufen: 31.03.2011).

Rives, James B. (2001): Sacer, in: Der neue Pauly. Enzyklopädie der Antike, hg. von Hubert Cancik und Helmuth Schneider, Bd. 10. Stuttgart: Metzler, Sp. 1195.

Schmitt, Carl (1993): Politische Theologie. Vier Kapitel zur Lehre von der Souveränität, 6. Aufl. Berlin: Duncker und Humblot.

Schmitt, Carl (2003): Verfassungslehre, 9. Aufl. Berlin: Duncker und Humblot.

Sieyès, Emmanuel (1968): Abhandlungen über die Privilegien. Was ist der dritte Stand?, hg. von Rolf Hellmut Foerster. Frankfurt am Main: Insel.

Ungern-Sternberg, Jürgen von (2001): Secessio, in: Der neue Pauly. Enzyklopädie der Antike, hg. von Hubert Cancik und Helmuth Schneider, Bd. 11. Stuttgart: Metzler, Sp. 314–315.

Virno, Paolo (2010): Exodus, übers. von Klaus Neundlinger und Gerald Raunig. Wien: Turia & Kant.

Volkmann, Hans (1975): T.[ribunus] plebis, in: Der kleine Pauly. Lexikon der Antike, Bd. 5. München: Druckenmüller, Sp. 948–950.

Wessner, Paul (1920): Sacer, in: Paulys Realencyclopädie der classischen Altertumswissenschaft, neu bearb. und hg. von Georg Wissowa, Wilhelm Kroll, Karl Mittelhaus und Konrat Ziegler, Bd. 2.2. München: Druckenmüller, Sp. 1626–1629.

Wieacker, Franz (1988): Römische Rechtsgeschichte. Quellenkunde, Rechtsbildung, Jurisprudenz und Rechtsliteratur, in: Handbuch der Altertumswissenschaft, Abt. 10: Rechtsgeschichte des Altertums 3.1.1. München: Beck, 310–340.

Wissowa, Georg (1900): Consecratio, in: Paulys Realencyclopädie der classischen Altertumswissenschaft, Bd. 1.7. München: Druckenmüller, Sp. 896–902.

Birte Löschenkohl

Genuss der Zeit, Geschichte des Glücks –
Agambens Kairologie

> Zwei Blumen, rief er – hört es Menschenkinder –
> Zwei Blumen blühen für den weisen Finder,
> sie heißen *Hoffnung* und *Genuß*.
>
> Wer dieser Blumen Eine brach, begehre
> die andre Schwester nicht.
> – Friedrich Schiller, *Resignation*

Um es gleich vorwegzunehmen: in den Schriften von Agamben ist keine zusammenhängende »Kairologie« auszumachen.* Allerdings spielt der Kairos in Agambens Denken von Zeit und Geschichte eine nicht unerhebliche Rolle; sein Aufsatz *Zeit und Geschichte, Kritik des Kontinuierlichen und des Zeitpunkts* kulminiert schließlich in dem Appell, eine »qualitative Veränderung der Zeit (eine Kairologie)« zu befördern (Agamben 2004: 152).[1] Hintergrund und Motivation dieser Forderung werden gleich in den Eingangssätzen des Aufsatzes skizziert: »Jeder Begriff der Geschichte ist stets mit einer bestimmten Erfahrung der Zeit verbunden, die er impliziert, die ihn prägt und die es hier zu erklären gilt. Jede Kultur ist gleichermaßen allererst eine bestimmte Erfahrung der Zeit, und eine neue Kultur ist nicht möglich ohne eine Veränderung dieser Erfahrung. Die eigentliche Aufgabe einer authentischen Revolution besteht deshalb nie einfach darin, ›die Welt zu verändern‹, sondern auch und vor allem darin, ›die Zeit zu verändern‹.« (Ebd.: 131) Bei dem vorliegenden Beitrag handelt es sich um einen Kommentar dieses Aufsatzes und der sich dort eröffnenden Denkmöglichkeiten von Zeit und Geschichte. Agamben geht davon aus, dass unser Verständnis von Geschichte maßgeblich auf unserer Erfahrung und Konzeption von Zeit beruht, ebenso wie jede Kultur- und Gesellschaftsform bestimmt sei durch die ihr eigene Erfahrung der Zeit.[2] So wie der Begriff der

---

* Der vorliegende Text hat von Kritik und Hinweisen von Julia Schubert, Daniel Loick und Sami Khatib profitiert. Alle Unzulänglichkeiten des Texts habe ich leider selbst zu verantworten.
1 Die deutsche Übersetzung hat lange auf sich warten lassen; der Aufsatz wurde in seiner Originalfassung bereits 1978 veröffentlicht, stammt also aus der Feder des »jungen« Agamben.
2 Vgl. zu diesem Zusammenhang bspw. die Studie von Günther 1993.

Geschichte, dem wir anhängen, mit der Denkmöglichkeit von gesellschaftlicher Veränderung verbunden ist, so ist andererseits die Erfahrung der Zeit, die wir machen, entscheidend für unseren Begriff der Geschichte. Dementsprechend muss Agamben zufolge, wer an einer anderen Lebensform, an einer »authentischen Revolution« und einem ihr entsprechenden Geschichtsbegriff interessiert ist, bei der Kritik der Zeitwahrnehmung und einer Veränderung der Erfahrung von Zeit ansetzen (vgl. ebd.). Einen Begriff der Zeit zu befördern, der den Boden für eine revolutionäre gesellschaftliche Veränderung bereiten könnte, ist explizites Ziel von Agambens Untersuchung, die er als »Beitrag zum Historischen Materialismus« verstanden wissen möchte.

Nach einer knappen Charakterisierung der von Agamben vorgebrachten Kritik verschiedener Zeitauffassungen von der Antike bis zu Hegel und Marx, in denen er im Kern durchweg dasselbe Problem ausmacht, wollen wir uns besonders denjenigen Aspekten widmen, in denen sich Agamben zufolge Ansätze für ein anderes Zeitverständnis aufspüren lassen, die von ihm jedoch zumeist nur angedeutet werden. Positiv bezieht sich Agamben auf einige Vorstellungen der Gnosis und der Stoa; besonders aber in Walter Benjamins und Martin Heideggers Zeitbegriffen erkennt er Potential zur Entwicklung eines neuen Zeitbegriffs. All die von Agamben als (in Teilen) brauchbar eingeschätzten Zeitvorstellungen sollen letztlich auf eine *Kairologie* anstatt der bzw. ergänzend zur bisherigen Chronologie hinauslaufen. Entsprechend werden wir uns im Folgenden auf die Bedeutung des Kairos für Zeit und Geschichte konzentrieren, und dazu unter anderem auch Passagen aus Agambens *Die Zeit, die bleibt* heranziehen. Mit Blick auf die Kairologie werden wir uns ferner mit dem Verhältnis von Hoffnung und Glück in der Geschichte und mit dem Genuss beschäftigen, in dem Agamben bereits die Mikroform einer kairologischen Zeiterfahrung ausmacht.

Kritik des Zeitpunkts

Allen Begriffen der Zeit, die Agamben in seinem Aufsatz kritisiert, ist eines gemeinsam: Sie gehen von einer kontinuierlichen, punktuell-chronologischen Vorstellung der Zeit aus. Von der Antike bis zur Moderne zieht sich grundlegend dasselbe Zeitverständnis durch; auch Variationen des Geschichtsbegriffs sind insofern nur begrenzt möglich. Griechen und Römer werden bei Agamben gemeinsam abgehandelt – die Rede ist von der »Antike der Griechen und Römer« – und letztlich auf das aristotelische Zeitverständnis reduziert: »Das grundlegende Kennzeichen der griechischen Zeiterfahrung, die über die *Physik* des Aristoteles die westliche Zeitvorstellung zweitausend Jahre lang bestimmt hat, besteht darin, daß sie ein punktuelles, unendliches und quantifiziertes Kontinuum darstellt.« (Agamben 2004: 133) Dem jeweiligen Zeitpunkt, jedem *Jetzt* also, kommt keine eigentliche Qualität zu; es existiert nur als Grenze, die jeweils Vergangenheit und Zukunft voneinander trennt. Damit ist die vielleicht wichtigste Eigenschaft des *Jetzt*, in seinem Auftauchen bereits das eigene Vergehen zu bergen, flüchtig und unverfügbar zu sein (ebd.: 134). Ein *Jetzt* gleicht dem anderen bis ins Detail, und diese Vielzahl gleichförmig verstreichender Zeitpunkte bringt, um mit Benjamin zu sprechen, eine »leere und homogene Zeit« (Benjamin 1991: I.3 1231) hervor. Sie kann nur noch als Behälter vorgestellt werden, in dem sich Begebenheiten abspielen. »So wie jedes Ding an einem Ort ist, so ist es auch in der Zeit«, heißt es bei Agamben dementsprechend (Agamben 2004: 134).

Zeit wird in der Antike zumeist kreisförmig gedacht, als ein bewegliches Abbild des als unbeweglich vorgestellten Universums, der ewigen Sphäre des Göttlichen: Alle Bewegungen und Entwicklungen finden in einem geschlossenen Kreislauf statt, so dass Ereignisse sozusagen ›verzeitlichte Ewigkeiten‹ darstellen, die stets wiederkehren. Das mag auf den ersten Blick eine fundamentale Differenz zwischen der Zeit der Antike und der Moderne nahelegen; die Zeit der Moderne ist bekanntlich linear, irreversibel und gerichtet anstatt kreisförmig. Dennoch sind beide in der Erfahrung der Zeit auf die Flüchtigkeit und Unverfügbarkeit der aristotelischen Zeitpunkte zurückgeworfen. Der christlichen Zeit allerdings – als Prototyp der linearen, teleologischen Zeit – hält Agamben zugute, dass sie zwar demselben punktuellen und kontinuierlichen Verständnis der Zeit verhaftet sei, aber dennoch von einer menschlichen, verinnerlichten Zeit (anstatt einer kosmologischen) ausgehe, die von äußerlich-objektiven Bezügen frei ist; die Erde hat ihre eigene Zeit, diejenige der Menschen in ihr.[3] Damit legt das Christentum die Grundlage dafür, dass eine »Erfahrung der Geschichtlichkeit« überhaupt zustande kommen kann (ebd.: 136). Diese Zeit bleibt allerdings insofern leer und unverfügbar, als sie streng linear auf ein Ziel gerichtet ist. Auch wenn die christliche Zeit Menschenzeit ist, so spannt sie sich doch zwischen dem Fall aus dem Paradies und dem Jüngsten Gericht auf. Die Zeitpunkte auf dieser Linie haben keinen Wert *an sich* sondern nur *für das Ziel*, für das erhoffte Ende der Zeit. Ähnliches kann über den Zeitbegriff der Moderne gesagt werden, der oft und mit guten Gründen als säkularisierte Version des christlichen Zeitbegriffs verstanden wurde (vgl. Löwith 2004). Auch wenn das Ziel hier nicht mehr so eindeutig definierbar ist, wie dies noch im Christentum der Fall war: Sie basiert nicht nur auf einer kontinuierlich-chronologischen Zeit, sondern hat

---

3 Die Zeit beginnt laut Bibel ja eigentlich erst mit dem Fall aus dem Paradies, nach dem die Menschen des Todes sterben müssen, also verzeitlicht werden. Ebenso ist die christliche Zeitrechnung vom historischen Ereignis der Geburt Christi aus gedacht, nicht vom ewigen Lauf der Gestirne. Insofern kann sie im Gegensatz zur antiken Zeit in der Tat als verinnerlichte und vermenschlichte Zeit gesehen werden.

zumeist auch ein mehr oder weniger konkretes Ziel vor Augen – etwa ›Fortschritt im Bewußtsein der Freiheit‹ bei Hegel oder ›ewiger Frieden‹ bei Kant. Darüber hinaus hat dieses Zeitverständnis dazu beigetragen, dass zahlreiche z.B. sozialdemokratische, aber auch marxistische Geschichtsvorstellungen nicht nur ein festes Ziel vor Augen hatten, sondern meinten, es quasi automatisch erreichen zu können, indem sie sich auf den teleologisch gerichteten Verlauf der Zeit und Geschichte verließen, der dabei allerdings das Ziel in eine weite Ferne rücken ließ – unerreichbar im Hier und Jetzt. Agamben schließt sich hier Walter Benjamin an, der in *Über den Begriff der Geschichte* meint, die »Vorstellung eines Fortschritts des Menschengeschlechts in der Geschichte« sei »von der Vorstellung ihres eine homogene und leere Zeit durchlaufenden Fortgangs nicht abzulösen«, und daraus schließt: »Die Kritik an der Vorstellung dieses Fortgangs muß die Grundlage der Kritik an der Vorstellung des Fortschritts überhaupt bilden.« (Benjamin 1991: I.2 701) Der Begriff des Fortschritts ist kritikwürdig, weil er zu einer nur abwartenden Haltung gegenüber dem Verlauf der Dinge führt: Wenn sich alles in einem stetigen und allmählichen Fortgang zum Besseren befindet, warum dann noch intervenieren? Und wie kann eine solche Intervention gedacht werden, wenn es sich um eine sukzessiv und kontinuierlich aufeinander aufbauende Bewegung handelt und das Ziel noch weit entfernt am Horizont der schrittweise zu durchlaufenden Zeit liegt?

Mit dem diagnostizierten bisherigen Versagen, Zeit anders als gleichmäßig-chronologisch und irreversibel ablaufend zu denken, sind wir demzufolge zugleich mit der Unmöglichkeit konfrontiert, einen neuen Begriff der Geschichte und damit grundlegende gesellschaftliche Veränderungen zu denken. Die Vorstellung, die wir uns von der Geschichte machen, prägt nicht nur unser Verhältnis zur Vergangenheit, sondern auch die Erwartungen und Forderungen, die wir an unser Heute und an die Zukunft richten. Damit formt unser Begriff der Geschichte maßgebend unser gesellschaftlich-politisches Denken und Tun. Auch der von Agamben als besonders ›avanciert‹ beschriebene Geschichtsbegriff des historischen Materialismus, der ja explizit einer revolutionären Veränderung den Weg ebnen will, scheitert demnach an der Frage der Zeit, genauer daran, dass er es versäumt hat, einen neuen Begriff der Zeit auszubilden, und so selbst in Teilen noch der Vorstellung eines linearen Fortschritts anhängt. Erklärtes Vorhaben Agambens ist in diesem Sinne, »den Zeitbegriff darzulegen, der im marxistischen Geschichtsbegriff impliziert« ist, der dort also angelegt ist oder sein müsste, aber bisher nicht ausformuliert wurde – weshalb Marx letztlich nicht erfolgreich in der Entwicklung eines neuen Geschichtsbegriffs war (Agamben 2004: 131).

Was also sind Traditionen und Elemente einer anderen Zeiterfahrung? Die Zeit der Gnosis etwa, deren Modell dasjenige einer »gebrochenen Linie« ist, eine nicht kontinuierliche Zeit, »deren Wahrheit im Moment unmittelbarer Unterbrechung liegt« (ebd.: 145), und die Zeit der Stoiker, welche die quantifizierte, punktuelle Zeit kritisiert und ihr entgegenhält, die Zeit sei nichts Objektives, sondern entspringe »der Handlung und der Entscheidung des Menschen« und basiere auf dem Modell des Kairos (ebd.: 146). Walter Benjamins Zeit- und Fortschrittskritik und sein Entwurf einer messianischen Zeit in den Thesen *Über den Begriff der Geschichte* ist für Agamben zentral. Bei Benjamin selbst spielt der Begriff des Kairos keine Rolle; allerdings hat Ralf Konersmann eine Verbindung der geschichtsphilosophischen Überlegungen zum Kairos nahegelegt (vgl. Konersmann 2007) – strukturelle Parallelen jedenfalls sind nicht zu übersehen.[4] Die letzte positive Erwähnung bei Agamben findet schließlich Heidegger mit seinem Zeitverständnis zwischen Augenblick, Entschluss, Ereignis und Wiederholung. Erstaunlich dabei ist, dass Heideggers explizite Beschäftigung mit dem Kairos bei Agamben nicht behandelt wird. Dabei gäbe es nicht nur gute Gründe dafür, seine Kategorie des »Augenblicks« in einer Verwandtschaftsbeziehung zum Kairos zu denken (vgl. Falkenhayn 2003) – der Begriff des Kairos findet bei Heidegger z.B. im Zusammenhang seiner Auseinandersetzung mit Aristoteles Verwendung –; beachtlicher noch ist, dass auch der Ausdruck »Kairologie« bei ihm zu finden ist, und zwar in einer Vorlesung des Wintersemesters 1921/22: »Das Kairologische – ›Zeit‹. Still sitzen, warten können, d.h. ›Zeit geben‹, in der Welt und in ihrer Geschichte. […]« (Heidegger 1985: 138).

›Zeit geben‹: Kairos

Im Bemühen darum, einen alternativen Zeitbegriff zu skizzieren, verweist Agamben auf den Kairos. Sowohl Chronos (χρόνος) als auch Kairos (καιρός) sind griechische Begriffe bzw. Namen für verschiedene Aspekte (nicht nur) der Zeit und deren jeweilige Verkörperung durch Gottheiten. Chronos bezeichnet und verkörpert dabei die Zeit in allgemeiner Hinsicht, aber auch mit Blick auf die Lebens- und Weltzeit. Überflüssig zu erwähnen, dass es sich bei ihm um den Namensgeber der Chronologie handelt, der kontinuierlich und gleichmäßig verstreichenden Zeit, und er dementsprechend die zuvor von Agamben kritisierte Zeit repräsentiert. Dem Kairos allerdings ist ein ganz anderes Bedeutungsspektrum zu eigen. Wenn bereits die Übersetzung »Zeit« für Chronos nicht all dessen Bedeutungen erfasst, so gilt dies um so mehr für die Übersetzung des Kairos etwa als »rechter / günstiger / entscheidender Augenblick«, »rechtes Maß« oder »Gelegenheit«. Selbst ein versierter Übersetzer wie Cicero hielt den Kairos für schlicht unübersetzbar. Verkompliziert wird dieser Sachverhalt allerdings dadurch, dass es sich beim Kairos keinesfalls um

---

4   Vgl. auch Adornos Bemerkung, Benjamins XIV. These sehe dem »καιρός unseres Tillich« ähnlich (Benjamin 1991: VII 774).

einen reinen Zeitbegriff handelt, vor allem nicht in seinen frühen Verwendungen – worauf einige Autoren mit Nachdruck verweisen (z.B. Vigo 1996: 91). Wir folgen darum den Kontexten der Verwendung des Kairos und seiner Etymologie, um uns ihm anzunähern, behalten dabei jedoch seine vorläufige Bestimmung als »rechter Augenblick« im Hinterkopf.

Die etymologische Herkunft des Kairos ist nicht eindeutig geklärt.[5] Richard Onians (1951), Manfred Kerkhoff (1973) und Thomas Buchheim (1986) sind sich jedoch einig, dass die wahrscheinlichste Variante in der Herkunft von demjenigen Wort liegt, das beim Weben die kleine dreieckige Öffnung für den Schussfaden oder Einschlag bezeichnet, die im bearbeiteten Gewebe hervorgerufen wird, wenn die Kettfäden gehoben und gesenkt werden. Obschon es sich hier also nicht um einen Zeitbegriff im engen Sinne handelt, ist doch herauszustellen, dass die Öffnung durch ihre Kürze und Dringlichkeit charakterisiert wird, die trotz allem ein klares zeitliches Moment in das Weben des Teppichs einführt.[6] Von dieser Verwendung »kommt man unschwer zu der von der ›einschlägigen‹ Stelle am Körper« (Kerkhoff 1973: 259), der Stelle am Körper, an der eine Verwundung tödlich ist. Das z.B. bei Homer und Aischylos auffindbare Adjektiv *kairios* bezeichnet allerdings nicht einfach eine räumlich lokalisierbare Stelle, sondern diese bestimmte kleine Stelle *nur insofern sie getroffen wird* bzw. insofern dies zumindest versucht wird, und nur mit Blick auf die Implikationen, die ein solches Treffen mit sich führt – eine Entscheidung von kaum zu übertreffender Bedeutung, eine Entscheidung über Leben und Tod: darüber, ob die jeweilige *Lebenszeit* beendet wird. Als Ort ohne zeitliche bzw. Handlungsimplikationen hat diese Stelle am Körper keine Bedeutung, einzig als Schauplatz eines Geschehens, etwa eines surrenden Pfeils und der Frage, ob er sein Ziel erreichen wird. »Die Kürze des Einschlags beim Weben und das Treffen der entscheidenden Körperstelle beim Schießen könnten dann zu der Vorstellung der entscheidenden, kurzen Öffnung in der Zeit geführt haben, von der her allein, als dem günstigen Moment, das Ziel (einer Aktion) getroffen werden kann.« (Kerkhoff 1973: 259)

Zum Verhältnis von Raum und Zeit im Kairos kann darauf hingewiesen werden, dass wir generell in der Darstellung von Zeit, ja im Denken von Zeit auf räumliche Metaphern, Bezüge, Bilder verwiesen sind. Wiederum ist auch der Raum, sobald etwas in Bewegung oder als Praxis gedacht wird, nur noch zeitlich zu denken. All die erwähnten räumlichen Bedeutungsspektren bergen entsprechend auch temporale Aspekte in sich, und es wäre denkbar, dass eben darin das Überschreitungsmoment

---

5   Vgl. die Darstellung von sechs möglichen Ableitungen des Kairos in Kerkhoff 1973: 258.
6   Es ließe sich auch darauf verweisen, dass das Schicksal bekanntlich manchmal »an einem Faden« hängt, und dass Schicksalsgefüge und Weltgeschichte häufig als gewoben oder als Teppich angesprochen wurden; so auch noch bei Hegel (»der große Teppich der Weltgeschichte«) (vgl. Hegel 1955: 38).

bzw. die Differenz zu der chronologischen Zeit liegt, dass der Kairos *nicht* als rein zeitlicher Moment und Hülle gedacht werden kann, deren räumliche Darstellung mithilfe von Strich, Linie, Punkt (vgl. Agamben 2006: 78) möglich ist, sondern dass er immer als *Zeit im Hinblick auf etwas bestimmtes*: eine bestimmte Öffnung, Entscheidung, Stelle und deren Bedeutung für den weiteren Verlauf der Zeit gedacht werden muss (vgl. Kerkhoff 1973: 267).

Mit klarer zeitlicher Bezugnahme zitiert Agamben in *Die Zeit, die bleibt* aus dem *Corpus Hippocraticum* die »schönste« ihm bekannte Definition des Kairos: »chronos esti en ho kairós kai kairós esti en hō ou pollos chronos« – Chronos ist das, in dem es Kairos gibt, in dem allein Kairos existieren kann; im Kairos wiederum gibt es wenig Chronos. Beide sind aufeinander verwiesen, ja untrennbar verwoben. Im Kairos erleben wir demzufolge nicht eine *andere* Zeit, sondern eine bestimmte ›Menge‹ von verdichtetem, kontraktiertem Chronos. Heilung, so weiter im *Corpus Hippocraticum*, finde durch den Chronos, manchmal jedoch durch den Kairos statt. Messianische Heilung, fügt Agamben hinzu, finde sicher ausschließlich im Kairos statt (Agamben 2006: 82). Der Messias erscheint schließlich immer plötzlich und einbruchhaft, er kann in jeder Sekunde auftauchen.

Kerkhoff erwähnt eine weitere interessante Verwandtschaftsbeziehung, nämlich zu *keiro*, d.h. schneiden. Über *keiro* gibt es hier eine Verbindung zu *krisis*, d.h. trennen, unterscheiden, aber auch: entscheiden, ein Urteil fällen. Das verdeutlicht ein weiteres Mal, dass der Kairos Bestehendes fundamental aufzutrennen in der Lage ist und dabei zugleich auf die Entscheidungsdimension hingewiesen wird, die für unser Verständnis des Kairos wichtig ist. Zum schneidenden *keiro* passt das Rasiermesser in der Hand des verkörperten Kairos, dessen Ikonographie wir uns nun zuwenden wollen.

Als »Gott des günstigen Augenblickes« ist er zwar »keine urmythische, sondern eine jüngere, durch Verkörperung einer Idee entstandene Gottheit« (Roscher 1965: 898). Dennoch ist die Gestalt, die Kairos als Gott annimmt, in vielerlei Hinsicht aufschlussreich, wenn auch keine einheitliche Ikonographie existiert.[7] Laut Ion von Chios handelt es sich bei Kairos um Zeus' jüngsten Sohn. Zumeist wird er als junger Mann dargestellt, der Flügel am Rücken trägt, manchmal zusätzlich auch an seinen Fesseln. Oft balanciert er auf einer Kugel oder hat Räder unter seinen Füßen. Kairos, das unterstützt der Eindruck seiner Gestalt, ist durch ein eiliges Auftauchen und Verschwinden gekennzeichnet und zumeist in Bewegung abgebildet, mit wehender Locke. In der Hand trägt er ein Rasiermesser, auf dem in manchen Darstellungen eine Waage balanciert; diese Waage bringt er selbst mit der freien Hand zum ausschlagen. Die Rasierklinge weist auch hier auf das Zerteilen und Aufbrechen des Zeitkontinuums im Sinne der Krisis hin, auf den entscheidenden Augenblick, der

---

7 Vgl. zu unterschiedlichen Darstellung des Kairos in Plastiken und Reliefs Filseck 1990: 2 ff.

eine Änderung herbeiführt; unterstützt durch die Abbildung der Waage als Symbol der Entscheidung und Abwägung. In die Stirn fällt ihm eine lange Locke, der Hinterkopf dagegen ist kahl oder zumindest eng und glatt an den Kopf gelegt und nach vorne gekämmt. Diese Stirnlocke unterstreicht den aktiv-passiven Charakter des Kairos: Sein Erscheinen muss zunächst abgewartet werden, doch dann muss er schnell an seiner Locke ergriffen werden. Denn wenn er einem erst einmal den Rücken gekehrt hat – und das tut er ebenso plötzlich, wie er erscheint – dann ist es zu spät. Am Hinterkopf lässt er sich nicht ergreifen.[8]

Rekapitulieren wir: Vornehmlich handelt es sich beim Kairos um »eine Öffnung; ein Gefüge, ein Kontinuum oder eine Fülle bricht auf und lässt etwas möglich werden« (Hetzel 2011: 245). Diese Minimaldefinition gilt auch für die räumliche Verwendung des Kairos. Kairos als Zeitphänomen wiederum ist Zeit unter qualitativen anstatt quantitativen, messbaren Gesichtspunkten: der richtige Augenblick, um etwas *bestimmtes* zu tun, das Zusammentreffen von günstigen Umständen und dem Ergreifen von angemessenen Mitteln, eine Entscheidung, die die kontinuierlich und homogen verstreichende Zeit zerschneidet (mit der Rasierklinge) und sich in ihr aufspannt, sie gleichsam immanent transzendierend und den Chronos verdichtend. Kairos zeitigt damit eine spezifische Zeit, die Agamben vor der herkömmlichen, als »unverfügbar« erfahrenen bzw. *sich der Erfahrung entziehenden* chronologischen Zeit vorzieht. Der Kairos als Menschen- und Ereigniszeit, als eine nicht messbare Zeit der Fülle, bringt eine radikal andere Erfahrung der Zeit mit sich, als sie sich in der chronologischen darbietet. Der Kairos als eine Stelle in einem Zusammenhang – etwa im Teppich – ist konstellativ und situationsbedingt; er ist zwar kontingent, aber nicht beliebig, denn er taucht in einem ganz bestimmten Gefüge auf.

Wir haben es hier aus menschlicher Sicht mit einem aktiv-passiven Moment zu tun: *Passiv*, da der Kairos zunächst einmal überhaupt erscheinen muss. Passiv auch, weil der Kairos in gewisser Hinsicht selbst bereits ein Urteil und eine Entscheidung in sich birgt, da er eigenhändig die Waage zum Ausschlagen bringt und so die Entscheidung in eine bestimmte Richtung drängt. *Aktiv* muss hingegen vom Menschen der Kairos an seinem Schopf festgehalten werden, wenn er erscheint.[9] Ein nicht ergriffener Kairos ist eigentlich überhaupt keiner, denn der Kairos realisiert sich nicht selbsttätig. Er bietet eine Möglichkeit an, zu der sich diejenige, der sie sich zeigt, entscheiden muss, auf die sie antworten muss. Als *Ermöglichung* birgt der Kairos darum zugleich immer sein *Verfehlen* in sich. Es kann also weder von

---

8   Er selbst sagt es in einem von Poseidipp verfassten Epigramm, das sich auf die nicht erhaltene Kairos-Statue von Lysipp bezieht: »Wenn ich mit fliegendem Fuß erst einmal vorbeigeglitten bin / wird mich keiner von hinten erwischen / so sehr er sich auch mühte.« (Zit. nach Falkenhayn 2003: 28).
9   Wir ergreifen heute noch Gelegenheiten »beim Schopf«; die Nähe zur Verkörperung des Kairos mit seiner Stirnlocke ist sinnfällig.

einer Beherrschung der Zeit mithilfe des Kairos gesprochen werden, mit der Agamben ihn in Verbindung bringt (vgl. Agamben 2004: 151), noch wird der Mensch durch den Kairos beherrscht; er ist nicht sein Sklave (wie etwa Paulus von sich selbst behauptet, Sklave des Messias zu sein; siehe Agamben 2006: 23), er muss sich entscheiden, ihm zu folgen, er darf ihn nur nicht verpassen. Denn wird der Kairos nicht beizeiten ergriffen, dann verschwindet er wieder, und kann nicht mehr eingeholt werden.

Die Plötzlichkeit und Unberechenbarkeit, mit der der Kairos erscheint, das Zerteilen der Zeit, die Unverfügbarkeit: all diese Aspekte legen eine Verwandtschaft von Kairologie und Messianismus nahe, und bekanntlich hat sich Agamben mit letzterem ausführlich beschäftigt.[10] Der Begriff des Kairos findet sich auf theologischer Ebene u.a. in den Paulus-Briefen wieder, denen sich Agamben in *Die Zeit, die bleibt* widmet. Nicht als Gott, sondern als Zeit des Erscheinens des Messias oder Zeit eines auf den Messias bezogenen Ereignisses taucht der Kairos in der Septuaginta[11] auf. Agamben bezeichnet ihn als den »technische[n] Ausdruck für die Ankunft des Messias: *ho nyn kairós*, die ›Jetztzeit‹« (ebd.: 75). Ich kann zwar der wuchernden Diskussion um den Messianismus in keiner Hinsicht gerecht werden, möchte aber zumindest einige Aspekte des Verhältnisses Messianismus – Kairologie anreißen.

Agamben hat in seinem Kommentar zum Römerbrief luzide argumentiert, dass die messianische Zeit nicht mit der eschatologischen Zeit gleichzusetzen sei. Die messianische Zeit, so Agamben, ist vielmehr »*die Zeit, die die Zeit benötigt, um zu Ende zu gehen* – […] die operative Zeit, die in der chronologischen Zeit drängt, die diese im Inneren bearbeitet und verwandelt […]« (ebd.: 81). Dennoch scheint mir fraglich, ob ein Messianismus ganz ohne *eschaton* noch Messianismus genannt werden kann. Die messianische Zeit fällt zwar nicht mit der eschatologischen zusammen, sie ist aber trotzdem mit Blick auf das *eschaton* gedacht: Die messianische Zeit ist schließlich die Zeit, um die Zeit *enden zu lassen*.

Was aber soll dieser *eschaton* sein, und was passiert, wenn die Zeit endet? Unter der Maßgabe, einen Beitrag zum historischen Materialismus zu leisten, wäre es denkbar, das Ende der Kapitalzeit, der Zeit des ökonomischen Verwertungskreislaufs als *eschaton* zu denken. In der Tat müsste dies einem radikalen Ende unserer bisheriger Zeitwahrnehmung entsprechen – aber dennoch keinem Ende der Geschichte, und schon gar keinem Ende der Zeit. Wenn überhaupt, so einer neuen Zeit, die möglicherweise von unserem heutigen Verständnis der Zeit so weit entfernt ist, dass es nicht sinnvoll scheint, sie in irgendeiner Weise bestimmen zu wollen. Doch selbst wenn wir das *eschaton* mit dem Ende des Kapitalismus zusammendenken,

---

10 Vgl. dazu den Beitrag von Micha Brumlik in vorliegendem Band.
11 Griechische Übersetzung der hebräischen Bibel.

und insofern als noch nicht eingetreten und möglicherweise nie eintretend lesen, ist fraglich, inwieweit dieses Modell für die Geschichtsbetrachtung geeignet ist, bzw. wie stark es verändert werden müsste, um auf eine solche Weise angeeignet zu werden. Auch läuft man Gefahr der Versuchung zu erliegen, ein zwar nicht teleologisches, aber doch rein abwartendes Verhältnis zur Zeit zu fördern.

Insofern scheint es, dass mit Bezug auf das Messianische das Verhältnis von Aktivität und Passivität der Handelnden, wie wir es als charakteristisch für die Kairologie bestimmt haben, zugunsten der Passivität zu kippen droht. Es gibt in Bezug auf diese Frage Kontroversen und deutliche Unterschiede zwischen verschiedenen messianischen Denkern, dennoch handelt man sich mit dem Messianismus in dieser Hinsicht zumindest ein Problem ein, mit dem umgegangen werden muss. Denn ist nicht der fundamentale Unterschied zwischen Kairos und Messias, dass der Messias wirklich nur dann kommt, wenn er eben kommt, dass er dann aber auch nicht mehr ergriffen und aktualisiert werden muss, sondern unvermeidlich und ohne menschliches Zutun erscheint? Dann stellt die messianische Zeit in diesem Sinne abermals keine dem Menschen eigene Zeit dar. Damit drängt sich die Frage auf, welche politischen Konsequenzen ein solcher Messianismus bzw. ein im messianischen Kontext verorteter Kairos haben würde. Fairerweise lässt sich – etwa mit Rosenzweig – darauf hinweisen, dass auch von einigen messianischen Denkern auf die Notwendigkeit hingewiesen wird, der Ankunft des Messias vorauszugreifen (vgl. z.B. Rosenzweig 1988: 253 f.) Dennoch ist das Spannungsverhältnis, die Elastizität in der Beziehung von Aktivität und Passivität, im Denken des Kairos eleganter gedacht. Ein grundlegender Vorteil der Kairologie ist zudem, dass er sich immer bereits (zumindest: auch) auf nicht-theologischem Gebiet befindet, und nicht erst in dieser Hinsicht angeeignet werden muss. Es handelt sich hier um Menschenzeit, und bereits Aristoteles' Schüler Theophrast schrieb angeblich eine »Kairologie des politischen Handelns«, die allerdings nicht erhalten ist (vgl. Hetzel 2011: 247). Im Vergleich zum Messianismus scheint die Aneignung der Kairologie damit im politischen und philosophischen Denken in einiger Hinsicht unmittelbarer und unproblematischer möglich.

Schließlich müssen wir uns noch fragen, inwiefern ein kairologischer Zeitbegriff dazu beitragen könnte, den Marx'schen Geschichtsbegriff weiterzudenken; denn was Agambens Interesse am Kairos von den anderen bisher erwähnten Autoren und Verwendungen unterscheidet, ist ja gerade sein Anspruch, ihn im Zusammenhang der Marx'schen Geschichtsphilosophie fruchtbar zu machen.[12]

(a) Grundlage der von Marx analysierten Kapitalbewegung ist eine Äquivalentbeziehung. Auf einer Äquivalentbeziehung basiert jeder Tausch, er kann anders

---

[12] Weitere Versuche, die Kairologie in politischer Hinsicht zu denken, finden sich z.B. bei Paul Tillich und Antonio Negri, auf die ich aus Zeitgründen hier nicht eingehen kann.

nicht gedacht werden. Ein wichtiger Einsatzmoment des Kapitalismus ist die Herausbildung einer gleichförmigen Zeit, der Arbeitszeit: »die Ökonomie der Zeit, darein löst sich schließlich alle Ökonomie auf« (Marx 1953: 89) Dazu muss zum einen die Zeit überwacht und eingeteilt (Stechuhren, verlängerte Arbeitszeiten, höhere Produktionsraten in derselben Zeit), vor allem jedoch austauschbar und vergleichbar gemacht werden. Marx prägt für dies Phänomen den Ausdruck der »gesellschaftlich notwendige[n] Arbeitszeit« (MEW 23: 53), der Zeit also, die grob gesagt in der Produktion für den Markt verausgabt wird und dabei mit anderen Produktionszeiten konkurriert, aber nur konkurrieren kann, weil sie als Äquivalent fungiert und sich an einem Standard messen muss. Zeit hingegen, wie sie sich unter dem Gesichtspunkt des Kairos darbietet, fällt aus all diesen Kategorien heraus: Sie ist nicht in gleichförmige Portionen zerteilbar, sie ist kein Äquivalent einer bestimmten »Menge« chronologischer Zeit, sie ist nicht einmal als äquivalent zu der Zeit eines anderen Kairos zu denken. Am nächsten käme ihr vielleicht Marx' Idee einer »disposable time« (Marx 1953: 596), die er als Grundlage des Kommunismus in Erwägung zieht.

(b) Was den Marx'schen Geschichtsbegriff in Agambens Sicht vor allem auszeichnet, ist der Aspekt der Tätigkeit bzw. Praxis, mit der sich der Mensch »als Ursprung und Natur des Menschen setzt« (Agamben 2004: 143). Bei Marx fällt der Mensch nicht in die Geschichte, sondern erst durch sein Tätigwerden zeitigt er sie und macht sich zu einem geschichtlichen Wesen. Das ist *ein* Aspekt der Marx'schen Geschichtsphilosophie; allerdings gibt es auch eine starke teleologische Lesart der Geschichte, in der Marx eine notwendige Entwicklung im Kapitalismus auszumachen glaubt, die beinahe selbsttätig auf einen Zusammenbruch und ein Ende der Geschichte des Kapitalismus zusteuert. Eine solche Vorstellung scheint in der Tat mit dem chronologischen Zeitverständnis aufs Engste verwoben zu sein. Das Denken der kairologischen Zeit könnte hier einsetzen: Denn im Kairos birgt sich – im Gegensatz zu der Vorstellung einer kontinuierlichen, chronologisch ablaufenden Zeit – das Potential, eine von Praxis durchwobene Geschichtlichkeit und ein Zeitigen der spezifisch menschlichen Zeit denken zu können. Dennoch macht sie keiner rein voluntaristischen Geste des Aufstands Platz; denn auch das verdeutlicht ein Denken der Kairologie, dass eben nicht jeder Moment in sich der richtige Moment für jede Handlung ist. Andererseits kann in einem bestimmten Umgang mit und Verhältnis zur Zeit ein Kairos herbeigelockt werden. Jeder Augenblick *kann* ein Kairos sein, aber nicht jeder Augenblick *ist* es darum auch bereits; der Kairos ist weder objektiv zu bestimmen, noch ganz subjektiv, er erscheint weder notwendig, noch ist er völlig kontingent.

Das leere Geschichtsbuch

Ich möchte an dieser Stelle auf Agambens Hegelkritik zurückkommen. Agamben kritisiert das Hegel'sche Diktum, die Geschichte sei »nicht der Boden für das Glück«. Doch anstatt Hegel schlicht entgegenzuhalten, er habe sich geirrt, sollte dieser Aussage nachgegangen und gefragt werden, worauf sie uns hinweist. Zunächst einmal: Wie genau lautet der Passus bei Hegel? »Man kann auch in der Betrachtung der Geschichte das Glück als Gesichtspunkt haben; aber die Geschichte ist nicht der Boden für das Glück.« Der auf diesen (von Agamben zitierten) Abschnitt folgende Satz ist aufschlussreich: »*Die Zeiten des Glücks sind in ihr leere Blätter.* Wohl ist in der Weltgeschichte auch Befriedigung; aber diese ist nicht das, was Glück genannt wird: denn es ist Befriedigung solcher Zwecke, die über den partikulären Interessen stehen.« (Hegel 1955: 92; Hervorhebung von mir) Hegel bestreitet also keineswegs, dass es so etwas wie »Zeiten des Glücks« geben kann; sie sind allerdings nicht mit seinem Geschichtsbegriff vereinbar.

In der Tat ist es so, dass sich die vorherrschende, moderne Geschichtsschreibung – die »Siegergeschichte«, können wir mit Benjamin sagen – zwischen Schlachten, Antagonismen, Strategien und »welthistorischen Individuen« aufspannt. An all diesen Gegensätzen, so die Vorstellung, arbeitet sich die Geschichte (bei Hegel genauer: der Weltgeist) mit festem Blick nach vorne, in Richtung Fortschritt, ab. Geschichte ist auch hier verstanden als unendlich fortlaufender Prozess – bei Hegel noch im Bewusstsein der Freiheit, heute – ? – in einer kontinuierlich verstreichenden Zeit. Die oben dargestellte, punktuelle, gleichförmige und endlos ablaufende Zeit ist dabei als die Hülle für das in ihr stattfindende Geschehen gedacht. Entsprechend sind auch die Akteure der Geschichte selbst nur »leere Hülsen« für den Weltgeist, die dieser abstreift und achtlos beiseite wirft, wenn der jeweilige Etappensieg erreicht ist (ebd.: 100). Die »welthistorischen Individuen« sind ebenso wie die chronologische Zeit an sich entqualifiziert und leer, sie dienen nur dem Fortschritt (ebd.: 99). In der Orientierung nach vorne, in die Zukunft, können heute geleistete Opfer als notwendige Kollateralschäden in Kauf genommen und gerechtfertigt werden. Denn eine »große Gestalt, die da einherschreitet, zertritt manche unschuldige Blume«, die ihm nun mal im Wege steht (ebd.: 105). Mit Blick auf das Schiller'sche Eingangszitat ließe sich präzisieren: Wenn der Weltgeist eine der beiden Blumen verschont, dann diejenige der Hoffnung, die sich auf das in der Zukunft zu vollbringende richtet; die des Genusses jedoch, mit der er nichts anfangen kann, zertritt er. Genuss und Innerweltlichkeit bedeuten darum aber noch nicht, alle politisch-ethischen Maßstäbe zu verlieren. Es geht nicht darum, Hoffnungen, Ziele und Absichten per se zu diskreditieren, sondern darum, sich von einer sozusagen »reinen Hoffnung«, die den Weg, das Wie, die Qualität des Werdens als unwichtig ansieht, zu verabschieden.

Wie also steht es um die Zeiten des Glücks? Die Zeiten des Glücks werden bei Hegel wie erwähnt nicht unbedingt gänzlich aus der Geschichte ausgeschlossen. Vielmehr ist es so, dass es in der fortschrittsbetonten Geschichtsschreibung nichts über sie zu sagen gibt.[13] Glück ist unsagbar, Genuss nicht (er-) zähl- und quantifizierbar; es passiert von außen betrachtet möglicherweise sogar rein gar nichts. Aus der Hegel'schen Perspektive ist es deshalb nur folgerichtig, dass die Geschichte in ihren wesentlichen Momenten offenbar nicht mit Glück koinzidieren kann. Wo Geschichte sich ereignet, ist Konflikt. »Zeiten des Glücks« wiederum, so scheint es, tragen ihr Maß in sich selbst. Darum sind sie nicht Teil dieser Geschichtsschreibung, sie lassen sich nicht im Sinne des kontinuierlichen Fortschreitens zum Besseren in die chronologische Erzählung integrieren. Damit aber macht Hegels Einwand gegen das Glück als Betrachtungsweise der Geschichte deutlich, warum Agamben die Kategorie des Genusses für privilegiert in der Erfahrung einer neuen Zeit und Geschichtlichkeit hält. Zeiten des Glücks sind bei Hegel *leere Seiten* im Buch der Geschichte; sie brechen aus der Chronologie aus, sie lassen eine Pause ein. Die Zeiten des Glücks sind in ihrer zeitlichen Dimension daher unter Bezugnahme auf den Kairos denkbar. All die leeren Blätter der Geschichte, all die Zeiten des Glücks gesammelt in einem Buch – ein Geschichtsbuch, welches auf einer Kairologie beruht, müsste demnach ein Blanko-Heft sein; der Kairos schafft die Leere, öffnet den Raum für das Durchwirken des Augenblicks und damit möglicherweise auch für Neues.

Nießbrauch des Augenblicks

Im Genuss, so Agamben, lässt sich die neue Zeitauffassung, die hervorzubringende *Kairologie*, bereits heute erfahren; hier finde sie möglicherweise gar ihre »Grundlage« (Agamben 2004: 150). Mit Aristoteles hebt er heraus, dass Lust immer bereits vollkommen sei. Keine Akkumulation, kein Verstreichen der Zeit ist gefordert mit der Aussicht auf ihre Vollendung; sie ist jederzeit »ein Ganzes und Vollendetes«. Das unterscheidet den Genuss in der Tat deutlich etwa von Hoffnung, Verlangen und Begehren: Letztere sind per definitionem nicht vollkommen, sie sind durch ein ihnen eigenes Streben nach etwas in der Zukunft liegendem charakterisiert, das möglicherweise nicht einmal die Option auf ihre Vollfüllung birgt. Genuss allerdings will sich selbst genau so, wie er ist; er konstituiert damit eine Zeitschleife, die

---

13 Vgl. in diesem Zusammenhang Benjamins Ausführungen zum Zusammenhang von Glück und Messianismus in seinem »Theologisch-politischem Fragment« (Benjamin 1991: II.1 203 f.).

aus der Chronologie herausfällt. Genuss ist insofern inkommensurabel in Bezug auf die chronologische, gerichtet verstreichende Zeit; *im Genuss ist keine Zeit*, so Thomas von Aquins Antwort auf eine diesbezügliche Frage (ebd.: 151). Hier brechen Agambens Überlegungen zum Genuss ab. Worin aber gründet die Dringlichkeit, ausgerechnet den Genuss als Mikroform der Kairologie zu behaupten? Folgen wir ihm in seiner Herkunft und Verwendung, so ist dem Wort *Genuss* bzw. *genießen* – als Übersetzung des von Agamben verwendeten *piacere* (von lat. *placere*) – interessanterweise ein in mehrfacher Hinsicht aufschlussreicheres Bedeutungsuniversum eigen als dem italienischen Original. Ihm kommt eine sowohl über das einfach körperlich Angenehme, als auch über das sinnlich oder intellektuell Angenehme – die alleine ja bereits eine andere Zeitlichkeit in sich bergen – hinausweisende Bedeutung zu, die allerdings heute im Sprachgebrauch weitgehend in den Hintergrund getreten ist. *Genuss* kommt von *genieszen* und bedeutet, etwas zu (be-)nutzen, zu ergreifen, sich anzueignen.[14] Auch das *Historische Wörterbuch der Philosophie* spricht in Bezug auf Genuss von einem ursprünglich mitgemeintem »Weltbezug der geistigen Aneignung und Durchdringung«, der heute verloren sei (Ritter 1974: 321). Noch bei Herder ist Genuss »einerseits ein Aufgeschlossensein für Wirklichkeit überhaupt, andererseits ein faktisches Besitzergreifen von Wirklichem«; hierbei werden Subjekt und Objekt eins, »obgleich getrennt und einander gegenübergestellt« (ebd.: 319). Eine hierarchische, in Besitz nehmende Beziehung ist im Genuss nicht heimisch. So muss die von Agamben erwähnte Beherrschung der Zeit durch die Kairologie im Zeichen des Genusses abermals zurückgewiesen werden. Nicht um die Beherrschung, sondern um den Gebrauch, das Ergreifen, Aneignen und Durchdringen des Augenblickes handelt es sich beim Genuss.

Etwas von dieser Bedeutung des Genusses hat im juristischen Ausdruck des *Nießbrauchs* überlebt, der sich vom Genießen eines Gebrauchs ableitet und besagt, dass aus etwas Frucht gezogen und es genutzt werden darf, ohne damit jedoch Verfügungsgewalt über es zu erhalten.[15] Etwas kann genossen und damit gebraucht

---

14 »Das gemeingerm. Verb mhd. *[ge]niezzen*, ahd. *[gi]niozan*, got. *[ga]niutan*, aengl. *neotan*, schwed. *njuta* geht mit verwandten Wörtern in anderen indg. Sprachen auf die Wurzel *neud ›fangen, ergreifen‹ zurück, vgl. z. B. lit. *naudà* ›Nutzen, Vorteil, Gewinn‹. Die alte Bedeutung bewahrt im germ. Sprachbereich got. *[ga]niutan* ›ergreifen, erwischen, erreichen‹, beachte dazu die Substantivbildung got. *nuta* ›Fischer‹ (eigentlich ›Fänger‹). Da das, was man fängt, einem gehört, entwickelten sich aus ›fangen, ergreifen‹ die Bedeutungen ›innehaben, benutzen, gebrauchen, Freude an etwas haben‹. Um das gemeingerm. Verb gruppieren sich die Bildungen Genosse (eigentlich ›der die Nutznießung einer Sache mit einem anderen gemeinsam hat‹), Genuss, Nieß..., nütze (eigentlich: ›was gebraucht werden kann‹) und die Sippe von Nutzen. Die Substantivbildung md. *niez* ›Benutzen, Genuß‹, älter nhd. *Nieß* ist bewahrt in Nießbrauch (16. Jh.; Lehnübersetzung von lat. Usus fructus ›Recht auf Nutzung fremden Eigentums‹) und in Nießnutz (19. Jh.).« (Duden 2007: 266).
15 § 1030 Abs. 1 BGB enthält die Legaldefinition des Nießbrauchs: »Eine Sache kann in der Weise belastet werden, dass derjenige, zu dessen Gunsten die Belastung erfolgt, berechtigt ist,

werden, ohne dass vorgesehen wäre, es sich einzuverleiben; es wird angeeignet, ohne Besitz davon zu erlangen. In Anlehnung an Paulus ließe sich hier in der Tat sagen: Der Nießbrauch ist Verfügen *als-ob-nicht* Verfügen.[16] So ließe sich der Genuss aus Perspektive der Kairologie als *Nießbrauch des Augenblicks* verstehen: als Nutzen, Fruchtbarmachen, Durchdringen des Augenblicks, ohne über ihn gebieten zu wollen; als Vereinigung von Mensch und Zeit, ohne dass dabei einer von beiden im anderen absorbiert würde.

Genuss allerdings ist zunächst und zumeist eine einsame Erfahrung, könnte man meinen. *Ich* bin es, die genießt, und ich bin in meinem Genuss radikal auf mich selbst zurückgeworfen. Schwerlich nur lässt sich unter dieser Maßgabe nachvollziehen, wie die Relevanz des Genusses im Hinblick auf eine kollektiv gemeinte Geschichte gedacht werden kann. Der Hinweis auf eine andere Verwandtschaftsbeziehung des Wortes *Genuss* offenbart allerdings, dass er so einsam nicht sein muss. Die Genießerin genießt nämlich zuweilen *gemeinsam mit ihren Genossen*. Meine Genossen sind eben diejenigen, mit denen ich gemeinsam zu genießen vermag – Genosse ist, wer »die Nutznießung einer Sache mit einem anderen gemeinsam hat.« (Duden 2007: 266) Das hieße in unserem Zusammenhang: Genossen sind die, mit denen ich gemeinsam den Kairos fangen, ergreifen und einen Vorteil aus ihm ziehen kann. Mit meinen Genossen im Genuss der Zeit, im Nießbrauch des Augenblicks, mag die Erfahrung der Zeit tatsächlich eine kairologische genannt werden. Um es noch einmal mit Nachdruck zu betonen: Genuss der Zeit ist keine Aufforderung dazu, aufgrund der immanenten Vollkommenheit des Genusses jedes Streben zu disqualifizieren. Der »eigentliche Ort des Genusses als ursprünglicher Dimension des Menschen [ist] weder die punktuelle und kontinuierliche Zeit noch die Ewigkeit, sondern die Geschichte« (Agamben 2004: 151) – es geht also keineswegs darum, mit dem Genuss des Kairos einem Verharren im *status quo* das Wort zu reden. Das geradlinige Streben mit Blick auf ein in der Zukunft liegendes Ziel, in dem die Hoffnung auf diese bessere Zukunft das Hier und Jetzt nebensächlich werden lässt, kann hingegen kein Teil einer Kairologie sein. Das Suchen ohne festes Ziel aber, das sich Offenhalten für Kommendes, Gewesenes, deren bedeutsame Zusammenkünfte und schließlich auch für das Neue, ist es durchaus.

* * * * *

---

    die Nutzungen der Sache zu ziehen (Nießbrauch)« – der Besitz und die Verfügungsgewalt bleiben davon unangetastet.

16 Vgl. zum *als-ob-nicht* bei Paulus: Agamben 2006: 35 ff.; vgl. auch Liska 2008: 47 ff.

Agambens Vorschlag zu einer Kairologie zielt auf eines der grundlegendsten Probleme überhaupt ab, nämlich auf dasjenige der Zeit. Mit seiner Kritik der Zeit unterzieht Agambens Aufsatz eine allzu oft unhinterfragt verwendete Grundlagenkategorie der politischen Philosophie und der Politik einer radikalen Kritik; eine Kategorie, aus denen letztere ihre Auffassungen, Begriffe, Ziele schöpfen: »Vergangenheit«, »Geschichte«, »Erinnerung«, »Wiedergutmachung«, »Zukunft«, »Beschleunigung«, »Fortschritt«, »Wandel«, »Entwicklung«, »Nachhaltigkeit«, »Ziel« – all die gewöhnlich mit diesen und zahllosen anderen Worten verbundenen Vorstellungen sind geprägt durch unsere Vorstellung und Erfahrung von Zeit und Geschichte. Eine wirkliche Veränderung unserer Vorstellung von Zeit müsste daher weite gesellschaftlich-politische Konsequenzen nach sich ziehen. Wie diese Konsequenzen aussehen könnten, haben wir versucht, in der Skizze einer kairologischen Geschichtsauffassung anzudeuten. Diese Skizze ist nicht erschöpfend und kann es nicht sein. Auch ist einer so grundlegenden Alteration und Umgewichtung wie der von Agamben angedachten kein unmittelbarer, positiv bestimmbarer Gebrauchswert zu eigen, es lässt sich nicht direkt zu einer Politik der Zeit übergehen. Aber er weist auf Wege hin, die es erst noch gangbar zu machen gilt. Dennoch möchte ich abschließend noch einmal dafür plädieren, Kairologie nicht, wie Agamben es zum Ende seines Aufsatzes darstellt, als »aus einer authentischen Revolution entspringend« zu denken. Das wird dem Begriff des Kairos, der zu eng mit demjenigen des Chronos verwoben ist, um als eine gänzlich von Chronologie befreite Zeit denkbar zu sein, nicht gerecht. Die Kairologie ist und bleibt auf die Chronologie verwiesen und kann nicht alleine stehen. Würde sie es doch tun, dann wäre sie schon etwas neues, anderes, eben keine Kairologie mehr. Kairologie muss als innerzeitige Modifikation der Zeit verstanden werden, die nicht als Belohnung am Ende der Zeit denkbar ist. Kairologie ist nicht Resultat einer »authentischen Revolution«, wie Agamben gegen Ende seines Aufsatzes meint, sondern bestenfalls die Weise, in der hier und heute mit Zeit umgegangen werden kann, um einer solchen den Weg zu bahnen: ein Aufbrechen des Zeitkontinuums. Darin liegt ihre Bedeutung, *in diesem Augenblick*. Was aus einer grundlegenden Veränderung von Welt und Zeit dann entspringen mag, so viel jedenfalls lässt sich sagen, steht noch nirgends geschrieben.

Literatur

Agamben, Giorgio (2004): Zeit und Geschichte, Kritik des Kontinuierlichen und des Zeitpunkts, in: ders.: Kindheit und Geschichte. Zerstörung der Erfahrung und Ursprung der Geschichte. Frankfurt am Main: Suhrkamp.
Agamben, Giorgio (2006): Die Zeit, die bleibt. Ein Kommentar zum Römerbrief. Frankfurt am Main: Suhrkamp.

Benjamin, Walter (1991): Gesammelte Schriften in 7 Bänden, herausgegeben von Rolf Tiedemann und Herrmann Schweppenhäuser. Frankfurt am Main: Suhrkamp.

Buchheim, Thomas (1986): Die Sophistik als Avantgarde normalen Lebens. Hamburg: Meiner.

Duden (2007): Das Herkunftswörterbuch, Etymologie der deutschen Sprache, 4. Aufl. Mannheim: Dudenverlag.

Falkenhayn, Katharina von (2003): Augenblick und Kairos: Zeitlichkeit im Frühwerk Martin Heideggers. Berlin: Duncker & Humblot.

Filseck, Katrin Moser von (1990): Kairos und Eros. Zwei Wege zu einem Neuverständnis griechischer Bildwerke. Bonn: Habelt.

Günther, Horst (1993): Zeit der Geschichte, Welterfahrung und Zeitkategorien in der Geschichtsphilosophie. Frankfurt am Main: Fischer.

Hegel, Georg W. F. (1955): Vorlesungen über die Philosophie der Weltgeschichte, Bd. 1: Die Vernunft in der Geschichte. Hamburg: Meiner.

Heidegger, Martin (1985): Gesamtausgabe, Bd. 61, Phänomenologische Interpretationen zu Aristoteles. Einführung in die phänomenologische Forschung (Wintersemester 1921/22), Hg: Walter Bröcker und Käte Bröcker-Oltmanns. Frankfurt am Main: Vittorio Klostermann.

Hetzel, Andreas (2011): Die Wirksamkeit der Rede. Zur Aktualität klassischer Rhetorik für die moderne Sprachphilosophie. Bielefeld: transcript.

Kerkhoff, Manfred (1973): Zum antiken Begriff des Kairos, in: Zeitschrift für philosophische Forschung, Bd. 27, H. 2 (Apr–Jun., 1973), 256–274.

Konersmann, Ralf (2007): Walter Benjamins philosophische Kairologie, in: Walter Benjamin: Kairos. Schriften zur Philosophie. Frankfurt am Main: Suhrkamp.

Liska, Vivian (2008): Giorgio Agambens leerer Messianismus. Wien: Schlebrügge.

Löwith, Karl (2004): Weltgeschichte und Heilsgeschehen. Die theologischen Voraussetzungen der Geschichtsphilosophie. Stuttgart/Weimar: Metzler.

Marx, Karl (1953): Grundrisse der Kritik der politischen Ökonomie. Rohentwurf 1857–1858. Berlin: Dietz.

Onians, Richard Broxton (1951): The origins of European thought about the body, the mind, the soul, the world, time, and fate. Cambridge: Cambridge University Press.

Ritter, Joachim (Hg.) (1974): Historisches Wörterbuch der Philosophie, Bd. 3. Basel: Schwabe.

Roscher, Wilhelm H. (1965): Ausführliches Lexikon der griechischen und römischen Mythologie, Bd. II.2 (IACHE – KYZIKOS). [Reprografischer Nachdruck der Ausgabe Leipzig 1890-94]. Hildesheim: Olms.

Rosenzweig, Franz (1988): Der Stern der Erlösung. Frankfurt am Main: Suhrkamp.

Vigo, Alejandro G. (1996): Zeit und Praxis bei Aristoteles. Die Nikomachische Ethik und die zeitontologischen Voraussetzungen des vernunftgesteuerten Handelns. Freiburg i. Br. und München: Alber.

Daniel Loick

Von der ~~Gesetzes~~kraft zum Gesetz~~eskraft~~
Studium, Spiel, Deaktivierung: drei Strategien zur Entsetzung der Rechtsgewalt

Zu den notorischen Unklarheiten der politischen Philosophie Agambens gehört die Frage nach den Alternativen zu der von ihm so drastisch kritisierten abendländischen politischen Rationalität. Aufgrund der radikal negativistischen These von der fundamentalen Kontamination der intersubjektiven Verhältnisse durch den römischen Logojuridismus[1] ist es ihm unmöglich, einen im engeren Sinne politischen Gegenentwurf zu formulieren. Insbesondere ist nach der stalinistischen Selbst-Diskreditierung des Kommunismus für Agamben keine reale soziale Bewegung mehr dazu in der Lage, ein emanzipatorisches Gesellschaftsmodell anzubieten, das den von ihm formulierten Problemen Rechnung tragen könnte. Entsprechend vage bleiben die Stellen, an denen Agamben seine eigene politische Perspektive beschreibt; die kommende Politik, so schreibt er, »wäre freilich im wesentlichen noch zu erfinden« (Agamben 2002: 21). Es lassen sich allerdings quer in Agambens Werk verstreut einige (meist metaphorische) Andeutungen finden, in welche Richtung man sich eine »kommende Gemeinschaft« vorzustellen hätte. Weil diese Referenzen den Charakter von Chiffren oder Platzhaltern annehmen, muss eine Interpretation dieser Passagen aktiv, beinahe willkürlich erscheinen, zumal (trotz der Ankündigung am Ende des Vorworts von *Herrschaft und Herrlichkeit*) fraglich ist, ob Agamben sie jemals zu einer systematischen Theorie ausarbeiten wird. Dennoch können seine Suggestionen vielleicht als bescheidene Fingerzeige dienen, in welche Richtung eine kritische Theorie der Souveränität weiter zu betreiben wäre.

Gemeinsamer Nenner der meisten dieser Denkfiguren ist die Idee eines Rechts ohne Souveränität, also eines auch nicht mehr mit staatlicher Zwangsbefugnis ausgestatteten Rechts. Insofern geht es Agamben weder um ein »Absterben« des Rechts, dessen Voraussetzung in einer radikalen Transformation der ökonomischen

---

[1] »So gut wie alle Kategorien«, schreibt Agamben, »die wir auf dem Gebiet der Moral oder der Religion anwenden, sind in gewissem Maße mit dem Recht vermischt: Schuld, Verantwortung, Unschuld, Urteil, Freispruch... Das macht es problematisch, sie ohne besondere Vorsicht zu benutzen. Denn dem Recht – das wissen Juristen genau – geht es letztlich nicht um Gerechtigkeit. Und schon gar nicht um Wahrheit. Dem Recht geht es ausschließlich um das Urteil, unabhängig von Wahrheit oder Gerechtigkeit. Das beweist ohne jeden Zweifel die Rechtskraft, die auch einem ungerechten Urteil zukommt.« (Agamben 2003c: 15 f.)

Verhältnisse liegen würde (Marx), noch um die Utopie einer allgemeinen Überwindung menschlicher Entzweiung in Form einer erlösenden »Versöhnung« (Adorno), wohl aber um den Abbruch einer spezifisch okzidentalen Gewaltbeziehung, welche die menschliche Seinsweise eminent berührt und die daher »ontologisch« genannt werden kann. Agamben stellt sich diese Befreiung also nicht als eine Befreiung *vom* Recht vor, sondern von der Rechts*gewalt*; sie ist daher zugleich eine Befreiung *des* Rechts. Agamben legt damit eine authentische Interpretation desjenigen Vorgangs vor, den Walter Benjamin als »Entsetzung des Rechts« (Benjamin II.1: 202)[2] bezeichnet hat: die Eliminierung dessen, das sich im und durch das Recht setzt, vorsetzt, durchsetzt und das es ebenso aussetzt. Die Entsetzung des Rechts will das gewaltförmige Band zwischen Recht und Leben zerschneiden und so ein anderes, gewaltfreies Verhältnis zum Recht ermöglichen, damit die menschliche Subjektivität und Intersubjektivität aus der Verklammerung des Juridismus herausgelöst werden kann.

Wie aber soll man sich ein Recht vorstellen, das von der Zwangsbefugnis und somit von Gewalt gereinigt wäre? Am Ende des vierten Kapitels von Agambens Buch *Ausnahmezustand* findet sich folgende prophetische Stelle:

> »Eines Tages wird die Menschheit mit dem Recht spielen wie Kinder mit ausgedienten Gegenständen, nicht um sie wieder ihrem angestammten Gebrauch zuzuführen, sondern um sie endgültig von ihm zu befreien. Was sich hinter dem Recht befindet, ist nicht ein in höherem Maße eigentlicher oder ursprünglicher Gebrauchswert, der dem Recht vorausgeht, sondern ein neuer Gebrauch, der erst nach ihm erwächst. Auch der Gebrauch, der vom Recht kontaminiert ist, muss vom eigenen Wert befreit werden. Diese Befreiung ist Aufgabe des Studiums – oder des Spiels.« (Agamben 2004: 77)

In dieser vorerst recht kryptischen Passage sind bereits die wichtigsten Motive versammelt, die Agamben verwendet, um die Operationen oder Strategien zu umschreiben, mit denen das Recht vom Souveränitätsprinzip befreit werden könnte: das Studium, das Spiel und letztlich die Deaktivierung des Rechts. Diese drei Figuren, die Agamben im ständigen Dialog mit Benjamin, aber auch mit Kafka, Scholem und anderen entwickelt, sind dabei wohlgemerkt weder als aufeinander folgende Stationen eines praxisanleitenden Ablaufplans zu verstehen, noch als arbeitsteilige, synchrone Strategien oder als Synonyme; vielmehr bilden sie eine begriffliche Konstellation im Sinne von »Denkbildern«, die als solche dazu dient, eine post-souveräne Gesellschafts- und Lebensform überhaupt vorstellbar zu machen. Im folgenden sollen diese drei Motive in ihren jeweiligen Traditionslinien und

---

2   Schriften Walter Benjamins werden nach der von Rolf Tiedemann und Hermann Schweppenhäuser herausgegebenen Werkausgabe mit Bandangabe und Seitenzahl zitiert.

Bedeutungskontexten vorgestellt werden, um so die Agamben'sche Chiffre des neuen Gebrauchs des Rechts wenigstens etwas plastischer zu machen.

Studium

Die zunächst recht unbestimmt wirkende Idee des »Studiums« verdankt sich selbst einer ganzen Serie von (literarischen, philologischen und philosophischen) Studien: Agamben hat Walter Benjamin studiert, der wiederum Franz Kafka studiert hat, der in seiner gleichnamigen Parabel den »neuen Advokaten« studiert hat, der das Recht studiert. In Kafkas Geschichte geht es um Bucephalus, das ehemalige »Schlachtross Alexanders von Mazedonien«, das nun in einem Büro als Rechtsgelehrter tätig ist. Die Parabel schließt mit den Sätzen: »Frei, unbedrückt die Seiten von den Lenden des Reiters, bei stiller Lampe, fern dem Getöse der Alexanderschlacht, liest und wendet er die Seiten unserer alten Bücher.« (Kafka 1996b: 111) Diese Szene scheint gekennzeichnet durch eine für Kafka ganz untypische Heimeligkeit und geradezu utopische Ausstrahlungskraft.[3]

Walter Benjamin nimmt diese Stelle in seinem Kafka-Aufsatz von 1934 zum Anlass für eine philosophisch-politische Reflexion zum Verhältnis von Recht und Gerechtigkeit. Er wehrt sich dabei zunächst gegen die Meinung, dass es Bucephalus' neue Anstellung als Advokat ist, die ihn von Getöse und Last befreit hat, und insistiert auf der Affinität des Rechts mit der mythischen Gewalt, wenn er schreibt, dass Bucephalus in seinem neuen Beruf seinem alten eher treu geblieben ist. Die entscheidende Veränderung liegt Benjamin zufolge vielmehr darin, dass der neue Advokat das Gesetz eben nur noch studiert und nicht mehr praktiziert, also nicht in seiner neuen Tätigkeit, sondern in seiner Untätigkeit. Benjamin kommt so zu der von Agamben oftmals zitierten Formulierung: »Ist es denn wirklich das Recht, das so im Namen der Gerechtigkeit, gegen den Mythos aufgeboten werden könnte? […] Das Recht, das nicht mehr praktiziert und nur noch studiert wird, das ist die Pforte der Gerechtigkeit.« (Benjamin II.2: 437) Die »alten Bücher«, deren Seiten Bucephalus wendet, haben ihren Charakter als unmittelbar bindende Befehle verloren, sie sind ihm Literatur geworden. Der Gesetzestext ist nicht mehr Gesetz, sondern nur noch Text. Es ist für Benjamin ein rein hermeneutischer Impuls, der das Recht der Gerechtigkeit gegenüber öffnet, ein Impuls also, der das Recht nur noch in seinem lokutionären Gehalt, nicht mehr in seinem illokutionären Anspruch betrachtet. Das

---

3 Damit setzt die Geschichte von Bucephalus einen anderen Akzent als diejenige über einen anderen untätig gewordenen Rechtsdiener, die ebenfalls zum Objekt zahlreicher theoretischer Interpretationen und Ausschlachtungen geworden ist: Herman Melvilles *Bartleby*, der bekanntlich ein etwas unglücklicheres Ende findet als Bucephalus. Für Agambens eigene Bartleby-Lektüre, die vor allem das Thema der Potentialität behandelt, vgl. Agamben 1998.

bedeutet nicht, dass er als solcher nichts mehr mitzuteilen hätte oder wirkungslos wäre, im Gegenteil, erst als reiner Text, das heißt als von Gewalt gereinigter Text, als Text in seiner Textualität und Konventionalität kann er sich als Medium von Gerechtigkeit überhaupt qualifizieren. Sobald das Recht eine unmittelbare Durchsetzung beansprucht, verliert es seinen Platz abseits der Schlacht und ist aufs Neue angewiesen auf Feldherren, Schwerter und Schilder, die der Gerechtigkeit wiederum den Eintritt versperren. Das nur studierte, aber nicht mehr praktizierte Recht demgegenüber teilt zwar etwas mit, aber es teilt keine Drohung von Sanktionen zusätzlich mehr mit, die als Folgen der Nichtbeachtung der Mitteilung resultieren, und erst dadurch eröffnet es die Möglichkeit für eine *freiwillige* Anerkennung der im Text kodifizierten Normen.

Ein solches Recht lässt sich zum Ausdruck bringen durch die Umkehrung der Formel, mit der Agamben den Ausnahmezustand charakterisiert: Während im Ausnahmezustand die exekutiven Kräfte dazu tendieren, sich von ihrem Status als Mittel der Rechtserhaltung zu emanzipieren und die sie legitimierenden Gesetze durchzustreichen, ist das nur noch studierte Gesetz durch die umgekehrte Tendenz gekennzeichnet, auf die Mittel zur gewaltförmigen Durchsetzung zu verzichten: Es ist Gesetzeskraft. Infolgedessen ist die Welt dem Recht nicht mehr Beute, sie kann durch es nicht mehr angeeignet werden. Das Studium verharrt in der Potenz, ohne unmittelbar zur Aktion zu zwingen – das ist vor allem Kritik an der Polizei als dem Mittel zur Erhaltung und Anwendung des Rechts, aber auch an jeder Praxis seiner Setzung, Spaltung, Vorenthaltung und richterlichen Interpretation (vgl. zu diesem ganzen Zusammenhang ausführlicher Loick 2011, insbes. Kap. III). Die Frage also, mit der Benjamin 1921 seine Abhandlung zur *Kritik der Gewalt* eröffnet hat: ob Gewalt überhaupt, selbst als Mittel zu gerechten Zwecken sittlich sein kann, wird 13 Jahre später im Kafka-Aufsatz noch einmal prägnant verneint: Nur dann darf das Recht hoffen, Gerechtigkeit zu manifestieren, wenn es sich beschränkt auf die Ausübung eines zwanglosen Zwangs des besseren Arguments, der aber niemals durch einen zwanghaften Zwang substituiert werden darf. Schon die Androhung von Gewalt macht Gewaltfreiheit zunichte.

Wenn aber das Recht dem Mythos und der Gewalt so verschwistert ist, warum fordert Benjamin nicht gleich seine pauschale Abschaffung? Was ist Sinn und Zweck eines Rechts, das nur noch studiert wird, aber nicht mehr mit einer Zwangsbefugnis ausgestattet und daher völlig inoperabel geworden ist? Die Bedeutung eines unanwendbar gewordenen Rechts kann ein unscheinbarer Satz veranschaulichen, mit dem Benjamin die Studien der Kafka'schen Studenten beschreibt: »Sie stehen aber jenem Nichts sehr nahe, das das Etwas erst brauchbar macht – dem Tao nämlich.« (Benjamin II.2: 435) Bei diesem Satz handelt es sich um ein unausgewiesenes Zitat aus Franz Rosenzweigs Buch *Der Stern der Erlösung*, ohne dessen

Kontext diese Äußerung ebenso unverständlich bleiben muss wie die plötzliche Erwähnung des chinesischen Tao.[4] Bei Rosenzweig heißt es: »Das Tao ist dies nur tatlos Wirkende, dieser Gott, der sich ›mäuschenstill‹ hält, damit die Welt sich um ihn bewegen kann. Es ist ganz unwesenhaft; nichts ist in ihm, […] wie die Nabe in den Speichen, wie die Fenster in der Wand, wie der Hohlraum im Gefäß: es ist das, was dadurch, dass es ›nichts‹ ist, das Etwas ›brauchbar‹ macht, der selbst bewegungslose Beweger des Beweglichen. Es ist die Nichttat als der Urgrund der Tat.« (Rosenzweig 1988: 40) Was Rosenzweig auf die chinesische Lehre vom Tao anwendet, wendet Benjamin auf das Studium des Rechts an: Die Passivität des Rechts wird zur Ermöglichungsbedingung einer Aktivität jenseits seiner selbst. Indem es »mäuschenstill« hält, öffnet es die Pforte für eine Gerechtigkeit, die mehr und anders ist als das Recht selbst; es öffnet die Pforte zu einem Handlungsraum, in dem Menschen sich finden können, ohne polizeilich dazu gezwungen zu sein. Das Nichts des nicht mehr angewandten Rechts revoziert dessen Anspruch, mehr als bloß sich selbst mitzuteilen, und macht damit all die sozialen Ressourcen brauchbar, mit denen menschliche Beziehungen auf nicht-juristische Weise geregelt werden können. Im Studium nimmt das Recht sich in sich selbst zurück: Es enthält sich der Gewalt, die es im Namen der Anwendbarkeit verunreinigt hatte, und verzichtet damit auf den Status, stets ultimatives Konfliktschlichtungsmedium zu sein.

Diese Idee eines gemeinsamen, wenn auch streitanfälligen Studiums des Gesetzes stammt aus der Tradition jüdischer Schriftauslegung. Talmud heißt übersetzt Studium: Es geht nicht darum, das Gesetz zu zelebrieren, sondern es zum Gegenstand der Gelehrsamkeit zu machen.[5] So wie dem nicht mehr angewandten, sondern nur noch studierten Recht die Welt unzugänglich geworden ist, so ist hier auch die Schrift den Studierenden unzugänglich geworden. Wer die Schrift studiert, darf nie einfach einen transparenten Sinn in Beschlag nehmen. Eher als eine Suche nach einem authentischen Inhalt ist das Studium die dialogische und agonale Entfaltung von dialektischen Spannungen und Zweideutigkeiten, die der Text bereithält; auch das verhindert seine naive Applikation. Daraus folgt aber, dass das Studium prinzipiell kein Ende haben kann, die Passivität des Rechts bleibt auf die Aktivität des Studierens verwiesen. Agamben erinnert an den spezifischen Rhythmus des Studierens: Einerseits führt stets ein Hinweis zum nächsten, eine These zur nächsten Gegenthese, die den Abschluss des Studiums bzw. seine Umsetzung in ein Werk

---

4   Hierauf weist Werner Hamacher 1998: 320 hin, vgl. auch Gasché 2002, zum Zusammenhang der kabbalistischen Tradition mit Benjamins *Kritik der Gewalt* ferner Butler 2007: 23 ff.

5   Agamben verweist außerdem darauf, dass im Judentum das Studium die Idee eines fixierten Ortes ersetzt, an dem die Religion praktiziert werden kann: Da die Juden in der Diaspora keinen Tempel aufsuchen können, wird der Talmud zum Tempel Israels. Hierin lässt sich schon eine Abkehr vom Territorialitätsprinzip erblicken, das für die Souveränität wesentlich ist, vgl. Agamben 2003b: 51.

immer weiter aufschiebt, andererseits spornt das messianische Versprechen, die Lösung bald gefunden zu haben, die Studierenden immer weiter an. Kafka lässt keinen Zweifel daran, dass diese Tätigkeit des Studierens also nicht mit Faulheit oder Nachlässigkeit zu verwechseln ist. Wo immer bei ihm Studenten vorkommen, sind es wissbegierige und asketische Gestalten, deren Studium stets unsicher und zerbrechlich zu bleiben scheint. »Aber wann schlafen Sie?«, fragt Karl in Kafkas Romanfragment *Amerika* einen Studenten. »›Ja, schlafen!‹ sagte der Student. ›Schlafen werde ich, wenn ich mit meinem Studium fertig bin. Vorläufig trinke ich schwarzen Kaffee.‹« (Kafka 1996a: 218) Benjamin spricht daher von der Gewissenhaftigkeit, ja dem Fanatismus der Studenten: Sie rechnen mit der Kürze des Lebens, so wie die Kinder, die nicht zu Bett wollen, weil sie Angst haben, etwas zu verpassen. Allerdings verbleiben sie dabei stets im Zustand der Potenz, sie gehen nie zur Aktivität über: so wie der Mann vom Lande in Kafkas bekannter Parabel *Vor dem Gesetz*, der ein Leben lang vor der Tür des Gesetzes ausharrt, ohne zu handeln, und der so am Ende seine Schließung erreicht.[6]

Das Studium hebt das Recht geradezu im hegelianischen Sinn auf: Es zerstört es, indem es seinen Vollzug suspendiert, aber es bewahrt es auch und hebt es auf eine neue Ebene. Indem es Gegenstand der Lektüre bleibt, strukturiert das Recht als inaktives die Aktivitäten, die ihm selbst äußerlich sind. Diese Strukturierung erfolgt zwar im Lichte einer möglichen Umsetzung, nicht aber einer drohenden Durchsetzung. Seine eigene Kontingenz und die Kontingenz seiner Interpretation verbucht es daher nicht als Defizit, sondern als Gewinn; es strebt nicht nach Verbot oder Verdrängung ambivalenter, antithetischer oder aporetischer Lektüren, sondern nach deren Entfaltung und Vermehrung. Das Recht dient so auch nicht mehr der Trennung, sondern der Verbindung der Menschen untereinander: Nicht nur, weil es sie neben sich selbst duldet, sondern auch, weil das als kollektiver Prozess verstandene Studium kommunikative Praktiken initiiert, in denen sich die Studierenden reflexiv nicht nur auf den Text, sondern auch aufeinander beziehen. Bislang sind Gerichtssäle nicht gerade Schauplätze reziproker Anerkennung, sondern strategischer Übervorteilungsversuche; sobald aber eine konkurrierende Rechtsauffassung nicht mehr die ständige Gefahr birgt, sich durch gerichtliches Urteil und polizeiliche Durchsetzung in eine Sanktion zu eigenen Ungunsten zu verwandeln, muss sie nicht mehr abgewehrt und bekämpft werden, sondern kann als wichtiger Beitrag im herrschaftsfreien Diskurs willkommen geheißen werden.

---

6   Dies ist die unorthodoxe Interpretation Agambens, der im »Mann vom Lande« eine neue Messias-Figur sieht, vgl. Agamben 2002: 60 ff. sowie Agamben 1999: 172 ff.; vgl. hierzu auch Mills 2008: 18.

Spiel

Soll klarer werden, was der Begriff des Spiels in Bezug auf das Recht bedeuten könnte, muss zunächst genauer untersucht werden, was während des Spielens genau vor sich geht. Für Agamben ist das Spiel ein Vorgang der Profanierung. Mit Profanierung war ihm zufolge für die römischen Juristen der Prozess bezeichnet, durch den Gegenstände, die ursprünglich heilig waren, also den Göttern gehörten, wieder den Menschen und ihrem Gebrauch zurückgegeben werden. Wenn durch die Religion bestimmte Dinge dem allgemeinen Gebrauch entzogen und in eine abgesonderte Sphäre versetzt sind, ist die Profanierung deren Rückgabe an die Menschen und damit die Auflösung dieser Absonderung. Eine Profanierung geht durch einen unangemessenen, entweihenden Gebrauch vonstatten: wie etwa durch das Spiel. Agamben schreibt:»Die Kinder verwandeln, wenn sie mit irgendwelchem Gerümpel spielen, das ihnen unter die Finger gekommen ist, in Spielzeug auch, was der Sphäre der Wirtschaft, des Kriegs, des Rechts und der anderen Aktivitäten angehört, die wir als ernsthaft zu betrachten gewohnt sind. Ein Auto, eine Schusswaffe, ein juristischer Vertrag verwandelt sich mit einem Schlag in ein Spielzeug. […] Und dies bedeutet nicht das Fehlen von Sorgfalt (keine Aufmerksamkeit hält den Vergleich mit der eines spielenden Kindes stand), sondern eine neue Dimension des Gebrauchs, die der Menschheit von Kindern und Philosophen geliefert wird.« (Agamben 2005: 73) Das Spiel beinhaltet also eine gewisse Respektlosigkeit gegenüber dem Spielzeug, eine Entzauberung und Blasphemie, indem es die Dinge daran erinnert, dass sie von dieser Welt sind. Trotzdem ist das Spiel mehr als eine Ideologiekritik, denn es geht ja den Spielenden nicht um eine richtige Erkenntnis des Gegenstands, mit dem gespielt wird, sondern um seine praktische Aneignung (bzw. Ent- und Umeignung) und Überführung in einen neuen Gebrauch. Daraus folgt eine Änderung nicht nur des Bewusstseins, sondern des gesamten Handlungsvollzugs und des praktischen Verhältnisses der Spielenden zum Gegenstand, dem neu gewonnenen Spielzeug. Dies funktioniert nur über die Neutralisierung seiner ursprünglichen Funktion: Aus einem Auto, einer Schusswaffe oder einem juristischen Vertrag Spielzeuge zu machen, ist nur dann ratsam, wenn das Auto niemanden mehr überfahren, die Schusswaffe niemanden mehr erschießen und der Vertrag niemanden mehr hinter Gittern bringen kann. Nur das studierte, das nicht mehr angewandte Recht öffnet sich also dem Gebrauch als Spielzeug.

Und erst als solches wird es als Spielzeug interessant. In einer Besprechung einer Spielzeugausstellung im Berliner Märkischen Museum stellt Walter Benjamin fest, dass nicht nur Kinder, sondern auch viele Erwachsene die Ausstellung besuchen. Dies erklärt sich Benjamin damit, dass das Spiel auch dem Erwachsenen den Schrecken des Realen nimmt:»Man kennt das Bild der unterm Weihnachtsbaum versammelten Familie, der Vater ganz ins Spiel mit der Eisenbahn vertieft, die er dem Sohn eben geschenkt hat, während das Kind weinend daneben steht. Wenn solcher Drang zum Spielen den Erwachsenen überkommt, ist das kein Rückfall ins Kindliche. Freilich bleibt Spielen immer Befreiung. Kinder schaffen, von einer Riesenwelt umgeben, sich ihre angemessene kleine, der Mann aber, den das Wirkliche ausgangslos, drohend umstellt, nimmt ihr durch ihr verkleinertes Abbild den Schrecken. Die Bagatellisierung eines unerträglichen Daseins hat an dem wachsenden Interesse, dem Kinderspiel, Kinderbücher mit dem Ausgang des Krieges begegneten, einen starken Anteil gehabt.« (Benjamin IV.1: 514). Benjamin kannte zwar noch nicht das gesamte Ausmaß, das die Gewaltbezüge in heutigen Spielzeugen mittlerweile eingenommen haben, wohl aber erwähnt er schon Spielzeugguillotinen und kleine Galgen, »Warenhäuser mit automatisch funktionierenden Brandstiftungen, Einbrüchen, Diebstählen« sowie »wundervoll gelingende kleine Bombenattentate mit entzweigehenden, leicht heilbaren Prinzen«. Diese Heilbarkeit ist für das Spiel wesentlich, denn sie raubt den angeeigneten Gegenständen ihren sakralen, da gefährlichen und unnahbaren Charakter. Das unterscheidet das profanatorische Spiel von der Säkularisierung: Die Säkularisierung, so Agamben, versetzt nur die himmlische Monarchie auf die Erde, lässt aber ihre Macht unangetastet. Profanierung hingegen »beinhaltet die Neutralisierung dessen, was sie profaniert. Wenn aber das, was nicht verfügbar und abgesondert war, einmal profaniert ist, verliert es seine Aura und wird dem Gebrauch zurückgegeben.« (Agamben 2005: 73)

Die Verwendung des Begriffs der Aura an dieser Stelle dürfte kaum zufällig sein. Benjamins berühmte Formulierung aus dem *Kunstwerkaufsatz* von der Aura als der »Erscheinung einer Ferne, so nah sie sein mag« (Benjamin I.2: 479) bringt genau auf den Punkt, wogegen sich die Profanierung wendet. War das auratische Kunstwerk dem allgemeinen Gebrauch durch eine quasi-religiöse Absonderung entzogen, zielt die Profanierung auf die Aneignung· und Demokratisierung des Werks und der Rezeption. Die technische Reproduzierbarkeit des Kunstwerks hat Benjamin bekanntlich als Chance für eine solche Entauratisierung begriffen, deren Bedeutung er ausdrücklich in den Kontext des antifaschistischen Kampfes gestellt hat. Es ist das Kino, das spielaffinste aller künstlerischen Medien, bei dem »kritische und genießende Haltung« zusammenfallen, und das anders als etwa die Malerei daher eine simultane Kollektivrezeption erlaubt, die Selbstorganisation und Selbstkontrolle zumindest strukturell ermöglicht (vgl. ebd.: 497 f.). Die »Politisierung der Kunst«, die der Kommunismus Benjamin zufolge der faschistischen »Ästhetisierung der Politik« entgegensetzt, besteht in einer Entfaltung der profanatorischen Potentiale massenbezogener künstlerischer Praktiken und damit in einer praktischen Änderung und Aufhebung ästhetischer Eigentumsverhältnisse. Bezogen auf das Recht könnte das heißen, jene auratische Absonderung zurückzunehmen, mit der die

Souveränität das Recht dem Leben der Menschen abstrakt entgegensetzt. Hier wird deutlich, wie weitreichend eigentlich die politischen Änderungen sind, die mit dem harmlos anmutenden Begriff des Spiels bezeichnet sind: Das Spiel mit dem Recht ist, noch einmal, nicht allein die atheistische Analyse und Kritik dieser quasireligiösen Absonderung des Rechts vom Leben, sondern bereits eine Veränderung des praktischen Verhältnisses, in dem das Recht zu den Spielenden steht. Das Spiel ist Expropriation der Expropriateure: Es enteignet der Souveränität die sozialen Potentiale, die sie wiederum enteignet, kanalisiert und abgeschöpft hatte und erstattet so den Menschen das Recht für den eigenen Gebrauch zurück.

Als politische Strategie scheint das Spiel eine gewisse phänomenologische Ähnlichkeit mit dem zu aufzuweisen, was im Kontext poststrukturalistischer und *queerer* Theorien als performative Subversion verhandelt wird. Das Spiel profaniert nicht irgendwelche beliebigen Praktiken, sondern bevorzugt gerade diejenigen, die normalerweise eben als Garant und Ausdruck von Ernsthaftigkeit und Integrität verstanden werden, und die Spielenden sind genau diejenigen, die von der Partizipation an diesen Praktiken normalerweise ausgeschlossen sind. Wie die Subversion zitiert auch das Spiel diejenigen Mechanismen, die es unterminieren will. Ein Spiel ist eine katachretische Intervention, eine unerlaubte Verwendung von Artefakten aus der Welt der Seriösität; es stört so die juridische Signifikationsharmonie und irritiert und untergräbt die Logik der rechtlichen Autorisierung. Benjamin erinnert daran, dass es die Kinder sind, die am deutlichsten dafür einstehen, dass die Subalternen »zurücksprechen« können, indem sie das gegebene Vokabular eines symbolischen Regimes entwenden und in unvorhersehbaren Weisen benutzen: »Aber es ist eines nicht zu vergessen: die nachhaltigste Korrektur des Spielzeugs vollziehen nie und nimmer die Erwachsenen, seien es Pädagogen, Fabrikanten, Literaten, sondern die Kinder selber im Spielen. Einmal verkramt, zerbrochen, repariert, wird auch die königlichste Puppe eine tüchtige proletarische Genossin in der kindlichen Spielkommune.« (Benjamin IV.1: 515)[7] Es gibt, dieser gewiss etwas romantisierenden Spieltheorie zufolge, kein autoritäres Spiel, denn die Spielenden lassen sich nichts vorschreiben. Durch die Phantasie gelingt es den Kindern der Passivität zu entfliehen, welche die Erwachsenen für sie vorgesehen haben. In der spielerischen Imitation der sozialen Praktiken der Erwachsenen verlieren jene übermächtigen Handlungserwartungen ihren Schrecken, mit denen sich die Kinder alltäglich konfrontiert sehen. Den vorgeblich »ernsthaften« Gebrauch des Rechts, wie ihn Erwachsene untereinander pflegen, kann man daher als ein Symptom der Vergessenheit oder

---

7   Auch in Benjamins *Kulturgeschichte des Spielzeugs* heißt es, der gründlichste Irrtum sei es zu glauben, »der Vorstellungsgehalt des Spielzeugs bestimme das Spiel des Kindes, da es in Wahrheit eher umgekehrt sich verhält. Das Kind will etwas ziehen und wird Pferd, will mit Sand spielen und wird Bäcker, will sich verstecken und wird Räuber oder Gendarm.« (Benjamin III: 116)

Beschädigung dieser ursprünglichen Profanierungspraxis dechiffrieren, denn er ist gekennzeichnet durch eine Verpanzerung gegen die Wünsche und Bedürfnisse der Kindheit, als sie noch nicht in das Korsett der Regelbefolgung gezwängt waren (dass im kindlichen Kaufladen eine Zitrone je nach Tagesstimmung mal Tausend Milliarden Euro kostet und mal nur einen Handschlag, drückt sicher eine unversehrtere Intersubjektivität aus als die vom Kaufhausdetektiv im echten Kaufhaus repräsentierte).

Hierin liegt der anarchische Impuls von Agambens Theorie des Spiels: in der Zurückweisung eines heteronomen Bezugsrahmens, der den Status aller Dinge immer schon im Vorhinein festgelegt hat. Ihm geht es darum, die in der Subversion praktizierte Erschütterung politischer Selbstverständlichkeiten und die demokratische Veränderung hegemonialer Realitätskonfigurationen bis zu einer Sprengung vorgeblich genetischer Beziehungen und logisch definierter Handlungsvollzüge zu treiben. Doch anders als die Subversion ist das Spiel kein Mittel, um ein bestimmtes politisches Ziel zu erreichen, sondern eine gewissermaßen zweckfreie Tätigkeit (es ähnelt damit auf auffällige Weise dem, was Hannah Arendt als authentische Politik bezeichnen würde). Agamben verzichtet darauf, zukünftige Formen der Gesellschaft und die Rolle, die das Recht in ihnen spielen könnte, am Reißbrett zu entwerfen, denn der Vollzug des Spiels ist autonom und verwehrt sich gegen jede instrumentelle Rationalität. Es verwehrt sich damit zudem auch jedem Versuch, beendet zu werden: Soziale Ordnungen bleiben immer dafür anfällig, spielend profaniert zu werden. Diese Chance auf das nächste Spiel will sich Agamben nicht durch Ausrufung einer Welt verschenken, die des Spiels nicht mehr bedürfte.

Warum aber, die Frage stellt sich erneut, wollen Benjamin und Agamben das Recht nicht einfach abschaffen? Was ist der Sinn einer spielenden Konservierung eines ohnehin inapplikabel gewordenen Rechts? Diese Frage stellt sich Agamben auch selbst, und er führt aus:

> »Die Katze, die mit einem Wollknäuel spielt [...], gebraucht die Verhaltensweisen des Beutemachens [...] in vollem Bewusstsein ihrer Leere. Diese sind nicht ausgelöscht, sondern dank der Verwendung des Knäuels anstelle der Maus [...] entschärft und dadurch offen für einen neuen möglichen Gebrauch. Aber um was für einen Gebrauch handelt es sich? Was ist für die Katze der mögliche Gebrauch des Wollknäuels? Er besteht darin, ein Verhalten von seiner genetischen Zugehörigkeit zu einer bestimmten Sphäre zu befreien (der des Beutemachens, der Jagd). Das so befreite Verhalten mimt und führt noch die Formen der Tätigkeit aus, von der es sich emanzipiert hat, aber indem es diese ihres Sinns und ihrer zweckgebundenen Beziehung entleert, öffnet es sie und macht sie einem neuen Gebrauch zugänglich. Das Spiel mit dem Wollknäuel ist die Befreiung der Maus vom Beutesein und die Befreiung des Beuteverhaltens von der notwendigen Hinwendung auf den Fang und den Tod der Maus: Und trotzdem inszeniert es dieselben Verhaltensweisen, durch die auch schon die Jagd bestimmt wurde. Die Tätigkeit, die dabei herauskommt, wird so zu einem

reinen Mittel, das heißt einer Praxis, die, obschon sie hartnäckig an ihrer Natur als Mittel festhält, sich von der Verbindung mit einem Ziel emanzipiert, vergnügt ihren Zweck vergessen hat und jetzt als Mittel ohne Zweck auftreten kann. Die Schöpfung eines neuen Gebrauchs ist also für den Menschen nur möglich, wenn er den alten Gebrauch entschärft, unwirksam macht.« (Agamben 2005: 83 f.)

Damit ist nicht gemeint, wie dieser Vergleich mit dem Katz-und-Maus-Spiel vielleicht nahe legen würde, dass es ein anthropologisches Bedürfnis nach Gewalt gäbe, das im Spiel sublimiert werden müsste: als ob man dem System der Rechtsgewalten andere, harmlosere Gegenstände zur Verfügung zu stellen könnte, damit die souveräne Maschine am Laufen bleiben kann, ohne dass jemand zu Schaden kommt. Agambens Punkt ist nicht, dass das Recht wie die Katze zum Beutemachen disponiert und die einzige realistische Strategie daher die Ersetzung der Beute ist, sondern dass in der profanatorischen Imitation rechtlicher Praktiken auch ein Potential für die Etablierung einer post-souveränen politischen Gemeinschaft liegt. Im Spiel wird das Recht erhalten, aber von seiner ursprünglichen Funktion gelöst; es wird hier gewissermaßen zum Rohstoff, aus dem sich reine Mittel destillieren lassen. In der Extraktion des Rechts aus dem Gewaltverhältnis, das es vorher gebunden hatte, liegt die Chance auf die Generierung eines reinen Rechts, eines Rechts also, das nicht mehr von Gewalt und instrumenteller Rationalität kontaminiert ist, und das sich deshalb eignet, anders gebraucht zu werden.

Deaktivierung

Ein »neues geschichtliches Zeitalter« begründet sich, so Benjamin, auf der »Entsetzung des Rechts samt den Gewalten, auf die es angewiesen ist wie sie auf jenes, zuletzt also der Staatsgewalt« (Benjamin II.1: 202). Warum, so fragt sich Agamben, spricht Benjamin von Entsetzung und nicht der Überwindung oder Abschaffung des Rechts? Was »kann der Sinn eines Rechts sein, das auf solche Weise seine eigene Entsetzung überlebt« (Agamben 2004: 76)? Zweimal in der Geschichte der Menschheit, so Agamben, ist diese Frage Gegenstand systematischer Reflexionen geworden: Zum ersten Mal bei Paulus, das zweite Mal im sowjetischen Marxismus des 20. Jahrhunderts.[8] Die Vorstellungen des Reichs Gottes und der klassenlosen

---

8   Bei der »Debatte zwischen Paschukanis und Wyschinski« (Agamben 2004: 76), die Agamben erwähnt, handelt es sich allerdings in Wirklichkeit nicht um eine Debatte, sondern um eine Episode stalinistischer Verfolgungspolitik. Eugen Paschukanis hat in seinem Werk *Allgemeine Rechtslehre und Marxismus* noch die These von der prinzipiellen Inkompatibilität von Recht und Kommunismus verteidigt, weshalb das »Absterben gewisser Kategorien [...] des bürgerlichen Rechts [...] keineswegs ihre Ersetzung durch neue Kategorien des proletarischen Rechts [bedeutet], genau so wie das Absterben der Kategorien des Wertes,

Gesellschaft ähneln sich in dieser Hinsicht: Beide wollen das Recht der alten Gesellschaft abtöten, es aber dennoch auf gespenstische Weise am Leben erhalten. Beiden ist nämlich die Vorstellung eines »Zwischenreiches« gemeinsam, einer »Übergangsphase« hin zur vollständigen Erlösung. Bei Paulus ist diese Übergangsphase als das Tausendjährige Reich bezeichnet, das der Messias zwischen seiner Ankunft und dem Ende aller Zeiten errichtet, Marx spricht von ihr in seiner *Kritik des Gothaer Programms* als der »ersten Phase der kommunistischen Gesellschaft«, die den »bürgerlichen Rechtshorizont« noch nicht völlig überschreiten kann, dem Sozialismus also oder der Diktatur des Proletariats. Dies ist die »Zeit, die bleibt«, von der im Titel von Agambens Kommentar zum Römerbrief die Rede ist, die Zeit, die die Zeit braucht, um zu enden. Diese messianische Zeit ist bei Paulus gleichzeitig einerseits ein Abschnitt und eine Weiterführung der chronologischen Zeit des bisherigen Geschichtsverlaufs und andererseits seine Unterbrechung; das heißt auch, die gleichzeitige Weiterführung und Unterbrechung ihrer Bestandteile wie des Rechts. Es ist dieser merkwürdige Zwischenstatus des Rechts, das sozusagen zwischen Leben und Tod, zwischen Geltung und Suspension schwebt, der es lohnenswert erscheinen lässt, die Dokumente des (theologischen und säkularen) Messianismus im Kontext einer Konzeptualisierung post-souveräner Gemeinschaftlichkeit zu untersuchen. Agambens methodische Vorannahme scheint nun zu sein, dass sich insbesondere aus dem Studium der langen und anspruchsvollen Geistesgeschichte der jüdisch-christlichen Theologie lehrreiche Schlussfolgerungen auch für die sozialen und politischen Fragen der Gegenwart ziehen lassen. Während er nämlich auf die marxistischen Debatten um das Recht der klassenlosen Gesellschaft nur am Rande eingeht, hat er der Analyse religiöser Traktate mehrere Bücher gewidmet – wohl mit dem Hintergedanken, dass sich zentrale religiöse Motive ohne Mühe auf

---

Kapitals, Profits usw. bei dem Übergang zum entfalteten Sozialismus nicht das Auftauchen neuer proletarischer Kategorien des Werts, Kapitals usw. bedeuten wird.« (Paschukanis 2003: 58 f.) Damit ist Paschukanis in Widerspruch zu den Anforderungen der totalitären Tagespolitik Stalin'scher Prägung geraten, die nicht ein Absterben, sondern im Gegenteil eine Intensivierung rechtlicher und staatlicher (freilich nicht rechtsstaatlicher) Praktiken für opportun hielt. Auch eine eilige Korrektur seiner Rechtslehre im Rahmen einer »Selbstkritik« konnte nicht verhindern, dass Paschukanis damit ins Fadenkreuz der stalinistischen Säuberungen geriet: Er ist während der Zeit der Moskauer Prozesse, deren Hauptankläger Wyschinski war, verschwunden und wurde vermutlich erschossen. Wyschinski forderte fortan die »völlige Vernichtung« von Paschukanis' »trotzkistisch-bucharinistischer Schädlingstheorie« (Wyschinski 1972: 117) und ließ dessen Werk unter Quarantäne stellen. – Es muss allerdings auch unklar bleiben, worin in dieser Auseinandersetzung die Analogie zur paulinischen »Deaktivierung des Rechts«, wie sie Agamben rekonstruiert, überhaupt liegen soll, denn eine solche Deaktivierung wurde weder von Paschukanis, noch von Wyschinski vertreten (es sei denn, man will die »technischen Regeln«, durch die Paschukanis das Recht in der kommunistischen Gesellschaft ersetzen will, als dergestalt deaktiviertes Recht begreifen, was aber wenig nahe liegend erscheint).

die politische Ebene übertragen ließen und dass die von ihm dargestellten Lösungsstrategien atheistisch reformulierbar seien.

Ins Zentrum seiner Überlegungen rückt Agamben also die Frage, in welchen Zustand die positiven weltlichen Gesetze in der messianischen Zeit geraten. Diesem Problem will Agamben in einem *close reading* der Texte des Apostel Paulus und insbesondere seines Briefes an die Römer auf den Grund gehen, wobei er allerdings die paulinischen Briefe nicht vorrangig als Dokumente der christlichen Bibel betrachtet, sondern die jüdische Herkunft des Paulus unterstreicht; Paulus' Briefe sind, so behauptet Agamben sogar, trotz einer langen Geschichte irreführender Übersetzungen und Interpretationen »der älteste – und der anspruchsvollste – messianische Traktat der jüdischen Tradition« (Agamben 2006: 12). Agamben macht nämlich darauf aufmerksam, dass Paulus keineswegs die jüdische Tugend der Gesetzestreue durch die Glaubenserrettung einfach ersetzen will, sondern beide Kategorien in ein kompliziertes Spannungsverhältnis setzt. Um die Beziehung zwischen dem Glauben und dem Gesetz zu verdeutlichen, benutzt Paulus das Verb *katargeín*: Ich mache unwirksam, ich deaktiviere (vgl. ebd.: 109).[9] Agamben betont immer wieder, dass das nicht mit einer Zerstörung oder Negation zu verwechseln ist: »Das ist die Bedeutung des Verbs *katargeín*: So wie im *nómos* die Potenz der Verheißung in Werke und verbindliche Vorschriften übertragen worden ist, so macht nun das Messianische diese Werke un-wirksam und gibt sie der Potenz in Form der Untätigkeit und der Unwirksamkeit zurück. Das Messianische ist nicht die Zerstörung, sondern die Deaktivierung und die Unausführbarkeit des Gesetzes.« (ebd.: 111).

Wie aber ist eine solche *katárgesis*, eine solche Deaktivierung des Rechts genau vorzustellen? Wie das nur noch studierte und nicht mehr angewandte Recht eine Umdrehung der ~~Gesetzes~~kraft, also Gesetz~~eskraft~~ ist, so ist auch das deaktivierte Recht eine Inversion des juristischen Ausnahmezustands. Während des Ausnahmezustands ist das Recht ebenfalls unausführbar geworden und deaktiviert, aber auf grausame und autoritäre Weise, wie Agamben anhand von Carl Schmitt demonstriert: Im Ausnahmezustand sind innen und außen des Gesetzes unbestimmbar, Gesetzeskonformität und Gesetzesbruch ununterscheidbar und das Gesetz selbst daher letztlich unformulierbar geworden, was zu einem kafkaesken Zustand der permanenten Unsicherheit und Angst führt. Bereits in *Homo sacer* hatte Agamben ja gezeigt, dass die Konzentrationslager nur in einem solchen Raum der Unformulierbarkeit des Gesetzes eingerichtet werden konnten. Die Inaktivität des Rechts bein-

---

9 Im paulinischen Gebrauch des Verbs *katargeín* klingt auch das Wort *argeín* an, womit in der Septuaginta das Ruhen am Sabbath bezeichnet ist, also der Suspension und Deaktivierung der Arbeit (Agamben 2006: 109, vgl. Kaufman 2008: 44 f.). Dies ist eine weitere Bedeutung des Wortes »rest«, das Agamben im Originaltitel seines Buches verwendet (*Il tempo che resta*) und die in der Doppeldeutigkeit des englischen »rest« am besten zum Ausdruck kommt: Die Zeit, die sich ausruht.

haltet daher nicht von sich aus ein messianisches Versprechen, sondern kann ebenso in die ungezügelte Durchsetzung der exekutiven Gewalt führen. Diese Gefahr, dass sich das Gesetz als unausführbare Präskription einfach in ein »universales Prinzip der Anklage«, ja in eine »ununterbrochene Selbstanklage ohne Vorschrift« (ebd.: 122) verwandelt, ist für Agamben auch in der messianischen *katárgesis* durchaus unmittelbar gegeben. Um diese Gefahr zu bannen, ist – wie Agamben nur äußerst kursorisch andeutet – eine »*Aufhebung* des Ausnahmezustands, eine Verabsolutierung der *katárgesis*« (ebd.: 122, Hervorh. i.O.) notwendig, die nicht in einer Zerstörung oder weiteren Zurückdrängung des Rechts liegen kann, sondern nur in der Sistierung derjenigen Instanz, welche die Inoperabilität des Rechts als Gelegenheit zu nutzen droht, die Menschen zum Objekt *außer*rechtlicher Anklage und Verfolgung zu machen: der Instanz der Souveränität und ihrer exekutiven Instrumente. Agamben macht deutlich, dass daher auf Grundlage der paulinischen Lehre keine Doktrin der Macht aufgebaut werden kann.[10] Weltliche Herrschaft ist nicht der kommissarische Stellvertreter des Messias oder sein provisorischer Statthalter, sondern eher *katéchon*, das heißt diejenige Instanz, die sein Erscheinen zurückhält. Die Analogie zum Marxismus ist deutlich: Wie mit Paulus ist auch mit Marx kein Staat zu machen, denn der Ausdruck eines »kommunistischen Staates« ist selbstwidersprüchlich. Die Einrichtung einer wahrhaft kommunistischen Gesellschaft wird vielmehr von jenen Institutionen versperrt, die sie zu repräsentieren vorgeben, denn sie blockieren die Entstehung einer rechtsjenseitigen Intersubjektivität.

Die Deaktivierung des Rechts öffnet einen Raum, der entweder durch eine präetablierte soziale Macht für die Durchsetzung eigener Interessen genutzt oder durch gewaltfreie menschliche Interaktionen gefüllt werden kann. Es ist mit dem Begriff der Liebe eine höchstpersönliche und intime Kategorie, mit der bei Agambens Paulus das Gesetz letztlich sowohl vollendet, als auch unwirksam gemacht wird: »Der, der den anderen liebt, hat das Gesetz erfüllt.« (Röm 7, 22, Agambens Übersetzung, in Agamben 2006: 122)[11] Der Bezug auf das Gebot »Liebe deinen Nächsten« scheint zunächst nahe zu legen, dass Agamben die Deaktivierung des Gesetzes an die Bedingung der Ausbildung affektiv-habitueller Charakterdispositionen bzw. Tugenden knüpft: Wenn alle Menschen frei von Sünde sind, brauchen wir kein Gesetz mehr. Die kommunistische Entsprechung dieser Bedingung fände sich dann

---

10   Implizit setzt Agamben Paulus damit als Vorgänger jener millenaristischen Bewegungen ein, welche die messianische Zeit für angebrochen halten und daher die Legitimität jeglicher weltlicher Macht, auch der Kirche, dementieren, vgl. hierzu Cohn 1988.
11   In der Deaktivierung des Rechts durch Liebe wird noch einmal die andere, produktive (also eher Foucault'sche als Agamben'sche) Dimension der Biopolitik betont, die sich gegen den Staat mobilisieren lässt, wie sie vielleicht Hardt und Negri mit ihrem Konzept der *multitude* im Blick haben, vgl. Hardt/Negri 2002: 372 ff., dann 420; zum Vergleich von Agambens Paulus-Lektüre mit Foucaults Biopolitikbegriff ferner Ojakangas 2005: 25 f.

bei Lenin, der anders als noch Marx zur Voraussetzung eines Absterbens des Rechts im Kommunismus erklärt, dass »keiner mit der Hartherzigkeit eines Shylock darauf bedacht sein wird, ja nicht eine halbe Stunde länger als der andere zu arbeiten« (Lenin 1963: 102). Bei Agamben geht es aber gerade nicht um eine simple Substitution des Gesetzes durch den Glauben, des formalen Rechts durch die Tugend, sondern um eine Veränderung des Verhältnisses zum Recht bzw. des Rechts zu den Menschen und zur Welt. Das Gesetz hat sein *telos* daher nicht in seiner Abschaffung, sondern eben in seiner Deaktivierung: Seine Potenz verwirklicht sich paradoxerweise in einer »Schwäche« oder »Untätigkeit«. »Mit dem Messianischen«, so Agamben, »ist [...] eine Erfahrung des Wortes angezeigt, das sich [...] als reine und allgemeine Potenz des Sagens vorstellt und das fähig ist, einen freien und unentgeltlichen Gebrauch der Zeit und der Welt zu gewähren« (Agamben 2006: 151). Der Raum zwischen den Menschen öffnet sich erst, wenn das Medium, das sie miteinander vermittelt, Freiheit zulässt. Dieses Medium ist das Recht. Damit es Freiheit erlauben kann, muss es folglich von Befehls- und Obligationsstrukturen gereinigt werden, es darf daher weder seine Aussagen mit einer imperativischen Autorität versehen, noch nach dem Äquivalenzprinzip jede Leistung an eine Gegenleistung knüpfen: Dies ist bei Agamben mit dem Begriff der »Unentgeltlichkeit« angezeigt. Das Recht gibt sich selbst und die Welt für einen anderen Gebrauch frei, indem es untätig und damit zum reinen Mittel wird, indem es seine pure Medialität als Medium offenbart. Die messianische Deaktivierung ist daher das Gegenteil der souveränen Deaktivierung: Während es beim juristischen Ausnahmezustand die reine Kraft ist, die sich unbeirrt vom Inhalt des Rechts durchsetzt, wird im »wirklichen Ausnahmezustand«, um mit Benjamin zu sprechen, das Recht zur reinen Mitteilung, die sich frei vom Bezug auf ihre Effektivität mitteilt. Hierin liegt die spezifische Pointe, die Agambens Lektüre gegen die kanonische Paulus-Interpretation setzt: Paulus ersetzt nicht das jüdische Pharisäertum durch die christliche Errettung durch Glauben, sondern lässt Glauben und Gesetz in einem gemeinsamen Prinzip fundieren: »Das messianische Gesetz ist das Gesetz des Glaubens und nicht einfach Negation des Gesetzes [...] – es geht vielmehr darum, der normativen Vorstellung vom Gesetz mit einer nichtnormativen Vorstellung zu begegnen.« (ebd.: 107 f.)

Aufgrund der Explikation der sprachlichen Struktur des messianischen Gesetzes allein ist aber zunächst nicht zu erkennen, was damit für die Entwicklung eines postsouveränen Rechts gewonnen ist, hatte doch Agamben bereits mit der Figur des Studiums die Idee eines nicht mehr mit Zwangsbefugnis versehenen Gesetzes bezeichnet. Die entscheidende Neuerung tritt erst hinzu, wenn klar wird, dass für Agamben eines der wichtigsten Merkmale dieser nicht-normativen Vorstellung von Gesetz die Möglichkeit ist, es nicht-exklusiv zu gebrauchen. In der messianischen *katárgesis* sind Innen und Außen des Gesetzes ununterscheidbar geworden. Wenn der rechtliche Referenzbereich auf diese Weise perforiert ist, macht es keinen Sinn mehr, von fest definierten Trägerinnen oder Adressatinnen zu sprechen oder von irgendeiner anderen besonderen persönlichen Beziehung zum Gesetz. Mit der Deaktivierung des Rechts ist daher eine Ablehnung eines possessiven Rechtsverständnisses verbunden: Rechte »hat« man nicht, sondern man »gebraucht« sie. Sie stehen damit in keinem prädefinierten Verhältnis zu irgendwelchen Trägerinnen oder Adressatinnen, sondern können zwischen prinzipiell allen Menschen zirkulieren.

In der Berufung, die durch eine Passivität des Gesetzes an die Menschen ergeht, ist zugleich eine aktive Änderung der kollektiven Identifikationsverhältnisse unter ihnen indiziert. Eine völkische Politik ist mit dem paulinischen Konzept der Deaktivierung nicht mehr möglich. Damit ist aber auch nicht eine »Begründung des Universalismus« geliefert, wie Alain Badiou behauptet hat (vgl. Badiou 2002; dazu Agamben 2006: 64), sondern im Gegenteil der Prozess der Desidentifikation in das Zentrum der Identifikation eingeschrieben. Die messianische *katárgesis* weitet ja gerade nicht einfach das Gesetz auf alle aus, sondern untergräbt jedes substanzielle oder stabile Verhältnis zum Recht. Dieser Prozess kann anhand der Bedeutung veranschaulicht werden, die Marx dem Proletariat zuspricht: Das Proletariat ist nicht einfach organischer Teil eines wohldefinierten Ensembles gesellschaftlicher Teile, sondern stellt gerade durch seinen besonderen Status die Kontingenz sozialer Identitäten insgesamt aus. Die spezifische Identität des Proletariats als Klasse wird bei Marx zum Katalysator des Prozesses der Auflösung aller Klassen: Da es selbst nicht über Produktionsmittel verfügt, muss es nur die eigene Erfahrung universalisieren, um eine allgemeine Abschaffung des Privateigentums an Produktionsmitteln zu erreichen. Darum ist bei Marx die Emanzipation des Proletariats bei Marx identisch mit der Emanzipation der Menschheit insgesamt. Das Proletariat ist in seiner spezifischen Klassenidentität zur Revolution besonders disponiert, wobei die Revolution diese Klassenidentität selbst aufhebt; es handelt als Klasse und zugleich in Antipation der Klassenlosigkeit. In diesem Sinne ist es zu verstehen, wenn Agamben schreibt: »Die messianische Berufung ist die Widerrufung jeder Berufung.« (Agamben 2006: 34) Die Berufung ist gegenüber gegebenen Identitäten nicht einfach indifferent, denn sie adressiert sich an konkrete Subjekte, aber sie bewirkt zugleich eine praktische Veränderung der Identifikationsverhältnisse, weil die konkreten Subjekte in kontrafaktischer Antipation ihrer Dislokation agieren. Auch hier wieder wird die Bedeutung der Deaktivierung gegenüber der einfachen Abschaffung deutlich: Statt alte Identitäten auszulöschen oder neue zu kreieren, geht es Agamben darum, einen ganz anderen Gebrauch der vorgefundenen Verhältnisse zu ermöglichen. »Die messianische Berufung ist kein Recht und konstituiert auch keine Identität: Sie ist eine allgemeine Potenz, die man gebraucht, ohne je ihr Inhaber zu sein.«

(ebd.: 37) In diesem Sinne ist auch der Begriff von Israel als dem »auserwählten Volk« zu verstehen: nicht als theologisch legitimiertes Privileg, sondern als Zeugnis der Unmöglichkeit einer stabilen Identifikation und als Prozess einer sukzessiven Desidentifikation.[12] Agambens Deaktivierung des Rechts sprengt auch Identifikationsverhältnisse in die Potentialität auf und gibt damit Raum für das »beliebige Sein« (Agamben 2003a, insbes. 9 ff.; vgl. dazu Edkins 2007).

Entsetzung des Rechts

Im Studium ist die Gewaltdimension des Rechts suspendiert, wodurch es sich als Mittel von freiwilligen und nicht mehr nur erzwungenen Konfliktschlichtungen und Interessensausgleichen qualifiziert. Im Spiel ist die quasi-religiöse Absonderung des Rechts vom Leben zurückgenommen, wodurch es den Menschen einen antiautoritären und profanen Zugang eröffnet. In der Deaktivierung ist der Grundstein für einen nicht-exklusiven Gebrauch des Rechts gelegt, so dass es nicht mehr zur Perpetuierung von Demütigungserfahrungen durch Entrechtung kommen muss. Allen Operationen ist gemeinsam, dass sie ein Recht ohne Beziehung zum Zwang andeuten, das so als Medium für eine befreite Intersubjektivität tauglich gemacht wird. Die Pointe von Agambens Rechtskritik ist die Forderung nicht nach Abschaffung des Rechts, sondern nach einem anderen Verhältnis zum Recht und damit nach einer Befreiung sowohl des Lebens, als auch des Rechts.

Agamben schreibt ebenso zusammenfassend wie programmatisch:

»Im Recht seine Nicht-Beziehung zum Leben und im Leben seine Nicht-Beziehung zum Recht offenbar werden zu lassen heißt, zwischen ihnen einen Raum für menschliches Handeln zu eröffnen, der vormals den Namen des ›Politischen‹ für sich einforderte. [...] Wahrhaft politisch ist indessen nur solches Handeln, das den Bezug zwischen Gewalt und Recht rückgängig macht. Und nur vom Raum aus, der so sich öffnet, wird es möglich sein, die Frage nach einem eventuellen Gebrauch des Rechts nach der Deaktivierung des Dispositivs zu stellen, das es [...] an das Leben band. Dann werden wir uns einem ›reinen‹ Recht gegenüber sehen, in dem Sinn, wie Benjamin von ›reiner‹ Sprache und von ›reiner‹ Gewalt

---

12 Agambens Theorie des Proletariats bzw. des »auserwählten Volks« als »Rest« hat signifikante Ähnlichkeit mit dem Politikbegriff Jacques Rancières. Bei Rancière stellt sich der Zusammenhang so dar: »Politische Figuren sind immer in gesellschaftlichen Figuren gefangen. Die politischen Figuren unterscheiden sich von sich selbst, werden politisch insofern, als sie die Darstellung der Gleichheit eines jeden mit einem jeden anderen tragen. Der Name der Armen schließt im Namen einer sozialen Gruppe den Namen von jedermann ein. Gleichzeitig definiert er einen Platz, den jedermann einnehmen kann, er macht eine gesellschaftliche Bezeichnung für einen Prozess der politischen Subjektivierung zugänglich.« (Rancière 1997: 72) Agamben bemerkt diese Übereinstimmung selbst, auch wenn er gegenüber Rancières vorgeblichem Relativismus Bedenken äußert, vgl. Agamben 2006: 71.

spricht. Einem Wort, das nicht verpflichtet, nicht befiehlt noch etwas verbietet, sondern nur sich selbst spricht, entspräche ein Handeln als reines Mittel, das, ohne Bezug auf ein Ziel, nur sich selbst zeigt.« (Agamben 2004: 103 f.)

Mit Formulierungen wie diesen befindet sich Agamben – trotz gelegentlicher Abgrenzungsbemühungen – in Tradition und unmittelbarer Nachbarschaft des Anarchismus. In diesem Lichte muss auch die häufig vorgebrachte Kritik, Agambens Theorie sei »unpolitisch« oder »nihilistisch« (siehe etwa besonders prägnant den Beitrag von Ernesto Laclau im vorliegenden Band) neu bewertet werden. Die der »Entsetzung« korrespondierende Politik ist eine Praxis, die den Gewaltzusammenhang zwischen Recht und Leben aktivistisch aufzulösen versucht. Ihr Terrain ist nicht das der Parlamente und Parteien, sondern das der Lebensformen selbst; sie wäre also eine genuin nicht-staatliche Politik, deren Ziel in der Schaffung von Zonen jenseits des Einflussbereichs der Rechtsgewalt liegt. Was aber ihre konkreten Gestalten, Taktiken und Aktionsformen sein könnten, wäre, dabei bleibt es, »im wesentlichen noch zu erfinden«.

Literatur

Agamben, Giorgio (1998): Bartleby oder die Kontingenz gefolgt von Die absolute Immanenz. Berlin: Merve.
Agamben, Giorgio (1999): The Messiah and the Sovereign: The Problem of Law in Walter Benjamin, in: ders.: Potentialities. Collected Essays in Philosophy. Stanford: Stanford University Press, 160–176.
Agamben, Giorgio (2002): Homo sacer. Die souveräne Macht und das nackte Leben. Frankfurt am Main: Suhrkamp.
Agamben, Giorgio (2003a): Die kommende Gemeinschaft. Berlin: Merve.
Agamben, Giorgio (2003b): Idee der Prosa. Frankfurt am Main: Suhrkamp.
Agamben, Giorgio (2003c): Was von Auschwitz bleibt. Das Archiv und der Zeuge (Homo sacer III). Frankfurt am Main: Suhrkamp.
Agamben, Giorgio (2004): Ausnahmezustand (Homo sacer II.1). Frankfurt am Main: Suhrkamp.
Agamben, Giorgio (2005): Profanierungen. Frankfurt am Main: Suhrkamp.
Agamben, Giorgio (2006): Die Zeit, die bleibt. Ein Kommentar zum Römerbrief. Frankfurt am Main: Suhrkamp.
Badiou, Alain (2002): Paulus: Die Begründung des Universalismus. Berlin: sequenzia.
Benjamin, Walter (1991): Gesammelte Schriften in sieben Bänden, herausgegeben von Rolf Tiedemann und Herrmann Schweppenhäuser. Frankfurt am Main: Suhrkamp.
Butler, Judith (2007): Kritik, Zwang und das heilige Leben in Walter Benjamins ›Zur Kritik der Gewalt‹, in: Krasmann, Susanne und Jürgen Martschukat (Hg.): Rationalitäten der Gewalt. Staatliche Neuordnungen vom 19. bis zum 21. Jahrhundert. Bielefeld: transcript, 19–46.
Cohn, Norman (1988): Das neue irdische Paradies. Revolutionärer Millenarismus und mystischer Anarchismus im mittelalterlichen Europa. Hamburg: Rowohlt.

Edkins, Jenny (2007): Whatever Politics, in: Calarco, Matthew und Steven deCaroli (Hg.): Giorgio Agamben. Sovereignty & Life. Stanford: Stanford University Press, 70–91.

Gasché, Rodolphe (2002): Kafka's Law: In the Field of Forces between Judaism and Hellenism, in: MLN, Vol. 117, No. 5

Hamacher, Werner (1998): Die Geste im Namen. Benjamin und Kafka, in: ders.: Entferntes Verstehen. Studien zu Philosophie und Literatur von Kant bis Celan. Frankfurt am Main: Suhrkamp, 280–323.

Hardt, Michael und Antonio Negri (2002): Empire. Die neue Weltordnung. Frankfurt am Main/New York: Campus.

Kafka, Franz (1996a): Amerika. Frankfurt am Main: Fischer.

Kafka, Franz (1996b): Der neue Advokat, in: ders.: Erzählungen. Frankfurt am Main: Fischer, 111.

Kaufman, Eleanor (2008): The Saturday of Messianic Time (Agamben and Badiou on the Apostle Paul), in: South Atlantic Quarterly, 107:1, 37–54.

Lenin, Wladimir Iljitsch (1963): Staat und Revolution. Die Lehre vom Staat im Marxismus und die Aufgabe des Proletariats in der Revolution. Berlin: Dietz.

Loick, Daniel (2011): Kritik der Souveränität. Frankfurt am Main/New York: Campus.

Mills, Catherine (2008): Playing with Law: Agamben and Derrida on Post-Juridical Justice, in: South Atlantic Quarterly, 107:1, 15–36.

Ojakangas, Mika (2005): Impossible Dialogue on Bio-Power. Agamben and Foucault, in: Foucault Studies No. 2, May 2005, 5–28.

Paschukanis, Eugen (2003): Allgemeine Rechtslehre und Marxismus. Versuch einer Kritik der juristischen Grundbegriffe. Freiburg: ca-ira.

Rancière, Jacques (1997): Gibt es eine politische Philosophie?, in: ders., Alain Badiou, Rado Riha und Jelica Sumic (Hg.): Politik der Wahrheit. Wien: Turia & Kant.

Rosenzweig, Franz (1988): Der Stern der Erlösung. Frankfurt am Main: Suhrkamp.

Wyschinski, Andrej (1972): Zur Lage an der theoretischen Rechtsfront (Auszüge), in: Norbert Reich (Hg.): Marxistische und sozialistische Rechtstheorie. Frankfurt am Main: Athenäum, 113–118.

Giorgio Agamben

Ostern in Ägypten

Aus Gründen, die euch hoffentlich deutlich werden, möchte ich diese kurze Betrachtung unter den Titel *Ostern in Ägypten* stellen. Es gibt einen Satz im Briefwechsel von Paul Celan, der mich besonders beeindruckt hat. Ich weiß nicht, ob er bereits bemerkt worden ist, aber er erlaubt es, wie mir scheint, das Leben und die Dichtung Celans (Leben *und* Dichtung, die er nie voneinander lösen wollte noch konnte) auf ganz neue Weise einzuordnen. Der Satz, von dem die Rede ist, ist im Brief an Max Frisch vom 15. April 1959 enthalten, mit dem Celan auf die Einladung von Frisch und Ingeborg Bachmann antwortet, sie in Uetikon zu besuchen. Die Einladung ablehnend, oder genauer, um sie auf später zu verschieben, erklärt Celan, dass er »zu den jüdischen Ostern nach London [...] fahren« muss und dies, fügt er hinzu, obwohl er sich nicht erinnern kann, »jemals aus Ägypten ausgezogen zu sein« (Bachmann/Celan 2008: 165).

»Obwohl ich mich nicht erinnere, jemals aus Ägypten ausgezogen zu sein, [werde ich] dieses Fest feiern, in England« (ebd.). Ich möchte euch bitten, über das Unmögliche, das nahezu Undenkbare nachzudenken, das in diesem Satz enthalten ist, sowie über die paradoxe Situation des Judentums (und von Celan innerhalb des Judentums), die er impliziert. Celan verortet sich als Jude in Ägypten, also vor dem oder jedenfalls außerhalb jenes Exodus' der Juden aus Ägypten unter der Führung Moses', dessen das jüdische Ostern gedenkt und den es feiert. Es handelt sich dabei um etwas weitaus Radikaleres als ein Bekenntnis zum *galut*, zum Exil und zur Diaspora, welche die Juden normalerweise auf die zweite Zerstörung des Tempels zurückführen. Celan steht außerhalb des Exodus, in einem Judentum ohne Moses und ohne Gesetz. Er ist in Ägypten geblieben, unklar ob als Gefangener, als Freier oder als Sklave, doch mit Sicherheit kennt er keinen anderen Aufenthaltsort als Ägypten. Man kann sich kein Judentum vorstellen, glaube ich, das dem zionistischen Ideal fremder wäre.

Erst nachdem ich diesen Satz gelesen hatte, habe ich eine andere Äußerung Celans begreifen können, von der mir der große Maler Avigdor Arikha berichtete, der ebenfalls in Czernowitz geboren und deportiert wurde. Es war die Zeit der ersten Kämpfe in Israel und Avigdor, der sich freiwillig gemeldet hatte, um zu kämpfen, forderte Celan auf, für das gemeinsame Vaterland dasselbe zu tun. Die Antwort Celans war einfach nur: »Mein Vaterland ist die Bukowina«. Ich erinnere mich, dass Arikha, als er mir viele Jahre später von der Begebenheit erzählte, den Sinn einer solchen Behauptung überhaupt nicht verstand. Wie konnte ein Jude behaupten, dass sein Vaterland die Bukowina sei?

Hätte er den Satz über den Nicht-Auszug aus Ägypten gekannt, so hätte Avidgdor, glaube ich, verstanden. Für denjenigen, der in Ägypten geblieben ist, konnte nicht einmal Jerusalem, die Stadt Davids, Vaterland sein. Deshalb bezeichnet sich Celan in einem Gedicht von 1968 oder '69,[1] in dem er Jerusalem auf Jiddisch anfleht (»Steh auf, Jerusalem, jetzt / erheb Dich«), als »wer das Band zerschnitt zu dir hin«. Und in ihrer Erinnerung an den kurzen, intensiven Aufenthalt Celans in Jerusalem einige Monate vor seinem Tod schreibt Ilana Shmueli: »Er wusste, dass er auch hier nicht dazugehören konnte, und es traf ihn aufs schmerzlichste, fast flüchtete er.« (Shmueli 2000: 29)

Außer der paradoxen Situation eines ägyptischen Judentums enthält der Satz eine weitere und noch schwindelerregendere Unmöglichkeit: Celan, der niemals aus Ägypten ausgezogen ist, der sich überall (in Paris, in London, in Czernowitz oder in Jerusalem) in Ägypten aufhält, muss Pessach feiern, er wird das Fest zum Gedenken des Auszugs aus Ägypten feiern. Auf diese unmögliche Aufgabe – Pessach in Ägypten zu feiern – möchte ich eure Aufmerksamkeit lenken, denn sie erlaubt es meiner Ansicht nach, nicht nur den Ort von Celans Leben, sondern auch und vor allem den seiner Dichtung zu bestimmen.

Es ist sicherlich nicht überraschend, dass der Briefwechsel mit Ingeborg mit einem ihr gewidmeten Gedicht beginnt, das den (unterstrichenen) Titel *In Aegypten* trägt. Ein in Ägypten geschriebenes Gedicht, wie alle Gedichte Celans, und an eine »Fremde« gerichtet, die, wie uns ein späterer Brief mitteilt, in gewisser Weise der Lebensgrund und die Rechtfertigung dafür werden wird, in Ägypten zu dichten (Bachmann/Celan 2008: 64).

Ich glaube, dass es eine wesentliche Entsprechung zwischen dem Feiern von Ostern in Ägypten und dem Ort der Poesie Celans gibt. Sie berühren sich in derselben Atopie, deren Namen Ägypten ist. Diese Entsprechung wird noch deutlicher, wenn man die besondere Relevanz bedenkt, die der Ausdruck *pessach*, Ostern, für Celan hat. Ihr wisst, dass jeder orthodoxe Jude am achten Tag nach der Geburt einen geheimen Namen, seinen »hebräischen Namen«, bekommt, der nur mündlich verkündet und besonders bei religiösen Feierlichkeiten verwendet wird. Celan, der in seiner Geburtsakte mit dem Namen Paul registriert wurde, erhielt acht Tage später Pessach als geheimen Namen. Sein Name im Verbund mit Abraham war daher Pessach (und nicht Paul) Antschel. Ein Jahr vor seinem Tod erinnerte sich Celan gegenüber Ilana Shmueli an ihn noch »fast feierlich« (Shmueli 2000: 52). Das ist bekannt, aber vielleicht wissen nicht alle, dass sein Selbstmord im April 1970 genau während des Pessach-Festes geschah.

---

1   Die Anspielung ist auf das Gedicht *Du sei wie Du*. [A.d.Ü.]

Celan, der nie aus Ägypten ausgezogen ist, sieht sich also durch seinen eigenen Namen zur unmöglichen Aufgabe genötigt, in Ägypten Ostern zu feiern. Seine Dichtung – wie auch sein Name – ist dieses »Ostern in Ägypten«. Was aber ist ein Ostern – d.h. ein Gedenken des Exodus –, das in Ägypten bleibend gefeiert wird? Ich glaube, dass all das, was Celan wiederholt über die Unmöglichkeit und zugleich die Notwendigkeit seiner dichterischen Aufgabe, das Verstummen zu bewohnen und, gleichzeitig, zu durchqueren, geschrieben hat (eine Aufgabe, welche die »fremde« Ingeborg von Anfang bis Ende unweigerlich zu teilen scheint), ich glaube, dass sich diese Aufgabe auf eine eigentümliche Weise erhellt, wenn man sie mit den in Ägypten gefeierten Ostern in Verbindung bringt.

»Ostern in Ägypten« ist in diesem Sinne die Überschrift, unter der das gesamte Werk von Paul (Pessach) Celan steht.

Aus dem Italienischen von Francesca Raimondi

Literatur

Bachmann, Ingeborg und Paul Celan (2008): Herzzeit. Der Briefwechsel. Hg. von Betrand Badiou u.a. Frankfurt am Main: Suhrkamp.
Shmueli, Ilana (2000): Sag, dass Jerusalem ist. Über Paul Celan Oktober 1969 – April 1970. Eggingen: Edition Isele.

Autorinnen und Autoren

Giorgio Agamben, Prof. Dr., ist politischer Philosoph, Jurist, Philologe und Essayist. Er lehrt u.a. an der Universität Venedig und am Collège International de Philosophie in Paris und hatte bereits zahlreiche internationale Gastprofessuren, vor allem in den USA, inne. Sein auf mehrere Bände angelegtes *Homo-sacer*-Projekt (der gleichnamige erste Teil erschien 1995, dt. 2002) gehört zu den meistdiskutierten Werken in der politischen Philosophie der letzten zwei Jahrzehnte. Er hat außerdem zahlreiche weitere Artikel und Bücher veröffentlicht, die in mehrere Sprachen übersetzt wurden.

Micha Brumlik, Prof. Dr., lehrte nach Studien- und Assistentenjahren in Jerusalem, Frankfurt am Main, Göttingen, Mainz, und Hamburg von 1981 bis 2000 Erziehungswissenschaft an der Ruprecht-Karls-Universität Heidelberg. Seit 2000 ist er Professor am Institut für Allgemeine Erziehungswissenschaft der Goethe-Universität Frankfurt mit dem Schwerpunkt »Theorien der Erziehung und Bildung«, wo er von 2000 bis 2005 als Direktor das Fritz Bauer Institut, Studien- und Dokumentationszentrum zur Geschichte und Wirkung des Holocaust, leitete. Zahlreiche Publikationen und Monographien zur Sozialisationstheorie, zur Erziehungs- und Religionsphilosophie. Zuletzt erschien: *Entstehung des Christentums*, Berlin 2010.

Jeanette Ehrmann, Diplom-Politologin, ist Wissenschaftliche Mitarbeiterin im Bereich Gender/Postkoloniale Studien am Exzellenzcluster »Die Herausbildung normativer Ordnungen« sowie am Institut für Politikwissenschaft der Goethe-Universität Frankfurt. Ihre Forschungsschwerpunkte sind politische Theorie und Ideengeschichte, feministische Theorie und postkoloniale Theorie. Gegenwärtig arbeitet sie an einer Dissertation über die Haitianische Revolution. Zuletzt erschien von ihr: *Traveling, Translating and Transplanting Human Rights. Zur Kritik der Menschenrechte aus postkolonial-feministischer Perspektive* in: Femina Politica 02/2009, Schwerpunkt »Feministische Postkoloniale Theorie: Gender und (De-)Kolonisierungsprozesse«.

Oliver Flügel-Martinsen, PD Dr., Philosoph und Politologe, lehrt Politische Theorie an der Universität Bielefeld. Seine Forschungsschwerpunkte liegen in den Feldern der Philosophie und Politischen Theorie der Moderne sowie der Ideengeschichte. Jüngst hat er die Studie *Jenseits von Glauben und Wissen. Philosophischer Versuch über das Leben in der Moderne* veröffentlicht (Bielefeld: transcript 2011). Gemeinsam mit Andreas Hetzel gibt er im Nomos-Verlag (Baden-Baden) die *Reihe Zeitgenössische Diskurse des Politischen* heraus.

Serhat Karakayali, Dr. phil., ist Wissenschaftlicher Mitarbeiter am Institut für Soziologie der Martin-Luther-Universität Halle-Wittenberg. Seine Forschungsschwerpunkte sind Migrationsforschung, politische Theorie, poststrukturalistische Soziologie und soziologische Theorie. Zuletzt erschien von ihm: *Transnational Migration and the Emergence of the European Border Regime of Porocracy: Theory and Method of an Ethnographic Analysis of Border Regimes*, mit Vassilis Tsianos, in: European Journal of Social Theory, August 2011, No. 13.

Ernesto Laclau, Prof. Dr. em., ist emeritierter Professor der Universität Essex und hatte bereits akademische Positionen auf der ganzen Welt inne. Er gilt als Mitbegründer des Postmarxismus und hat zahlreiche Bücher und Artikel veröffentlicht, u.a. *Hegemony and Socialist Strategy* (1985, dt. 1991, gemeinsam mit Chantal Mouffe), *Emancipation(s)* (1996, dt. 2002), *On Populist Reason* (2005). Demnächst erscheint sein neuestes Buch *Elusive Universality*.

Il-Tschung Lim, Dr. des., ist Postdoktorand beim Nationalen Forschungsschwerpunkt Bildkritik Eikones (Modul: Bild und Sozialität) in Basel und Forschungsmitarbeiter am Soziologischen Seminar der Universität Luzern. Forschungsschwerpunkte: Diskurs- und Semantikanalyse, Geldsoziologie (Schwerpunkt: Historischer Papiergeld- und Falschgelddiskurs), Weltgesellschaftsforschung, Kulturwissenschaftliche Filmforschung, Gesellschaftstheorie des Visuellen. Zuletzt erschienen: *Operative Bilder der Weltgesellschaft. Visuelle Schemata als Globalisierungsmedien am Beispiel von Kunst- und Finanzmärkten*, in: Martina Baleva, Ingeborg Reichle, Oliver Lerone Schultz (Hg.): *IMAGE MATCH. Visuelle Transfers, »Imagescapes« und Intervisualität in globalen Bild-Kulturen*, München: Fink 2011.

Birte Löschenkohl, M.Phil, ist Doktorandin am Institut für Philosophie der Goethe-Universität Frankfurt und am Exzellenzcluster »Die Herausbildung normativer Ordnungen«. Sie verfasst derzeit eine Dissertation zum Problem der Wiederholung in der Zeit- und Geschichtsphilosophie. Zuletzt erschienen: *Entweder/Und, Wiederkunft/Erlösung,* in: Benjamin-Studien, Bd. 2, München (Fink) 2011 und *Der sich selbst entfremdete und wiedergefundene Marx* (Herausgabe, gemeinsam mit Helmut Lethen und Falko Schmieder), München (Fink) 2010.

Daniel Loick, Dr. phil., ist Wissenschaftlicher Mitarbeiter am Institut für Philosophie der Goethe-Universität Frankfurt. Seine Forschungsschwerpunkte sind Ethik und Moralphilosophie, politische Philosophie, Rechts- und Sozialphilosophie, insbesondere kritische Theorie und Poststrukturalismus. Zuletzt erschien von ihm: *Kritik der Souveränität*, Frankfurt am Main/New York 2011.

Isabell Lorey, PD Dr. phil., ist Politikwissenschaftlerin und lehrt als Gastprofessorin an der Humboldt-Universität zu Berlin und der Universität Wien. Zuletzt erschien von ihr: *Figuren des Immunen. Elemente einer politischen Theorie*, Zürich: Diaphanes 2011, und als Mitherausgeberin: *Inventionen 1. Gemeinsam. Prekär. Potentia. Kon-/Disjunktion. Ereignis. Transversalität. Queere Assemblagen* (zusammen mit Roberto Nigro und Gerald Raunig), Zürich: Diaphanes 2011. Mehr unter http://www.eipcp.net/bio/lorey.

Maria Muhle, Dr. phil., ist Wissenschaftliche Mitarbeiterin an der Professur Geschichte und Theorie Künstlicher Welten, Fakultät Medien, Bauhaus-Universität Weimar. Ihre Forschungsschwerpunkte sind Mediale Historiographien, politische Ästhetik, Biopolitik und Geschichte der Lebenswissenschaften. Zuletzt ist von ihr erschienen: *Die Wiederkehr der Dinge* (Hg. mit Friedrich Balke, Antonia von Schöning), Berlin 2011; *Zweierlei Vitalismus*, in: Friedrich Balke, Marc Rölli (Hg.): *Gilles Deleuze: Philosophie und Nicht-Philosophie*, Bielefeld 2011; *Eine Genealogie der Biopolitik. Der Lebensbegriff bei Foucault und Canguilhem*, Bielefeld 2008.

Susanne Schultz, Dr. rer. pol., promovierte an der FU Berlin (*Hegemonie – Gouvernementalität – Biomacht*, Münster 2006). Als wissenschaftliche Mitarbeiterin der Leibniz-Universität Hannover forschte sie zu Reproduktionstechnologien, Stammzellforschung und Humangenetik. Sie ist Mitarbeiterin des Gen-ethischen Netzwerkes Berlin und engagiert sich in der *respect*-Initiative für Arbeitsrechte von Migrantinnen im Privathaushalt. Forschungsschwerpunkte: Feministische Theoriebildung, Kritik der Entwicklungspolitik, Staatstheorien, soziale Bewegungen in Lateinamerika.